HISTOIRE

DE L'EMPEREUR

CHARLES-QUINT

TOURS
A. MAME ET Cie
ÉDITEURS

BIBLIOTHÈQUE

DE LA

JEUNESSE CHRÉTIENNE,

APPROUVÉE

PAR Mgr L'ARCHEVÊQUE DE TOURS.

Histoire de l'Empereur

CHARLES QUINT

D'APRÈS ROBERTSON

Tours

HISTOIRE

DE L'EMPEREUR

CHARLES-QUINT,

D'APRÈS ROBERTSON.

Tours,

CHEZ A. MAME ET C.ie, IMPRIMEURS-LIBRAIRES.

1838.

PRÉFACE DU CORRECTEUR.

L'étude de l'histoire ne doit pas être regardée comme un simple passe-temps ou l'aliment d'une vaine curiosité ; abandonnant aux esprits vulgaires cette puérile satisfaction, tout esprit élevé et judicieux se propose en étudiant l'histoire une fin plus noble et un but plus utile. Si l'histoire est la *maîtresse des Rois*, elle n'est pas moins utile ni moins nécessaire aux particuliers : eux aussi ont des intérêts à soutenir, des droits à défendre et des devoirs à remplir.

Aujourd'hui qu'on attache un vif intérêt à cette étude, et que certains esprits l'exploitent au profit de leurs opinions et de leurs systèmes, il importe à ceux qui sont chargés de l'éducation de la jeunesse et qui sont honorés de la confiance des familles de surveiller d'une manière particulière cet enseignement. Esclaves d'aveugles préjugés, ou préoccupés de systèmes dangereux, quelques écrivains donnent souvent, sous le titre apparent de *Cours d'Histoire*, des leçons, ou des ouvrages remplis de principes dangereux qui faussent l'intelligence de la jeunesse et l'égarent dès son entrée dans la carrière de la vie. Selon nous, il ne faut à la jeunesse que l'étude des faits, ils forment la substance et l'élément nécessaire et suffisant de l'histoire : autrement elle devient une arme dangereuse entre les mains d'un auteur ou d'un professeur dont les principes n'offrent pas une entière garantie. C'est un fait malheureusement trop reconnu : on a étrangement dénaturé l'histoire : et, sous le nom de *philosophie*, on a altéré, mutilé les faits, on en a tiré des conséquences fausses ou exagérées ; on s'en est servi pour égarer les esprits, pour éteindre la religion dans les cœurs.

Ce n'est pas que nous voulions nous élever contre ce qu'on appelle la philosophie de l'histoire : mais cette science présuppose la connaissance exacte des faits, un esprit droit et judicieux, des principes sûrs et une discussion approfondie. Sans ces conditions, cette nouvelle science devient un écueil pour bien des intelligences : pour l'éviter il faut de toute nécessité se livrer à l'étude des faits : ce n'est qu'après s'être imposé cette tâche qu'on peut ensuite généraliser et conclure avec plus d'assurance.

Sous ce rapport l'*Histoire de Charles-Quint*, que nous offrons au public, peut être d'une grande utilité. Elle n'est pour le fond qu'une traduction de celle que Robertson a donnée en anglais, mais à laquelle on a cru ajouter un nouvel intérêt, en modifiant certains passages où cet historien, d'ailleurs si estimable, s'est laissé aller aux préjugés de sa nation. Comme les grands historiens, Robertson raconte des faits, il décrit, il peint, il met en scène les personnages dont il rapporte les actions; il n'est point philosophe, il est historien. Considérée en elle-même, l'histoire de Charles V offre un intérêt tout particulier. Maître d'un vaste empire, et ayant sous sa domination une grande partie de l'Europe, son histoire est en même temps celle de son siècle. Dégagée de réflexions superflues, elle est comme un vaste tableau où l'on voit représentés avec leurs traits naturels les principaux personnages de l'époque : François Ier, avec cet air de franchise et de loyauté, type du caractère français; le chevalier Bayard, mourant en héros fidèle à son Dieu, fidèle à son roi; le connétable de Bourbon, traître à sa patrie, s'attaquant au chef de l'Église, allant mettre le siège devant Rome, et recevant sous les murs de cette ville, par une mort prématurée, le châtiment de sa double trahison; Luther, apparaissant comme un astre tombé, mais embrasant avant de s'éteindre une grande partie de l'Allemagne; Henri VIII d'abord ardent défenseur de la foi catholique, mais ensuite devenu, par son libertinage, le corrupteur de la foi ancienne des îles britanniques et le persécuteur de ses meilleurs sujets; le sombre Calvin, expiant par une mort honteuse l'orgueil de son esprit, et léguant à la ville trop crédule de Genève sa déplorable réforme; la princesse Marie, fille légitime de Henri VIII, relevant le courage et les espérances des catholiques, essayant d'effacer le crime de son père, en faisant disparaître sa réforme; la reine Elisabeth, intéressée à défendre l'Eglise anglicane pour se soutenir elle-même sur le trône, dont le vice de sa naissance devait l'exclure.

Des scènes variées se succèdent dans l'histoire de Charles V: jaloux d'assurer à la maison d'Autriche la prépondérance en Europe, il travaille sans cesse à affaiblir la puissance de la maison de France; de là les guerres presque continuelles qui existèrent entre lui et François Ier, et dont l'Italie, objet de leur commune ambition, fut le principal théâtre. Soliman voulant profiter de ces divisions, et de celles qu'avait excitées parmi les princes d'Allemagne la réforme de Luther, s'avance avec une nombreuse et brillante armée jusqu'aux portes de Vienne. Charles, pour former une armée capable de repousser cet audacieux sultan, demande le concours des princes luthériens; il ne l'obtient qu'avec peine, tant il est vrai que l'esprit de secte en détruisant l'unité affaiblit; et peu s'en est fallu que, par l'opiniâtreté des disciples de Luther, l'Europe chrétienne ne devînt la proie des farouches disciples de Mahomet. Alger excita aussi l'ambition de Charles V ; mais, malgré la brillante expédition qu'il commanda lui-même en personne, il fut obligé d'abandonner ses projets de conquête en Afrique, laissant à la France la gloire de soumettre un jour cette ville réputée imprenable, jusqu'à ce que la valeur française eût arboré sur ses murs son drapeau victorieux.

Forcés de nous renfermer dans notre sujet, et obligés de suivre notre auteur, nous regrettons de ne pas donner une description plus complète du concile de Trente ; on verrait dans cette auguste assemblée la science et la vertu réunies présidant aux destinées de l'Église, traitant avec dignité des points controversés, découvrant et ... des vérités la chaîne immense de la tradition, et opposant à la réforme violente et passionnée de Luther et Calvin, une réforme sage et éclairée, une réforme légitime.

Si, considérée en elle-même, l'histoire de Charles V offre tant de charmes et d'intérêt, considérée sous un rapport plus étendu, comme le fondement de l'histoire moderne proprement dite, elle n'est pas seulement intéressante, elle est nécessaire. On vise à trouver la raison des faits : il faut pour cela les posséder dans leur ensemble, remonter aux principes, à certains faits générateurs qui expliquent les événements, et mettent l'historien à même d'enchaîner les faits comme le philosophe enchaîne les raisonnements, car il y a aussi une logique des faits. L'histoire de Charles V est comme la porte de l'histoire moderne; elle offre certains faits généraux, à l'aide desquels on peut se rendre compte de la plupart des événements arrivés depuis en Europe.

Sous Charles V, la maison d'Autriche s'élève et devient dominante en Europe. Voulant conserver cette prépondérance, elle cherche à humilier, à abaisser la France qui voulait la lui disputer. Cette lutte de la France et l'Autriche pour la prépondérance en Europe, est la raison de la plupart des grands événements politiques qui se sont succédé et qui forment l'histoire des temps modernes.

De tous les événements arrivés sous Charles V, il n'en est pas de plus important, par ses suites funestes, que la réforme protestante : elle a changé la religion, les mœurs, les habitudes de plusieurs nations; elle a jeté la division parmi les peuples et dans les familles, et donné naissance aux guerres religieuses. Aujourd'hui que le protestantisme fait de nouveaux efforts pour arracher du sol français la religion catholique à laquelle la France doit sa gloire et sa civilisation, il importe de connaître les principaux auteurs de la réforme, ceux que les protestants regardent comme leurs chefs et leurs maîtres, Luther, Calvin et Henri VIII.

C'est en étudiant l'histoire de la réforme par les

préjugés se dissipent, les préventions tombent : les
esprits éclairés, parmi les protestants eux-mêmes,
conçoivent un juste mépris pour ses auteurs ; et c'est
là ce qui explique ces conversions nombreuses,
cette tendance vers la religion catholique qui se manifeste dans les ouvrages d'un grand nombre de
protestants. Les avantages que l'on peut retirer de
cette histoire de Charles V, nous font espérer qu'elle
sera bien accueillie, surtout de la jeunesse, à laquelle nous avons eu en vue d'être utile.

HISTOIRE

DE L'EMPEREUR

CHARLES-QUINT.

LIVRE PREMIER.

SOMMAIRE.

Naissance de Charles-Quint. — Origine de ses domaines. — Philippe et Jeanne, son père et sa mère, viennent en Espagne. — Retour de Philippe dans les Pays-Bas. — Naissance de Ferdinand, frère de Charles. — Mort d'Isabelle. — Philippe et Ferdinand se disputent la régence de Castille. — Philippe et Jeanne sont reconnus roi et reine. — Mort de Philippe. — Faiblesse d'esprit de Jeanne. — Ferdinand est reconnu régent. — Son administration. — Sa mort. — Éducation de Charles. — Ximenès, régent de Castille. — Son portrait. — Vigueur de son gouvernement. Charles prend le titre de roi. — Il passe en Espagne. — Mort de Ximenès. — États de Castille, d'Aragon et de Catalogne. — Mort de Maximilien. — Lutte de Charles et de François Ier. — Charles est élu empereur. — Il part pour l'Allemagne. — Mécontentement des Espagnols.

Charles-Quint naquit à Gand, le 24 février 1500. Philippe-le-Bel, son père, archiduc d'Autriche, était fils de l'empereur Maximilien et de Marie, fille unique de Charles-le-Hardi, dernier prince de la maison de Bourgogne. Jeanne, sa mère, était fille

1

de Ferdinand, roi d'Aragon, et d'Isabelle, reine de Castille.

Par une longue suite d'événements heureux, ce jeune prince se trouva l'héritier de domaines plus étendus qu'aucun monarque d'Europe n'en avait encore possédé depuis Charlemagne. Ses ancêtres avaient acquis des royaumes et des provinces auxquels ils n'avaient que des droits de succession fort éloignés. Les riches possessions de Marie de Bourgogne ne paraissaient pas destinées à entrer un jour dans la maison d'Autriche, car cette princesse avait d'abord été promise au fils unique de Louis XI, roi de France; mais ce roi bizarre, n'écoutant que sa haine pour la maison de Bourgogne, aima mieux arracher à Marie, par la force, une partie de ses domaines que se les assurer en entier par un mariage. Cette faute devint funeste à la postérité de Louis, en faisant tomber dans les mains d'un rival les Pays-Bas et la Franche-Comté.

Isabelle, fille de Jean II de Castille, loin d'avoir la perspective de l'héritage considérable qu'elle devait laisser à son petit-fils, passa les premières années de sa vie dans l'indigence et dans l'obscurité; mais les Castillans, irrités contre son frère Henri IV, placèrent, à la mort de ce prince, Isabelle sur le trône au lieu de sa fille Jeanne, dont ils contestaient la légitimité.

Ferdinand dut la couronne d'Aragon à la mort imprévue de son frère aîné, et se rendit maître des royaumes de Naples et de Sicile, en violant la foi des traités et tous les droits du sang. Christophe Colomb, par l'effort de courage et de génie, le plus hardi et le plus heureux dont les annales du genre

humain aient conservé le souvenir, ajouta à tous
ces royaumes un nouveau monde, dont les richesses
furent une des principales sources du pouvoir et de
la grandeur des rois d'Espagne.

Ferdinand et Isabelle, ayant vu don Juan, leur
fils unique, et la reine de Portugal, leur fille aînée,
périr à la fleur de l'âge, réunirent toutes leurs espérances sur Jeanne et sa postérité; mais comme
l'archiduc, son mari, était étranger pour les Espagnols, on crut qu'il serait prudent de l'engager à
venir en Espagne, afin qu'en vivant quelque temps
au milieu des peuples qu'il était destiné à gouverner, il pût s'instruire de leurs lois et s'accoutumer
à leurs mœurs.

(1502) Philippe et Jeanne, en allant en Espagne, passèrent par la France, où ils furent traités
avec la plus grande magnificence. Ils furent ensuite
reçus en Espagne avec tous les honneurs qu'ils pouvaient attendre de la tendresse paternelle des souverains et du respect des sujets. Leur droit à la couronne fut bientôt après reconnu par les états des
deux royaumes.

Mais, au milieu de ces démonstrations extérieures de satisfaction et de joie, un chagrin secret dé-
vorait l'âme de ces deux princes. L'étiquette grave
et réservée de la cour d'Espagne parut si insupportable à Philippe, prince jeune, gai, affable, aimant
la société et avide de plaisir, qu'il ne tarda pas à
montrer le désir de retourner dans son pays natal.
D'un autre côté, la santé d'Isabelle s'altérait de jour
en jour, et Ferdinand, qui sentait qu'en la perdant
il perdait ses droits au gouvernement de Castille,
prévoyait aisément que Philippe ne lui laisserait au-

cune autorité dans ce royaume ; la perspective de cette diminution de pouvoir fit naître la jalousie dans l'âme de ce monarque ambitieux.

Isabelle voyait avec l'inquiétude d'une mère le dédain et l'indifférence de l'archiduc pour Jeanne, qui était, à la vérité, dépourvue de tous les agréments de la figure et de toutes les qualités de l'esprit qui peuvent fixer le cœur d'un mari. Sa raison, naturellement faible, était sujette à des aliénations fréquentes ; elle idolâtrait Philippe, mais sa tendresse excessive et puérile, et son extrême jalousie, la portaient souvent aux éclats les plus extravagants. Isabelle, sans se dissimuler les défauts de sa fille, ne pouvait s'empêcher de plaindre sa situation qui devint bientôt plus déplorable encore par la résolution subite que prit l'archiduc, de partir au milieu de l'hiver pour la Flandre, et de laisser sa femme en Espagne. Les remontrances d'Isabelle et les larmes de Jeanne furent inutiles ; il n'écouta pas même Ferdinand qui lui demandait au moins de ne pas prendre son chemin par la France, avec laquelle l'Espagne était alors en guerre ouverte.

Dès que Jeanne se vit séparée de son mari, elle tomba dans une sombre et profonde mélancolie, et ce fut en cet état qu'elle accoucha de Ferdinand, son second fils. Elle ne recouvra quelque tranquillité d'esprit que lorsqu'elle eut rejoint son mari l'année suivante à Bruxelles.

A partir de ce moment, il ne paraît pas que Philippe ait pris aucune part aux affaires d'Espagne ; il attendait tranquillement que la mort de Ferdinand ou d'Isabelle lui ouvrît le chemin à l'un de leurs trônes. Il n'attendit pas longtemps ; Isabelle voyait son courage et ses forces s'affaiblir par degrés, et, après avoir langui quelques mois, elle mourut à Médina del Campo, le 26 novembre 1504. Elle avait fait son testament quelque temps avant sa mort, et, comme elle était fort mécontente de Philippe, elle nomma Ferdinand pour prendre la régence ou l'administration des affaires de Castille, jusqu'à ce que son petit-fils Charles eût atteint l'âge de vingt ans.

Ce ne fut pas sans difficulté que Ferdinand fit reconnaître son titre de régent par les états de Castille. Il n'y eut pas moins d'agitation dans les Pays-Bas; Philippe prétendait être, comme mari, le curateur légal de sa femme, et comme père, le tuteur naturel de son fils.

Bientôt il débarqua en Espagne, à la tête d'une puissante flotte; toute la noblesse castillane se réunit à lui, et Ferdinand fut contraint de se retirer dans ses états héréditaires d'Aragon, se contentant du titre de chef des ordres militaires de Castille, et du revenu que lui avait légué Isabelle.

(1506) Philippe entra en possession de son autorité nouvelle avec la joie d'un jeune homme. Il eût voulu faire déclarer Jeanne incapable de gouverner, mais les représentants assemblés ne voulurent jamais consentir à une déclaration qu'ils regardaient comme injurieuse au sang de leurs rois. Ce fut là presque le seul événement mémorable de l'administration de Philippe : une fièvre occasionnée par un excès de débauche termina sa vie dans la vingt-huitième année de son âge, sans qu'il eût joui seulement trois mois entiers des honneurs de la royauté qu'il avait si ardemment recherchés.

Jeanne se trouvait par cette mort seule maîtresse

de la Castille; mais la secousse que reçut son âme
d'une mort si inattendue, acheva d'égarer sa raison,
et la rendit entièrement incapable de gouverner.
Après que le corps de Philippe eut été enterré, elle
le fit retirer du tombeau et porter dans son propre
appartement, où elle le plaça sur un lit de parade,
vêtu d'habits magnifiques, tenant les yeux constamment fixés sur ce corps inanimé et espérant toujours
qu'il allait revenir à la vie. Ce fut dans cette situation qu'elle mit au jour la princesse Catherine.

Une femme dans cet état n'était guère capable de
gouverner un grand royaume, et cependant Jeanne
se refusait obstinément à nommer un régent, et
même à signer les pièces nécessaires à l'exécution
des lois et à la sûreté du royaume. Il était indispen-
sable de nommer un régent, et, grâce à l'appui que
lui prêta Ximenès, archevêque de Tolède, Ferdinand obtint d'être choisi pour remplir ces fonctions.
La sagesse qu'il montra dans l'exercice de son autorité fut égale au bonheur avec lequel il l'avait re-
couvrée. Il sut maintenir dans ses états un grand
calme intérieur, et cependant il augmenta les états
héréditaires de Charles de plusieurs acquisitions
importantes. Oran et d'autres places de Barbarie
furent réunies à la couronne de Castille par le cardinal Ximenès qui commanda avec un rare courage
une armée contre les Maures de cette partie de l'A-
frique, et qui, par une magnificence plus extraordinaire encore, fit à ses propres frais toutes les dépenses de cette expédition. D'un autre côté, Ferdinand chassait du trône de Navarre Jean d'Albret qui
en était légitime souverain, et étendait les limites

de la monarchie espagnole, depuis les Pyrénées jusqu'aux frontières du Portugal.

Cependant Ferdinand considérait le jeune Charles plutôt comme un rival que comme un petit-fils en faveur duquel il tenait seulement le dépôt de l'administration. De là vint son excessive joie, lorsque la jeune Germaine de Foix qu'il avait épousée après la mort d'Isabelle, lui donna un fils qui devait ôter à Charles les couronnes d'Aragon, de Naples, de Sicile et de Sardaigne. La mort prématurée de ce fils le plongea ensuite dans le désespoir, et il tomba dans une langueur habituelle, et un abattement d'esprit qui le rendaient incapable de s'appliquer sérieusement aux affaires. Sa jalousie contre l'archiduc ne diminuait pas pour cela, elle l'engagea à faire un testament par lequel il donnait la régence de tous ses royaumes à Ferdinand, frère de Charles, qui était toujours resté en Espagne, et lui conférait en même temps la dignité de grand-maître des trois ordres militaires. Cependant, sur les représentations de ses plus fidèles conseillers qui craignaient de voir s'allumer la guerre civile, il révoqua ces dispositions quelques heures avant sa mort, qui arriva le 25 janvier 1516.

Charles, à qui cette mort laissait un si bel héritage, touchait alors à sa seizième année. Il avait résidé jusqu'à cet âge dans les Pays-Bas, dont son père lui avait laissé la souveraineté. Marguerite d'Autriche, sa tante, et Marguerite d'York, sœur d'Édouard IV, roi d'Angleterre, et veuve de Charles-le-Hardi, deux princesses douées de grands talents et de beaucoup de vertu, s'étaient chargées du soin de former son enfance. À la mort de Philippe, les Flamands avaient remis le gouvernement des Pays-Bas à l'empereur Maximilien, son père, avec le titre plutôt que l'autorité de régent. Maximilien fit choix de Guillaume de Croy, seigneur de Chièvres, pour présider à l'éducation du jeune Charles, son petit-fils. Ce seigneur possédait éminemment tous les talents nécessaires pour cet important emploi, et il en remplissait tous les devoirs avec beaucoup d'exactitude. Adrien d'Utrecht fut choisi pour être précepteur du jeune prince: cette place lui ouvrit la route des plus hautes dignités auxquelles un ecclésiastique puisse prétendre, et il ne la dut, ni à sa naissance qui était fort obscure, ni à son crédit, car il ne se mêlait point de toutes les intrigues de cour, mais seulement à l'opinion qu'il avait donnée de son savoir à ses compatriotes. Mais un savant accoutumé à la retraite d'un collége, sans habitude du monde, n'était guère propre à faire aimer l'étude à un jeune prince. Aussi Charles montra-t-il de bonne heure de l'aversion pour les sciences, et un goût extrême pour ces exercices violents et militaires, qui faisaient alors presque l'unique étude de la noblesse, et dans lesquels elle mettait sa gloire. Chièvres flatta cette disposition; soit qu'il voulût gagner, par sa complaisance, l'affection de son pupille, soit qu'il attachât lui-même peu de prix aux connaissances littéraires. Il l'instruisit cependant avec beaucoup de soin dans la science du gouvernement; il lui fit étudier l'histoire, non-seulement des pays de sa domination, mais encore des états qui avaient quelque relation avec les siens. Aussitôt que Charles eut pris le gouvernement de la Flandre, en 1515, Chièvres l'accoutuma dès-lors au travail: il l'engagea à lire tous les papiers qui concernaient les affaires publiques, à assister aux délibérations de ses conseillers privés, et à leur proposer lui-même les objets sur lesquels il avait besoin de leur opinion. Ce genre d'éducation fit contracter à ce jeune prince une habitude de gravité et de recueillement qui paraissait peu convenable à sa jeunesse; mais les premières ouvertures de son esprit n'indiquaient pas cette supériorité qui se manifesta dans un âge plus avancé. On ne remarqua point dans ses premières années cette impétuosité qui précède d'ordinaire la vigueur d'une maturité active et entreprenante; et sa déférence continuelle pour les avis de Chièvres et de ses autres favoris, n'annonçait pas cet esprit vaste et ferme qui dirigea dans la suite les affaires de la moitié de l'Europe. Mais ses sujets, séduits par les grâces de sa figure et la mâle dextérité qu'il montrait dans tous les exercices du corps, jugeaient son caractère avec cette prévention favorable qu'on a trop souvent pour les princes dans leur jeunesse; et ils se flattaient qu'il donnerait encore un nouvel éclat aux couronnes dont il avait hérité par la mort de Ferdinand.

Les royaumes d'Espagne étaient alors dans une situation qui exigeait autant de vigueur que de prudence dans le gouvernement. L'autorité royale, circonscrite par les prérogatives de la noblesse et par les prétentions du peuple, était resserrée dans des bornes fort étroites. Ferdinand avait su, pendant sa longue administration, éviter les inconvénients qui résultent ordinairement du système féodal: la supériorité de son génie lui avait fourni les moyens de réprimer l'inquiétude turbulente des nobles et de modérer la jalousie des communes : mais à sa mort, l'esprit de faction et de mécontentement, après avoir été longtemps réprimé, n'en éclata qu'avec plus de violence et de férocité.

Ferdinand, qui avait prévu ces désordres, avait pris la sage précaution de nommer, par son testament, Ximenès, archevêque de Tolède, pour être seul régent de la Castille, jusqu'à l'arrivée de son petit-fils en Espagne. Le caractère singulier de cet homme et les qualités extraordinaires qui le rendaient propre à cette grande place, méritent qu'on s'y arrête un moment. Il descendait d'une famille honnête, mais peu riche. Son inclination particulière, sa piété et l'élévation de ses sentiments, le déterminèrent à entrer dans l'état ecclésiastique, où il obtint de bonne heure des bénéfices considérables, qui lui ouvraient la route des premières dignités de l'Église. Il renonça tout à coup à ces avantages : et, après avoir subi les épreuves d'un noviciat très-sévère, il s'engagea dans un monastère de frères observantins de Saint-François, l'un des ordres les plus rigides de l'Église romaine. Il s'y distingua bientôt par une austérité de mœurs extraordinaire. Les religieux de son ordre, sentant sa supériorité, l'avaient fait provincial. Sa réputation de sainteté lui procura bientôt la place de confesseur de la reine Isabelle, place qu'il n'accepta qu'avec la plus grande répugnance. Il conserva à la cour l'austérité de mœurs par laquelle il s'était distingué dans le cloître : il continuait de faire tous ses voyages à pied ; il ne vivait que d'aumônes : il s'imposait des mortifications pénibles et des pénitences aussi rigoureuses qu'auparavant. Isabelle fut si contente du choix qu'elle avait fait, qu'elle ne tarda pas à conférer à Ximenès l'archevêché de Tolède, la première dignité de l'Église d'Espagne, qui était alors sollicitée par les plus grandes maisons du royaume. Il refusa d'abord cet honneur avec une fermeté modeste, et ne céda qu'à l'ordre exprès qu'il reçut du pape, de l'accepter. Mais son élévation ne changea rien à ses mœurs; obligé d'étaler en public la magnificence qui convenait à son rang, il ne se relâcha jamais de la sévérité monastique. On le vit porter constamment sous ses habits pontificaux le modeste habit de Saint-François, qu'il raccommodait de ses propres mains lorsqu'il était déchiré. Jamais il ne porta de linge; il se couchait toujours avec son habit, souvent sur la terre ou sur des planches, rarement dans un lit. Il ne goûtait aucun des mets délicats qu'on servait sur sa table, et se contentait de la nourriture simple et frugale que prescrivait la règle de son ordre.

Il avait cependant une profonde connaissance des affaires, et, dès qu'il fut appelé à l'administration par sa place et par l'opinion que Ferdinand et Isabelle avaient conçue de lui, il déploya des talents qui rendirent la réputation de son génie égale à celle de sa piété. Toutes ses vues étaient neuves et hardies: sa conduite politique participait aux vertus et aux défauts de son caractère; son génie étendu enfantait des plans vastes et magnifiques: il protégea constamment les savants, étant très-savant lui-même, mais il aimait encore davantage les gens de bien. Il fit invariablement profession d'une probité incorruptible, et haïssait tellement l'injustice, qu'aucune considération ne put jamais la lui faire dissi gulier, ni l'empêcher de la punir quand il lui fut possible de le faire. Enfin, il avait une piété sans fard, et un zèle aussi actif qu'éclairé. On lui a néanmoins reproché plusieurs défauts: il avait une certaine asperité de caractère qui l'a fait accuser de fierté et d'attachement excessif à son propre sens.

Tel était l'homme à qui Ferdinand confia la régence de Castille. Quoique le cardinal eût alors près de quatre-vingts ans, et qu'il connût parfaitement les difficultés et le travail inséparables de cette place, son intrépidité naturelle et son zèle pour le bien public la lui firent accepter sans hésiter. Cependant Adrien d'Utrecht, qui avait été envoyé en Espagne peu de mois avant la mort de Ferdinand, produisit des pleins-pouvoirs de l'archiduc, pour prendre le nom et l'autorité de régent après la mort du roi: mais les Espagnols avaient une telle aversion pour le gouvernement d'un étranger, et il y avait tant d'inégalité entre les talents des deux compétiteurs, que les prétentions d'Adrien auraient été rejetées sur-le-champ, si Ximénès, par déférence pour son nouveau souverain, n'avait consenti à le reconnaître pour régent et à partager avec lui l'administration: mais Adrien n'eut qu'un vain titre, et Ximénès, en traitant son collègue avec beaucoup d'égards et même de respect, se réserva toute l'autorité.

Quoique Ximénès n'eût qu'une puissance précaire, dont son grand âge ne devait pas lui faire espérer de jouir longtemps, il travailla avec une grande ardeur à augmenter la puissance du monarque et à rabaisser les privilèges de la noblesse.

Les seigneurs, alarmés de ces tentatives répétées,

résolurent de s'opposer à ces réformes ; mais, avant d'en venir aux dernières extrémités, ils chargèrent les plus considérables d'entre eux d'aller examiner les pouvoirs en vertu desquels Ximenès exerçait de tels actes d'autorité. Le cardinal les reçut avec une politesse froide, il ne répondit à leur demande qu'en produisant le testament de Ferdinand qui le proclamait régent, et la ratification de ce testament par Charles lui-même. Comme la conversation s'échauffait, il les conduisit insensiblement vers un balcon d'où l'on découvrait un corps considérable de troupes sous les armes, avec un train formidable d'artillerie : Ximenès les montrant aux députés, leur dit alors en élevant la voix : « Voilà les pouvoirs que j'ai reçus ; avec ce secours je gouverne la Castille, et je la gouvernerai jusqu'à ce que le roi, votre maître et le mien, vienne prendre possession de son royaume. » Une déclaration si fière et si hardie imposa silence aux députés et étonna leur parti ; aussi, à l'exception de quelques mouvements sans importance, la tranquillité de la Castille ne souffrit aucune atteinte.

Le cardinal trouvait aussi de l'opposition à ses projets parmi les ministres flamands de Charles, qui étaient jaloux de ses talents et de son indépendance. Ils déterminèrent le roi à lui adjoindre deux nouveaux régents : La Chau, gentilhomme flamand, d'un esprit adroit et délié, et Amerstoff, noble hollandais, connu par sa fermeté. Ximenès reçut ces nouveaux collègues avec les honneurs dus à leur rang, mais il ne leur donna aucune part à l'administration des affaires, et les Espagnols, qui ne pouvaient supporter l'idée d'être gouvernés par des étrangers, le secondèrent en ce point.

Ximenès avait en même temps à soutenir le fardeau de deux guerres étrangères, dont l'une se fit dans la Navarre, qui venait d'être envahie par Jean d'Albret. Il repoussa promptement ce prince, et, pour avoir plus de facilité à repousser d'autres attaques du même genre, il fit raser et démanteler une infinité de petites places et de châteaux qui pouvaient servir de retraites à l'ennemi et ne conserva que Pampelune, qu'il fortifia avec soin. Il ne fut pas si heureux en Afrique, dans la guerre qu'il fit au fameux aventurier Horuc Barberousse, qui, de simple corsaire, parvint par sa valeur et son habileté à se faire roi d'Alger et de Tunis. Les Espagnols furent vaincus, et presque tous ceux qui ne périrent pas dans le combat furent tués dans la retraite. Le cardinal supporta cette disgrâce, la seule qu'il eût encore éprouvée, avec une hauteur et une tranquillité qui ajoutèrent un nouvel éclat à son caractère.

La sordide avarice qui ternissait les belles qualités de Chièvres, le premier ministre du jeune roi, donna bientôt de trop justes sujets de mécontentement à l'Espagne; tout était devenu vénal à la cour des Pays-Bas, et les places, les honneurs étaient donnés au plus offrant. Ximenès, qui avait toujours montré le désintéressement le plus pur, exprima vivement au roi le mécontentement de ses sujets, et le supplia en même temps de venir immédiatement en Espagne, afin de dissiper par sa présence l'orage qui se formait sur le royaume.

Charles sentait bien qu'il avait trop longtemps

différé d'aller prendre possession de ses états en
Espagne, mais il était retenu par la guerre que
la ligue de Cambrai avait allumée en Italie. Cependant les Flamands, dont le commerce s'étendait
chaque jour, désiraient vivement la paix, et Chièvres, cédant au vœu du pays, conclut à Noyon,
le 13 août 1516, avec Boisy, plénipotentiaire de
François Ier, un traité d'alliance et de défense réciproque. Ce traité ouvrait à Charles un passage
libre pour se rendre en Espagne ; mais les ministres
flamands, craignant de voir diminuer leur influence
sur leur souverain, le retinrent encore pendant
une année entière dans les Pays-Bas.

(1517) Enfin il s'embarqua, suivi de Chièvres
et d'un nombreux cortége de gentilshommes flamands, et prit terre à Villa-Viciosa, où il fut reçu
avec les témoignages les plus éclatants de la joie
populaire. Cependant Ximenès, qui regardait la
présence du roi comme le plus grand bonheur que
l'Espagne pût désirer, s'avançait au-devant de lui
aussi promptement que la faiblesse de sa santé pouvait le lui permettre. Cet homme extraordinaire
n'avait jamais cessé, pendant sa régence, d'exercer
sur lui-même des mortifications très-rudes, et très-fréquentes, qui, jointes à l'assiduité d'un travail
pénible, auraient détruit la plus vigoureuse constitution. Chaque jour, il consacrait plusieurs heures
à des exercices de piété, disait exactement la messe,
et consacrait quelque temps à l'étude : malgré ces
occupations, il assistait régulièrement au conseil,
recevait et lisait tous les papiers qui lui étaient présentés ; il dictait des lettres et des instructions, et
il présidait à l'expédition de toutes les affaires ci-

viles, ecclésiastiques ou militaires. Tous les instants de sa journée étaient remplis par quelque occupation sérieuse ; la seule distraction qu'il se permit, c'était de discuter avec des religieux quelque question épineuse de théologie scolastique. Son corps épuisé par ce genre de vie, affaibli par la vieillesse, était assailli chaque jour de quelque nouvelle infirmité.

C'était dans cet état qu'il voyageait pour aller recevoir son souverain ; il fut atteint, à Bos-Equillos, d'un mal violent accompagné de symptômes extraordinaires. Ceux qui le suivaient dans ce voyage prétendirent y reconnaître l'effet du poison ; mais ils ne savaient s'ils devaient imputer ce crime à la vengeance des nobles Espagnols ou à la jalousie des ministres flamands. Obligé par cet accident de suspendre sa marche, Ximenès écrivit à Charles, et lui conseilla, avec sa liberté ordinaire, de renvoyer tous les étrangers de sa suite dont le nombre et le crédit avaient déjà donné de l'ombrage aux Espagnols, et ne manqueraient pas de lui aliéner bientôt l'affection de tout le peuple. Il sollicitait en même temps une entrevue avec le roi pour lui rendre compte de l'état de sa nation et des dispositions de ses sujets. Non-seulement les Flamands, mais encore les nobles Espagnols, se réunirent pour empêcher cette entrevue, et employèrent toute leur adresse pour éloigner Charles d'Aranda, où le cardinal s'était fait transporter. A leur sollicitation, tous les plans qu'il recommanda furent rejetés, et l'on mit le plus grand soin à lui faire sentir et à faire connaître en même temps à toute la nation que son pouvoir était sur son déclin. Ximenès ne soutint pas ce traitement avec son courage ordinaire : le sentiment qu'il avait de son intégrité et de ses talents lui faisait espérer plus de reconnaissance de la part d'un prince à qui il remettait un royaume plus florissant qu'il ne l'avait jamais été, et une autorité plus étendue et mieux établie que celle dont avaient joui les plus illustres de ses prédécesseurs. Le cardinal ne put s'empêcher de laisser en plusieurs occasions éclater son indignation et ses plaintes. Il déplora le destin de la patrie, et prédit toutes les calamités auxquelles elle allait être livrée par l'insolence, la rapacité et l'ignorance des étrangers. Tandis que son esprit était agité de ces inquiétudes, il reçut une lettre de Charles, qui, après quelques froides expressions d'estime, lui permettait de se retirer dans son diocèse, pour y achever dans le repos les restes d'une vie si laborieuse. Ce message accabla Ximenès : il avait l'âme trop fière sans doute pour survivre à la disgrâce : peut-être aussi que son cœur généreux ne put supporter l'idée des maux qui allaient fondre sur son pays. Quoi qu'il en soit, il est certain qu'il expira quelques heures après avoir lu la lettre du roi. Quand on considère la variété, la grandeur et le succès des entreprises de ce grand ministre, pendant une régence qui n'a duré que vingt mois, on doute s'il a mérité plus d'éloges par sa sagacité dans le conseil, par sa prudence dans la conduite, ou par son audace dans l'exécution. Sa réputation, non-seulement de génie, mais aussi de piété, est encore révérée en Espagne : c'est le seul ministre que ses contemporains aient honoré comme un saint, et à qui, pendant son administration, le peuple ait attribué le don de faire des miracles.

(1518) Peu de temps après la mort de Ximenès, Charles fit, en grande pompe, son entrée publique à Valladolid, où il avait renvoyé les états de Castille. Quoiqu'il eût pris en toute occasion le titre de roi, ce titre n'avait jamais été reconnu par les états, parce qu'il appartenait à Jeanne, sa mère, qu'aucun acte authentique n'avait déclarée incapable de régner. L'assemblée se détermina cependant à le déclarer roi, conjointement avec Jeanne, à condition que le nom de Charles serait placé dans tous les actes publics après celui de sa mère, et que si, dans la suite, Jeanne recouvrait la raison, elle reprendrait seule l'exercice de l'autorité royale. Les états votèrent en même temps un don gratuit de 600,000 ducats payables en trois ans, somme plus considérable qu'on n'en avait jamais accordé à aucun roi de Castille.

Malgré cette déférence, un mécontentement très-sensible se répandait dans tout le royaume; on se plaignait de voir le roi entièrement soumis à l'autorité de Chièvres, toujours entouré de Flamands, et presque inaccessible aux Espagnols, dont il ne connaissait d'ailleurs que très-imparfaitement le langage. Tous les emplois continuaient à être, pour ainsi dire, mis à l'encan, et la rapacité des Flamands était d'autant plus grande qu'ils sentaient que leur crédit ne pourrait avoir une longue durée. Ce qui irrita les Espagnols, plus encore que toutes les exactions, ce fut de voir nommer, à l'archevêché de Tolède, Guillaume de Croy, neveu de Chièvres, jeune homme qui n'avait pas encore l'âge prescrit par les canons.

Charles quitta la Castille, au moment où l'irritation était générale, pour aller à Sarragosse assister aux états de ce royaume. Dans sa route, il prit congé de son frère Ferdinand qu'il envoya en Allemagne, sous le prétexte que sa présence serait agréable à Maximilien, leur grand-père. Charles dut peut-être à cette précaution la conservation de sa couronne, car Ferdinand était l'idole de toute la nation, et il avait assez d'ambition pour accepter le pouvoir que les Espagnols n'auraient pas manqué de lui offrir.

Les Aragonais n'avaient pas encore reconnu Charles pour leur roi, et ce ne fut qu'après beaucoup de résistance et de longs délais qu'il obtint ce titre, conjointement avec sa mère. En même temps, il s'engagea par un serment solennel que les Aragonais exigeaient toujours de leur roi, à ne jamais violer aucun de leurs droits et priviléges. Sur la proposition d'un don gratuit, les états se montrèrent encore plus intraitables ; ils n'accordèrent que 200,000 ducats, qui furent affectés à acquitter d'anciennes dettes de la couronne, de sorte qu'il n'en resta qu'une petite partie à la disposition du roi. Charles se rendit ensuite en Catalogne, où il rencontra encore plus d'obstacles, et obtint moins d'argent. En même temps, Ségovie, Tolède, Séville et d'autres villes du premier ordre de Castille, se confédérèrent pour faire présenter au roi des remontrances sur la mauvaise administration des favoris. Charles n'y fit pas grande attention, et cependant cette confédération fut le commencement de cette union des communes de Castille qui, bientôt après, jeta le royaume dans la plus grande confu-

sion, ébranla le trône, et fut sur le point de détruire
la constitution même.

(1519) Charles apprit à Barcelone la mort de
l'empereur Maximilien. La dignité impériale dont
Maximilien avait été revêtu avait une grande importance; elle donnait une juridiction étendue en
Italie, et la prééminence sur tous les princes chrétiens. Maximilien avait vainement tenté d'assurer,
pendant sa vie, ce superbe héritage au roi d'Espagne; mais, à sa mort, Charles demanda ouvertement
cette place. François Ier, roi de France, se présenta
en même temps pour la lui disputer. Cette rivalité
attira l'attention de toute l'Europe. Charles fondait
ses prétentions sur la possession où la maison d'Autriche était depuis longtemps du trône impérial, et
sur la situation favorable de ses états héréditaires en
Allemagne, qui formaient une barrière naturelle à
l'empire contre les entreprises de la puissance ottomane. Il fit d'ailleurs tous les efforts imaginables
pour assurer le succès de sa cause; il prodigua l'argent, et mit en œuvre tous les artifices de la négociation; il s'assura par des présents des suffrages de
de tous ceux qui voulurent se vendre, leva les scru-
pules des uns, répondit aux objections des autres,
et sut, par les menaces, en imposer aux faibles.

François Ier montrait la même ardeur et une égale
confiance dans la justice de sa cause. Il représentait
qu'il était temps de prouver aux princes de la maison d'Autriche que la couronne impériale était élec-
tive et non héréditaire; qu'un jeune prince sans
expérience n'était pas en état d'entrer en lice avec
les Ottomans, commandés par Sélim, tandis que la
cavalerie française, jointe à l'infanterie allemande,

formerait l'armée la plus formidable qui eût jamais existé. Enfin, les ambassadeurs de France prodiguaient les dons et les promesses, et voyageaient avec une suite de chevaux chargés d'or, appareil de corruption, peu honorable au prince à qui il appartenait, et honteux pour ceux à qui il était destiné.

Les autres princes de l'Europe intervinrent aussi dans cette grande querelle; mais le pape Léon X, que ses talents politiques, autant que son goût pour les arts, ont rendu si célèbre, fut le seul prince de ce siècle qui observa les mouvements des deux prétendants avec une attention vraiment éclairée. Il prédit que l'élection d'un de ces deux monarques serait funeste à l'indépendance du saint Siége, à la paix de l'Italie, et peut-être à la liberté de l'Europe. Il exhorta donc secrètement les princes d'Allemagne à choisir, dans leur corps, un successeur à l'empire, d'autant que plusieurs d'entre eux étaient dignes d'occuper le trône avec honneur.

La diète se réunit, suivant l'usage, à Francfort; le droit d'élire l'empereur appartenait depuis long-temps à sept princes considérables, distingués par le titre d'électeurs. Ces princes, obéissant à la maxime fondamentale suivant laquelle on n'avait jamais élevé à l'empire un souverain qui fût déjà possesseur d'une grande puissance et de domaines étendus, se réunirent tous pour offrir la couronne à Frédéric, duc de Saxe, à qui ses talents et ses vertus avaient mérité le titre de sage. Mais ce prince rejeta l'offre qui lui était faite avec un désintéressement digne d'admiration; il démontra en même temps que si, dans les temps de tranquillité, les petits états d'Allemagne avaient besoin d'un empereur qui n'eût pas assez de pouvoir pour empiéter sur leurs priviléges, il fallait, dans les temps de danger, choisir un prince qui eût assez de forces pour veiller à leur sûreté, et il désigna Charles comme celui dont l'Allemagne devait attendre les plus grands avantages.

Cet important débat, qui tenait l'Europe en suspens, se termina enfin cinq mois après la mort de Maximilien, et Charles fut élevé à l'empire par le suffrage unanime du collége électoral. Toutefois, les électeurs voulurent en même temps prendre les moyens de prévenir l'abus qu'il pourrait faire un jour de sa puissance pour empiéter sur les priviléges du corps germanique. On formula donc une capitulation dans laquelle on énuméra tous les priviléges des membres du corps germanique, et Charles s'engagea de la manière la plus solennelle à les maintenir. La nouvelle de cette élection arriva en neuf jours de Francfort à Barcelone, et combla Charles de joie; ce fut dès ce moment qu'il conçut ces vastes projets de gloire qui séduisirent son imagination pendant tout son règne. Ce fut à partir de ce moment qu'il prit le titre de *Majesté*, qu'aucun souverain d'Europe n'avait encore pris.

Charles accepta la couronne impériale, et annonça l'intention de passer en Allemagne pour prendre possession de sa nouvelle dignité. Cette résolution indisposa fort les Espagnols qui craignaient de tomber sous la domination tyrannique d'un vice-roi et de son conseil. Le mécontentement fut si grand que le clergé de Castille se refusa de payer le dixième de son revenu, que le pape avait accordé au roi pour l'aider dans la guerre contre les Turcs.

(1520) Des troubles bien plus sérieux s'étaient élevés dans le royaume de Valence : le peuple avait pris les armes pour se soustraire à l'autorité des nobles. Charles était mécontent de la noblesse qui avait refusé les subsides, parce que le roi n'était pas venu en personne présider les états de ce royaume, comme il avait fait dans les autres parties de l'Espagne ; il autorisa donc le soulèvement de la multitude qui forma une association contre la noblesse sous le nom de *Germanada*, laquelle devint la source des plus affreux désordres.

La Castille n'était guère moins agitée : Charles avait convoqué les états à Compostelle, et y demanda un nouveau don gratuit qui le mit à même de paraître dignement en Allemagne. Plusieurs villes refusèrent d'envoyer des députés : Valladolid se souleva lors du passage du roi, et ce ne fut qu'avec peine que les courtisans flamands échappèrent à la fureur populaire. Enfin, à force d'intrigues et de démarches, les ministres obtinrent, à la pluralité des voix, le don gratuit que le roi avait demandé.

Rien ne retardant plus son départ, Charles conféra la régence de Castille au cardinal Adrien, archevêque de Liège, la vice-royauté d'Aragon à don Juan de Lanuza, et celle de Valence à don Diègue Mendoza, comte de Mélito. Le choix des derniers fut très-agréable aux Castillans, mais la nomination d'Adrien, qui cependant était le seul Flamand pour qui ils eussent conservé quelque estime, ne fit qu'accroître leur haine et leur jalousie contre les étrangers. On protesta vivement contre cette nomination, mais Charles avait un si grand désir d'arriver en Allemagne, et ses courtisans tant d'impatience de sortir d'Espagne, que, sans avoir égard aux murmures des Castillans, sans prendre même aucune précaution contre un soulèvement qui se préparait à Tolède, et qui eut dans la suite les plus funestes conséquences, ce prince s'embarqua à la Corogne, et mit à la voile le 20 de mai. En précipitant ainsi son départ pour aller recevoir une couronne nouvelle, il s'exposa à en perdre une d'un bien plus haut prix, et dont il était déjà possesseur.

FIN DU LIVRE PREMIER.

LIVRE DEUXIÈME.

SOMMAIRE.

Origine et progrès de la rivalité de Charles-Quint et de François Iᵉʳ. — Négociations avant la rupture. — Henri VIII, roi d'Angleterre. — Son ministre Wolsey. — Charles va en Angleterre. — Entrevue de Henri VIII et de François Iᵉʳ. — Couronnement de l'Empereur. — Soliman-le-Magnifique. — Diète de Worms. — Origine de la réformation. — Luther et son caractère. — Il est excommunié. — L'électeur de Saxe le protège. — Commencement des hostilités dans la Navarre. — Progrès des Français. — Leur défaite. — Guerre dans les Pays-Bas. — Siége de Mézières. — Bayard. — Congrès à Calais. — Henri VIII se ligue contre la France. — Hostilités en Italie. — Mort de Léon X. — Élection d'Adrien. — Les Français perdent le Milanais. — Henri VIII déclare la guerre à la France. — Charles va en Angleterre. — Les Anglais entrent en France. — Leur retraite. — Conquête de l'île de Rhodes par Soliman.

(1520) Différentes circonstances réunies appelaient Charles en Allemagne, et y rendaient de jour en jour sa présence plus nécessaire. Les électeurs s'impatientaient d'un si long interrègne; d'ailleurs les états héréditaires de Charles commençaient à être agités par des divisions intestines, et les progrès rapides que faisaient les nouvelles doctrines sur la religion demandaient l'attention la plus sérieuse; mais ce qui l'intéressait plus vivement encore, c'étaient les mouvements du roi de France, qui lui faisaient sentir la nécessité de prendre les mesures les plus promptes et les plus efficaces pour se mettre en état de défense.

Charles et François, en se mettant sur les rangs pour se disputer la couronne impériale, se promirent de se conduire avec toutes sortes d'égards l'un pour l'autre, et de ne pas souffrir qu'aucun signe d'inimitié vint déshonorer une si belle rivalité. Deux princes jeunes et généreux qu'anime également l'espérance du succès pouvaient bien former cette noble résolution, mais ils trouvèrent bientôt qu'ils s'étaient promis plus de modération et de désintéressement que ne le comportait la faiblesse humaine. La préférence que Charles obtint à la face de l'Europe entière mortifia mortellement François. Et d'ailleurs mille autres circonstances qui mettaient leurs intérêts en opposition, les tinrent dans un état d'hostilité presque continuelle. D'un côté, Charles, n'ayant aucun égard au principal article du traité de Noyon, s'obstina plus que jamais à refuser de rendre justice à Jean d'Albret, roi de Navarre, qui avait été chassé d'un trône où l'honneur et l'intérêt engageaient François à le rétablir. De l'autre, le roi de France avait des prétentions sur la couronne de Naples, dont Ferdinand avait dépouillé son prédécesseur par une mauvaise foi sans excuse. L'Empereur pouvait réclamer comme un fief de l'Empire le duché de Milan, dont François s'était emparé, et qu'il continuait de retenir sans en avoir reçu l'investiture. Charles regardait encore le duché de Bourgogne comme un patrimoine de ses ancêtres, injustement usurpé par la politique de Louis XI, et il voyait avec la plus grande jalousie les étroites liaisons que François avait formées avec le duc de Gueldres, l'ennemi héréditaire de sa famille.

Avec tant de sujets de division et de guerre, la paix n'eût pu durer longtemps, même entre deux princes sans jalousie et sans ambition. Mais comme la première rupture, entre deux adversaires si puissants, ne pouvait manquer d'être fatale et sans espoir de conciliation, tous deux marquèrent de vives inquiétudes sur ses suites, et prirent leur temps, tant pour rassembler leurs propres forces que pour s'assurer des alliés.

Le principal soin de Charles et de François était d'attirer dans leur parti le roi d'Angleterre, Henri VIII, dont l'alliance leur promettait des secours plus efficaces et plus prompts que ceux qu'ils pouvaient espérer des princes italiens. François étant parvenu à gagner le cardinal de Wolsey, premier ministre du roi d'Angleterre, celui-ci, qui exerçait une grande influence sur l'esprit de son maître, le détermina à rendre Tournai aux Français, à conclure un traité de mariage entre le dauphin et la princesse Marie sa fille, et enfin à consentir à une entrevue avec le roi de France. Depuis ce temps, il s'établit entre ces deux cours le commerce le plus intime.

Charles observait les progrès de cette union avec la plus grande jalousie. Il avait aussi essayé de gagner Wolsey en s'adressant à sa vanité et à son avarice, mais, voyant qu'il lui était impossible d'empêcher l'entrevue entre les deux souverains, dont tous les préliminaires étaient déjà réglés, il résolut au moins de la rendre inutile aux intérêts de François.

Pour atteindre ce but, après s'être, comme nous l'avons dit, embarqué à la Corogne, il alla directement débarquer en Angleterre, surprenant ainsi Henri VIII, et se livrant entièrement à sa discrétion. La vanité du roi d'Angleterre fut flattée de la visite de Charles et de la confiance sans bornes qu'il lui montrait; de son côté, l'Empereur, quoiqu'il ne restât que quatre jours en Angleterre, trouva le moyen de mettre dans ses intérêts le cardinal de Wolsey, en augmentant la pension qu'il lui faisait, et en lui promettant d'user de toute son influence pour lui faire obtenir par la suite les honneurs de la tiare.

L'entrevue entre Henri VIII et François Ier eut lieu immédiatement après dans une grande plaine entre Guine et Ardres, où les deux rois et leur suite déployèrent toute leur magnificence, avec une émulation et une profusion qui firent appeler cette plaine *le camp du drap d'or*. Des jeux de chevalerie, des fêtes galantes, tous les exercices et les amusements qui distinguaient l'élégance et le goût de ce temps-là occupèrent les deux cours pendant les dix-huit jours que les princes restèrent ensemble. L'impression favorable que firent sur l'esprit de Henri les manières engageantes de François et son air de franchise et de confiance fut bientôt effacée par les artifices de Wolsey, et par l'entrevue que Henri eut avec l'Empereur à Gravelines. Charles s'y conduisit avec moins d'éclat et de pompe que n'avait fait François près de Guine, mais il donna bien plus d'attention à ses intérêts politiques. Il offrit même au roi d'Angleterre de soumettre à sa seule décision tous les différends qui pourraient s'élever entre

François et lui. Rien n'annonçait plus de candeur et de modération en apparence que de choisir ainsi pour juge l'ami commun des deux adversaires ; mais comme l'Empereur venait d'attacher Wolsey à ses intérêts, c'était au fond la plus insidieuse des propositions, et la plus funeste au roi de France, comme le fit voir la suite des événements.

Charles, malgré sa prédilection pour les Pays-Bas, n'y fit pas un long séjour, et se rendait en diligence à Aix-la-Chapelle, ville que la bulle d'or a désignée pour le couronnement des empereurs. Ce fut là qu'en présence d'une assemblée nombreuse et solennelle, la couronne de Charlemagne passa sur la tête de Charles V, avec tout l'appareil et toute la pompe que les Allemands affectent dans leurs cérémonies publiques, et qu'ils croient de l'essence de la dignité impériale.

Presque dans le même temps, on vit monter sur le trône ottoman un rival opiniâtre et redoutable pour l'Empereur ; c'était Soliman-le-Magnifique, celui de tous les princes turcs qui a réuni les plus grandes qualités, formé le plus d'entreprises, et remporté le plus de victoires. Ce fut la gloire de ce temps, de produire les monarques les plus illustres qui aient jamais paru dans l'Europe. Si Léon X, Charles-Quint, François Ier, Henri VIII et Soliman eussent fleuri en différents siècles, leurs talents divisés auraient suffi pour illustrer l'époque où chacun d'eux aurait vécu ; mais tous ces princes contemporains parurent comme une constellation qui jeta sur le XVIe siècle un éclat extraordinaire ; il n'y eut point de contestation où l'on ne déployât des deux côtés de grandes forces et de grands talents ; la valeur et la prudence, également balancées de part et d'autre, produisirent une variété d'événements qui rend l'histoire de ce temps-là très-intéressante, et elles servirent encore à empêcher qu'aucun de ces princes ne fît de trop grands progrès, et n'acquît une supériorité de pouvoir qui aurait pu devenir fatale à la liberté et au bonheur du genre humain.

Le premier acte d'administration que fit l'Empereur, fut d'indiquer une diète de l'Empire à Worms, pour le 6 janvier 1521. Dans les lettres circulaires qu'il adresse aux différents princes, il les informe que le but de cette assemblée était de concerter avec eux les moyens propres à arrêter les progrès des opinions nouvelles et dangereuses qui menaçaient de troubler la paix de l'Allemagne et de renverser la religion de leurs pères. Charles avait en vue les erreurs répandues par Luther et ses disciples, depuis l'an 1517. La religion catholique avait civilisé toutes les nations de l'Europe; à cette époque elle lui offrit encore de nouveaux bienfaits, en contribuant à la renaissance des sciences et des arts. L'unité religieuse formait de tous les peuples, comme une grande famille. Peu de siècles auparavant, on n'avait qu'à admirer l'effet et la puissance de cette unité religieuse, lorsque à la nouvelle des dangers que couraient les chrétiens de l'Orient, l'Europe entière s'était levée comme un seul homme pour marcher contre l'ennemi commun de la croix, les féroces disciples de Mahomet. Cette unité, source de gloire et de prospérité, va être rompue. L'esprit d'erreur va jeter dans la société un germe de division, et préparer aux âges futurs les plus tristes événements. Un moine hardi consomma ce grand crime,

Martin Luther était né à Eisseben en Saxe : son père, quoique simple ouvrier, lui fit faire de si bonnes études, que Luther acquit bientôt une grande réputation d'éloquence et d'érudition. Touché de la mort d'un de ses compagnons d'étude, frappé de la foudre à ses côtés, il entra, malgré ses parents, dans l'ordre des Augustins. Ses supérieurs lui procurèrent le doctorat et une chaire de théologie, dans l'Université de Wittemberg, fondée nouvellement par l'électeur Frédéric de Saxe, qui se piquait d'y attirer les gens de mérite, et qui se prévint à un point inconcevable en faveur de ce moine orgueilleux. C'est ce qui donna principalement l'essor à ce génie présomptueux, emporté et plein de mépris pour tout ce qu'il n'avait pas connu.

À l'âge de 55 ans, dans le haut degré de réputation où déjà il était à Wittemberg, il leva hautement l'étendard de l'hérésie pour ne plus reculer, pour avancer de jour en jour avec une audace plus déterminée à travers tous les écueils et les précipices.

Il déclama d'abord contre les prédicateurs d'indulgences, et fit soutenir ensuite, à plusieurs reprises, des thèses publiques, où la hardiesse des assertions allait toujours en augmentant : il les afficha aux portes de l'église de Wittemberg, et osa les envoyer à l'archevêque de Mayence.

La cour de Rome avait reçu de Luther des protestations de soumission : il écrivait au souverain pontife Léon X, qu'il recevrait le jugement de sa Sainteté comme celui de Jésus-Christ, qui parlait par sa bouche. Cette conduite porta Léon X à user de modération et de lenteur dans cette affaire. Alarmé des troubles que la doctrine de Luther excitait dans une grande partie de l'Empire, l'Empereur Maximilien écrivit au Pape, pour le prier de flétrir, par une condamnation, les nouvelles erreurs.

Léon X se vit obligé de prendre des mesures pour défendre l'Église contre une attaque qui était devenue trop sérieuse. Dans cette vue, il fit sommer Luther de comparaître à Rome, dans le délai de soixante jours, devant l'auditeur de la chambre, chargé d'examiner sa doctrine et de la juger. Léon X écrivit en même temps à l'électeur de Saxe, pour le prier de ne pas protéger un homme dont les sentiments hérétiques et profanes scandalisaient les fidèles ; et il enjoignit au provincial des Augustins de réprimer, par son autorité, l'insolence d'un moine téméraire, qui déshonorait l'ordre entier, et mettait le trouble dans toute l'Église. Cependant, sur les instances de l'université de Wittemberg, de l'électeur, et de Luther lui-même, qui lui écrivit une lettre remplie de soumission, le Pape consentit à faire examiner sa doctrine en Allemagne, et chargea de cette mission le cardinal de Cajetan, dominicain distingué par son savoir. Luther se rendit en conséquence à Augsbourg, où le cardinal, après l'avoir honorablement accueilli, le somma, en vertu des pouvoirs apostoliques dont il était revêtu, d'abjurer les erreurs qu'il avait annoncées sur les indulgences et sur la nature de la foi, et de s'interdire à l'avenir toute publication d'opinions nouvelles et dangereuses. Luther, qui avait espéré entrer dans une discussion de controverse avec un prélat aussi distingué, voyant qu'il ne voulait pas entrer en dispute, sortit secrètement de la ville d'Augsbourg, et s'en retourna dans sa patrie, après avoir appelé du Pape mal informé sur sa cause au Pape mieux informé.

Le cardinal Cajétan, indigné de l'évasion précipitée de Luther, écrivit à l'électeur de Saxe, et le pria d'envoyer le moine séditieux prisonnier à Rome, ou de le bannir de ses États; mais ce prince, tout en protestant de son estime pour le cardinal et de son respect pour le Pape, refusa, sous divers prétextes, de se prêter aux diverses demandes du cardinal, et montra le plus grand intérêt pour la sûreté de Luther, dont il croyait le concours nécessaire aux succès de son université.

Cependant les juges de Rome devant lesquels Luther avait été cité l'avaient condamné comme hérétique, et celui-ci avait formé un appel à un concile général, comme représentant l'Église catholique. Le Pape donna en même temps une bulle dont la date était antérieure à l'appel de Luther; il y relevait la vertu et l'efficacité des indulgences, et enjoignait à tous les chrétiens de donner leur croyance à ce qu'il leur annonçait, comme à la doctrine de l'Église catholique, et menaçait de l'excommunication la plus grave ceux qui soutiendraient et enseigneraient des opinions contraires. Une décision aussi précise aurait pu arrêter les progrès de l'hérésie, mais la mort de l'empereur Maximilien qui arriva dans ce temps-là fit confier le vicariat de cette partie de l'Allemagne à l'électeur de Saxe; les préoccupations relatives à l'élection d'un empereur s'emparèrent ensuite de tous les esprits, et ces circonstances valurent à Luther un sursis de dix-huit

mois, et donnèrent à ce novateur le temps d'augmenter le nombre de ses sectateurs. Des troubles
de même espèce s'élevèrent sur d'autres points, et
les religieux chargés de publier les indulgences,
trouvèrent en Suisse, dans la personne de Zuingle,
un adversaire aussi ardent que Luther. L'audace de
ce dernier croissait aussi de jour en jour, et déjà
il avait attaqué publiquement l'origine et la divinité
de l'autorité pontificale.

Léon X fut enfin convaincu qu'il n'y avait plus
d'espérance de ramener Luther par la douceur, et
le 15 juin 1520 parut la bulle fameuse qui condamnait quarante-une propositions extraites des ouvrages de Luther, comme hérétiques, scandaleuses
et contraires aux bonnes mœurs; défense était faite
à toute personne de lire ses écrits, sous peine d'excommunication; injonction à tous ceux qui en
avaient quelques exemplaires de les jeter au feu; et
si, dans le délai de soixante jours, Luther ne ré-
tractait pas publiquement ses ouvrages, on le déclarait hérétique obstiné, on l'excommuniait, et
on ordonnait à tous les princes de se saisir de sa
personne.

La publication de cette bulle en Allemagne fit naître
des sentiments divers, suivant les différents endroits.
Dans quelques villes, la populace s'opposa avec violence à la promulgation des édits du saint Siège. Luther réitéra son appel au concile, et dans des observations qu'il publia sur la bulle d'excommunication, il alla jusqu'à dire que le Pape était l'Ante-
christ dont l'apparition était prédite dans le Nouveau-
Testament. Après avoir réuni les professeurs et les
écoliers de l'université de Vittemberg, en présence

d'un grand nombre de spectateurs et avec beaucoup d'appareil, il jeta dans les flammes les livres du droit canon avec la bulle d'excommunication.

Tels étaient les progrès qu'avaient faits Luther, et l'état où était son parti, lorsque Charles arriva en Allemagne. La diète de Worms délibéra longuement, et enfin elle décida que Luther serait ajourné à comparaître, et viendrait déclarer s'il adhérait ou non aux opinions qui avaient attiré sur lui les censures de l'Église. On lui envoya les sauf-conduits nécessaires, et il n'hésita pas un instant à obéir. Devant la diète il avoua qu'il avait mis trop de véhémence et d'aigreur dans ses écrits de controverse, excuse ordinaire de tous les hérésiarques, mais il refusa de se rétracter, à moins qu'on ne lui prouvât la fausseté de ses opinions. On le laissa partir, sans exercer à son égard aucune violence; mais, quelques jours après son départ de Worms, on publia au nom de l'Empereur et de la diète un édit sévère, qui, le déclarant criminel endurci et excommunié, le dépouillait de tous les privilèges dont il jouissait comme sujet de l'Empire, avec défense à tous les princes de lui donner asile ou protection, et injonction de se réunir tous pour se saisir de sa personne, aussitôt que le délai du sauf-conduit serait expiré.

Cet édit vigoureux demeura sans effet. L'exécution en fut traversée en partie par la multiplicité des affaires que suscitèrent à l'Empereur les troubles d'Espagne, les guerres d'Italie et des Pays-Bas, en partie par les précautions que prit l'électeur de Saxe, le protecteur fidèle et constant de Luther. Celui-ci, à son retour de Worms, passant près d'Altenstein, dans la Thuringe, une troupe de cavaliers masqués sortirent tout à coup d'une forêt où l'électeur les avait mis en embuscade, environnèrent Luther et sa compagnie, et après avoir congédié ceux qui l'accompagnaient, le conduisirent à Wartbourg, château-fort qui n'était pas éloigné. L'électeur ordonna qu'on lui fournît tout ce qui lui serait nécessaire et agréable; mais on tint le lieu de sa retraite soigneusement caché, jusqu'à ce que quelque changement dans les affaires de l'Europe eut apaisé l'orage élevé contre lui. Il resta neuf mois dans cette retraite où il écrivit différents traités qui ranimèrent le courage de ses sectateurs, que la disparition subite de leur chef avait d'abord extrêmement étonnés et découragés.

Luther jouissait dans sa retraite des progrès que faisait sa doctrine dans sa patrie, mais cette joie fut compensée par deux événements qui semblaient mettre des obstacles insurmontables à la propagation de ses principes dans les deux plus puissants royaumes de l'Europe. Le premier fut la condamnation de sa doctrine par un décret solennel de l'université de Paris, la plus ancienne et la plus respectable des sociétés savantes qui florissaient alors en Europe; le second fut la réponse que publia Henri VIII à son livre sur la captivité de Babylone. Ce jeune monarque crut qu'il ne lui suffisait pas de déployer son autorité royale contre les opinions du réformateur, il voulut encore le combattre avec les armes scolastiques. Ce fut dans cette vue qu'il publia son traité des sept sacrements, ouvrage oublié aujourd'hui, mais qui n'est pas dépourvu d'adresse et de subtilité polémique. La flatterie des courtisans l'exalta comme un ouvrage prodigieux, et le

Pape donna à Henri VIII le titre de *défenseur de la foi*. Luther répondit au décret de l'université de Paris et au traité du roi d'Angleterre d'un style aussi violent et aussi amer que s'il n'eût réfuté que le plus méprisable de ses antagonistes.

Cependant l'Empereur était obligé de donner toute son attention à d'autres matières. La guerre était près d'éclater entre François et lui, dans la Navarre, dans les Pays-Bas et en Italie; et il fallait ou beaucoup d'habileté pour détourner le danger, ou beaucoup de précautions pour se préparer à une bonne défense. Retenu par Chièvres, l'Empereur différait, tant qu'il pouvait de commencer les hostilités, mais François et ses ministres n'étaient pas dans des dispositions si pacifiques. Henri VIII, à la médiation duquel les deux monarques recouraient souvent, avait renoncé à l'esprit d'impartialité qui convenait à son caractère d'arbitre; Wolsey l'avait entièrement détaché du roi de France, et n'attendait qu'une occasion pour joindre les armes de l'Angleterre à celles de l'Empereur. Le Pape conclut aussi secrètement une alliance avec l'Empereur; les principaux articles de ce traité qui devint la base de la grandeur de Charles en Italie furent que le Pape et l'Empereur uniraient leurs forces pour chasser les Français du Milanais, dont on donnerait la jouissance à François Sforce, fils de Louis le More; qu'on rendrait à l'Église les duchés de Parme et de Plaisance, et que l'Empereur aiderait le Pape à conquérir Ferrare. Chièvres, en apprenant qu'un traité d'une si grande importance s'était conclu sans sa participation, ne douta pas qu'il n'eût perdu l'ascendant qu'il avait conservé jusqu'alors sur l'esprit de son élève. Le chagrin qu'il en ressentit avança, dit-on, le terme de ses jours, et sa mort détruisit tout espoir d'éviter une rupture avec la France.

Tandis que le Pape et l'Empereur, conformément à la secrète alliance qu'ils venaient de former, se disposaient à attaquer Milan, les hostilités commencèrent dans une autre contrée. Les enfants de Jean d'Albret, roi de Navarre, avaient souvent demandé la restitution de leur patrimoine, en vertu du traité de Noyon; Charles avait toujours éludé leur demande sous divers prétextes: François se crut alors autorisé, par ce même traité, à secourir cette famille infortunée. Mais, comme il voulait éviter, autant qu'il était possible, d'offenser l'Empereur ou le roi d'Angleterre, il fit lever des troupes et commencer la guerre, non pas en son nom, mais au nom de Henri d'Albret. Le commandement des troupes fut donné à André de Foix de Lesparre, jeune homme sans talents et sans expérience, mais allié du prince détrôné, pour lequel il allait combattre. Comme il ne trouva point d'armée en campagne qui pût l'arrêter, il se rendit maître en peu de jours de tout le royaume de Navarre, sans trouver dans sa marche d'autre obstacle que la citadelle de Pampelune. La faible résistance que fit ce fort ne mériterait pas d'être marquée dans l'histoire, si Ignace de Loyola, gentilhomme biscayen, n'y avait pas été dangereusement blessé. Dans le cours d'un long traitement, Loyola ne trouva, pour charmer son ennui, d'autre amusement que la lecture des vies des Saints: l'impression que cette lecture fit sur son esprit, et la grâce agissant dans son âme, lui inspirèrent un ardent désir d'imiter ceux dont il ne pouvait s'empêcher d'admirer la conduite, et les résolutions qu'il prit dans ces circonstances furent si généreuses que bientôt il étonna le monde par l'héroïsme de ses vertus. Animé d'un saint zèle de la gloire de Dieu et du salut du prochain, il délibère sur les moyens d'y travailler avec le plus de succès, et conclut à établir une société d'hommes apostoliques. Telle fut l'origine de la société devenue depuis si célèbre, et connue sous le nom de compagnie de Jésus.

Si, après la réduction de Pampelune, Lesparre s'était contenté de prendre les précautions convenables pour assurer sa conquête, le royaume de Navarre aurait pu rester en effet réuni à la couronne de France; mais, emporté par l'ardeur de la jeunesse, et encouragé par François que les succès éblouissaient trop aisément, il se hasarda à passer les limites de la Navarre, et alla mettre le siège devant Logroño. Les Castillans sortirent alors de l'indifférence avec laquelle ils avaient assisté aux succès des Français: l'armée espagnole força le général français à abandonner son entreprise; elle le défit ensuite dans une bataille engagée témérairement par Lesparre, et où il fut fait prisonnier avec ses principaux officiers. L'Espagne reprit la Navarre en moins de temps encore que les Français n'en avaient mis à s'en emparer.

Tandis que François s'efforçait de justifier l'invasion de la Navarre, en la faisant passer sous le nom d'Henri d'Albret, il avait recours à un artifice du même genre, pour attaquer d'un autre côté le territoire de l'Empereur. Robert de la Marck, sei-

gneur de Bouillon, avait abandonné le service de
Charles, pour se venger d'un attentat prétendu du
conseil aulique contre sa juridiction, et s'était jeté
dans les bras de la France. Dans la chaleur de son
ressentiment, il se laissa persuader d'envoyer un
héraut à Worms, pour y déclarer la guerre à l'Empereur: à la tête d'un corps de troupes levées en
France, il entra dans le Luxembourg, et, après
avoir ravagé tout le plat pays, alla mettre le siège
devant Vireton. Charles se plaignit de la violation
du traité de paix de 1518; François répondit qu'il
ne pouvait être responsable des actes de Robert.
Mais Henri VIII eut si peu égard à ce subterfuge,
que le roi de France, pour ne pas irriter un prince
qu'il espérait toujours gagner, envoya ordre à Robert de la Marck de licencier ses troupes.

Cependant l'Empereur rassemblait une armée
pour châtier l'insolence de Robert. Vingt mille hommes, commandés par le comte de Nassau, fondirent
sur son petit territoire, et, dans l'espace de quelques
jours, se rendirent maîtres de toutes ses places, à
l'exception de Sedan. Nassau s'avança ensuite vers
les frontières de la France, s'empara de Mouzon, et
vint investir Mézières. Heureusement pour la France, le roi avait confié la défense de cette place au
chevalier Bayard, connu sous le nom de chevalier
sans peur et sans reproche. Ce guerrier, dont le
courage et la délicatesse rappellent le caractère des
héros de l'ancienne chevalerie, déploya dans la
défense de cette ville tous les talents qui forment un
grand général. Il traîna le siège en longueur, et, par
sa valeur et sa prudence, il obligea les Impériaux
à le lever honteusement, après y avoir perdu beau-

coup de monde. François, à la tête d'une armée nombreuse, eut bientôt repris Mouzon; il entra dans les Pays-Bas, et perdit près de Valenciennes l'occasion de couper la retraite à l'armée impériale. Par une faute plus grave encore, il dégoûta de son service le connétable de Bourbon, en lui faisant un passe-droit en faveur du duc d'Alençon.

Pendant les opérations de cette campagne, il se tenait un congrès à Calais, sous la médiation de Henri VIII. Si les intentions de ce prince eussent répondu à ses protestations, les conférences n'auraient pu manquer de produire un bon effet; mais Henri avait chargé Wolsey de toute la conduite de cette négociation, et ce choix suffisait seul pour la faire échouer. Charles, sûr de la partialité du roi d'Angleterre en sa faveur, élevait des prétentions exorbitantes, et le ministre anglais s'efforçait d'établir que tous les torts étaient du côté des Français. Pendant la durée des conférences, Wolsey se rendit à Bruges auprès de l'Empereur, et, au lieu de faire servir cette entrevue à l'avancement du traité de paix, il conclut une ligue contre François. Les conventions portaient que Charles attaquerait la France du côté de l'Espagne, et Henri du côté de la Picardie, chacun avec une armée de quarante mille hommes; et, pour cimenter l'union des deux princes, il fut convenu que Charles épouserait la princesse Marie, fille unique de Henri, et l'héritière présomptive de ses états.

1521. Cependant la ligue formée entre le Pape et l'Empereur produisait de grands événements en Italie, et avait fait de la Lombardie le principal théâtre de la guerre. Le caractère hautain, impérieux, avide du gouverneur de Milan, Odet de Foix, maréchal de Lautrec, avait violemment irrité les Italiens contre la domination française. Il avait banni plusieurs des principaux citoyens, et forcé plusieurs autres à s'éloigner d'eux-mêmes. Les exilés s'étaient réunis en corps, et le Pape leur avait donné un asile dans la ville de Reggio. Le maréchal de Foix, qui commandait à Milan en l'absence de son frère, séduit par l'espérance d'envelopper comme dans un filet tous les ennemis déclarés de son maître, se hasarda à entrer sur le territoire de l'Église, et à aller investir Reggio. Mais la vigilance et la bonne conduite de Guichardin, l'historien célèbre, qui était alors gouverneur de cette place, obligèrent le général français d'abandonner son entreprise d'une manière peu honorable. Le Pape saisit avec empressement cette occasion de rompre avec la France: il feignit de signer alors avec l'Empereur le traité qui existait déjà depuis plusieurs mois, et il excommunia publiquement de Foix.

Léon X avait déjà commencé ses préparatifs de guerre, en prenant à sa solde un corps considérable de Suisses, mais les troupes impériales étaient si lentes à arriver, qu'elles ne purent se mettre en campagne que vers le milieu de l'automne; elles étaient commandées par Prosper Colonne, le plus habile des généraux italiens. François Ier avait ordonné à Lautrec d'aller reprendre son commandement, mais celui-ci refusait de s'y rendre si on ne lui remettait 500,000 écus pour les frais de la guerre. On lui promit avec serment qu'il trouverait cette somme à Milan; mais la reine-mère, Louise de Savoie, la retint pour ses besoins. Lautrec, privé de cette ressource si nécessaire, rassembla cependant une petite armée, et adopta le plan de campagne qui convenait à sa position, évitant toute bataille rangée, harcelant les ennemis avec ses troupes légères, et couvrant les places qu'ils voulaient attaquer. Grâce à cette conduite prudente, il retardait les progrès des impériaux; mais une circonstance inattendue vint le jeter dans un nouvel embarras. La principale force de l'armée française consistait en un corps de douze mille Suisses, mais le cardinal de Sion avait obtenu la permission d'en lever un pareil nombre qu'il joignit à l'armée des alliés. Les cantons, honteux de voir un si grand nombre de leurs citoyens dans deux armées ennemies, et sur le point de s'entre-détruire, envoyèrent aux Suisses des deux camps l'ordre de revenir dans leur patrie. Mais le cardinal de Sion fit en sorte que cet ordre ne parvint qu'à ceux qui combattaient sous les drapeaux français. Lautrec, abandonné par ses soldats, n'eut pas d'autre ressource que d'aller s'enfermer dans les murs de Milan. Les confédérés se disposaient à assiéger cette place, lorsqu'elle leur fut livrée par trahison. La faction gibeline leur ayant ouvert une des portes, ils s'emparèrent successivement et presque sans combat de tous les postes, et Lautrec se retira précipitamment sur les terres de Venise, avec les débris de son armée. Les villes du Milanais suivirent le sort de la capitale: Parme et Plaisance se trouvèrent réunies aux états de l'Église, et, de toutes les conquêtes des Français dans la Lombardie, il ne leur resta que la ville de Crémone, le château de Milan, et un petit nombre de forts peu considérables.

A la nouvelle de cette suite rapide d'événements heureux, Léon X éprouva des transports de joie si violents, s'il faut en croire les historiens, qu'il fut saisi d'une fièvre qui, étant négligée dans les commencements, devint fatale, et le conduisit au tombeau, le 2 décembre 1521, lorsqu'il était encore dans la vigueur de son âge, et qu'il se voyait comblé de gloire. D'autres prétendent qu'il avait été empoisonné. Cet accident inattendu rompit l'union des confédérés, et suspendit leurs opérations. Mais Lautrec, dépourvu d'hommes et d'argent, ne put faire que quelques tentatives sans importance.

(1522) La division était dans le conclave qui suivit la mort de Léon X ; le cardinal Jules de Médicis avait réuni quinze voix, mais ce nombre n'était pas suffisant, et l'on ne savait combien de temps durerait cet interrègne. Un matin, Médicis et ses adhérents allèrent au scrutin qui, suivant l'usage, avait lieu tous les jours, et votèrent pour le cardinal Adrien d'Utrecht, qui, dans ce temps-là, gouvernait l'Espagne au nom de l'Empereur. Ils n'avaient pas d'autre but que de gagner du temps, mais le parti contraire s'étant aussitôt réuni à eux, ils virent à leur grand étonnement et à celui de toute l'Europe un étranger, inconnu à l'Italie et à ceux mêmes qui lui avaient donné leurs voix, monter, par une élection unanime, sur le trône de S. Pierre.

C'était un immense avantage pour Charles que de voir la puissance papale entre les mains de son ancien précepteur. François Ier vit, avec toute la jalousie d'un rival, la supériorité que Charles obtenait, et il résolut de tenter de nouveaux efforts en Italie. Les Suisses, pour réparer l'affront et la perte qu'ils lui avaient fait éprouver en retirant leurs troupes, lui permirent de lever dix mille hommes dans leur pays. Lautrec ayant reçu, outre ce renfort, une petite somme d'argent, surprit quelques places du Milanais, et s'avança à quelques milles de sa capitale. L'armée de Colonne n'était pas en mesure de résister, mais l'insolence et les caprices des Suisses furent encore une fois funestes à la France. Ces soldats, qui n'avaient pas reçu de paie depuis plusieurs mois, s'attroupèrent autour de Lautrec, le menaçant de se retirer s'il ne payait leur arriéré, ou s'il ne les conduisait au combat le lendemain. En vain Lautrec leur représenta d'un côté l'impossibilité où il était de leur faire des avances ; de l'autre, le danger de donner une bataille qui serait infailliblement suivie d'une déroute totale, attendu la force du camp ennemi, que la nature et l'art avaient rendu presque inaccessible. Les Suisses, sourds à la voix de la raison, renouvelèrent leur demande d'un ton plus pressant, et Lautrec fut obligé de leur céder. Le lendemain au matin, les Suisses marchèrent avec la plus grande intrépidité au camp d'un ennemi qui était retranché de toutes parts, environné d'artillerie, et bien disposé à les recevoir. Malgré le courage impétueux avec lequel ils se précipitèrent sur les retranchements, ils perdirent leurs plus braves officiers et leurs meilleures troupes, et quittèrent le champ de bataille, repoussés et non pas vaincus.

Dès le jour suivant, ceux des Suisses qui avaient survécu à cette journée partirent pour leur pays ; et Lautrec, hors d'état de tenir plus longtemps la campagne, revint en France, après avoir jeté des garnisons dans Crémone et dans quelques autres places qui toutes furent bientôt obligées de se rendre à Colonne, à l'exception de la citadelle de Crémone. Le territoire de Gênes qui restait encore soumis à la France tomba aussi au pouvoir du général italien.

La douleur que François Ier ressentait de tous ces désastres fut encore aigrie par l'arrivée d'un héraut anglais qui vint, au nom de son souverain, déclarer la guerre à la France. Pour créer des ressources capables de résister à ce nouvel ennemi, on créa de nouveaux offices, et on les mit en vente; les domaines royaux furent aliénés; enfin on enleva au tombeau de Saint-Martin, à Tours, une balustrade d'argent massif dont Louis XI l'avait fait environner.

Charles-Quint, de son côté, ne négligeait rien pour tirer avantage du puissant allié qu'il venait de trouver dans le roi d'Angleterre. En se rendant en Espagne, où sa présence était nécessaire, il vint faire une visite à Henri VIII, qui fut très-flatté de ce nouvel acte de déférence. L'Empereur trouva aussi moyen de resserrer les liens de son alliance avec Wolsey, qui ambitionnait toujours la tiare, et fondait maintenant ses espérances sur l'âge avancé d'Adrien. Enfin, pour flatter la nation anglaise, Charles choisit le comte de Surray pour son premier amiral.

Impatient de donner des preuves de son zèle, Surray se mit aussitôt en mer, et ravagea les côtes de Normandie; il fit ensuite une descente en Bretagne, où il pilla et brûla Morlaix et quelques autres places moins importantes. Il revint ensuite à Calais

prendre le commandement de la principale armée,
qui consistait en seize mille hommes; et, s'étant
joint aux troupes flamandes que commandait le
comte de Buren, il entra en Picardie. François était
loin d'avoir des troupes aussi nombreuses à opposer
à cette armée, mais grâce à la prudence de Vendôme, son général, Surrey, sans avoir pris aucune
ville importante, fut obligé de se retirer avec son
armée, considérablement diminuée par la fatigue,
par le défaut de vivres, et par les pertes qu'elle
avait essuyées dans plusieurs escarmouches mal-
heureuses.

Tandis que les princes chrétiens consumaient
leurs forces les uns contre les autres, Soliman-le-
Magnifique était entré en Hongrie, et s'était emparé
de Belgrade. Encouragé par ce succès, il tourna ses
armes victorieuses contre l'île de Rhodes, où étaient
alors établis les chevaliers de Saint-Jean de Jérusa-
lem. Deux cent mille hommes et une flotte de quatre
cents voiles vinrent se présenter devant une ville où
il n'y avait que cinq mille soldats et six cents chevaliers commandés par Villiers de l'Isle-Adam. Les
rois chrétiens étaient tellement animés les uns contre
les autres, que les prières du grand-maître, les avis
du Pape et leur propre intérêt ne purent les déterminer
à secourir l'île de Rhodes, qui était alors regardée
comme le boulevard de la chrétienté. Après des prodiges de valeur et de patience soutenus pendant six
mois de siége, le grand-maître fut obligé d'accepter
une capitulation honorable, et de rendre la ville qui
n'était plus qu'un amas de ruines. Charles et François,
honteux d'avoir causé une si grande perte à la chrétienté par les querelles de leur ambition, s'effor-

çaient d'en rejeter le blâme l'un sur l'autre : mais l'Europe le leur fit partager à tous deux. L'Empereur, par forme de réparation, fit don aux chevaliers de Saint-Jean de la petite ile de Malte, où ils ont fixé depuis leur résidence.

FIN DU LIVRE DEUXIÈME.

LIVRE TROISIÈME.

SOMMAIRE.

Guerre civile en Castille. — Soulèvement à Tolède, à Ségovie et à Medina-del-Campo. — La sainte ligue. — Les insurgés gouvernent au nom de la reine Jeanne. — Adrien est déposé de la régence. — Mesures que prend l'Empereur contre les mécontents. — Les troupes de la ligue se mettent en campagne. — Prise de Tordesillas par les royalistes. — Négociations entre les communes et la noblesse. — Succès de Padilla. — Sa défaite et sa mort. — Ruine de la ligue. — Doña Maria Pacheco à Tolède. — Soulèvements dans le royaume de Valence, dans l'Aragon, dans celui de Majorque. — Magnanimité de l'Empereur. — Adrien arrive à Rome. — Nouvelle ligue contre François I. Ses préparatifs de défense. — Conspiration du connétable de Bourbon. — Invasion du Milanais par les Français. — Mort d'Adrien VI. — Élection de Clément VII. — Tentatives des Anglais, des Allemands et des Espagnols contre la France. — Les Français repoussés du Milanais. — Mort de Bayard. — Progrès de la réforme en Allemagne. — Mesures adoptées par Adrien contre l'hérésie. — Résolutions de la diète de Nuremberg.

Charles, après avoir eu la satisfaction de voir commencer les hostilités entre la France et l'Angleterre, prit congé de Henri, et arriva en Espagne le 17 juin 1522. Le bon ordre commençait à se rétablir dans ce royaume, après les désastres d'une guerre civile qui l'avait désolé pendant l'absence de l'Empereur.

Le peuple n'avait pas été plutôt informé que les cortes, assemblées dans la Galice, avaient accordé à l'Empereur un don gratuit, sans avoir obtenu satisfaction sur aucun de leurs griefs, que l'indignation fut générale. Les bourgeois de Tolède, qui se regardaient comme les gardiens des libertés des communes de Castille, coururent aux armes, et s'emparèrent des portes et du château de la ville. Ils établirent une forme de gouvernement populaire, composé de députés de chaque paroisse de la ville, et levèrent des troupes pour se défendre. Le principal chef du peuple, dans ce soulèvement, était don Juan de Padilla, fils aîné du commandeur de Castille, jeune gentilhomme, qui joignait à une âme fière et à un courage indomptable tous les talents et toute l'ambition qui, dans un temps de troubles et de guerres civiles, peuvent élever un homme à un degré éminent de pouvoir et d'autorité.

Le ressentiment des habitants de Ségovie eut encore des suites plus funestes. Tordesillas, un de leurs représentants, avait donné sa voix pour l'octroi du don gratuit. À son retour, il voulut, suivant l'usage, rendre compte de sa conduite à ses concitoyens réunis dans la cathédrale ; mais la populace força les portes de l'église, et, malgré les efforts du clergé, saisit Tordesillas, et l'entraîna avec la dernière violence vers la place où l'on exécutait les criminels. Voyant enfin qu'il avait expiré sous leurs mains, ils le pendirent au gibet public, la tête en bas. La même fureur s'empara des habitants de Burgos, de Zamora et de plusieurs autres places : on brûla les effigies des représentants qui s'étaient enfuis, on rasa leurs maisons, et l'on jeta au feu tous leurs effets.

Adrien, qui était alors régent d'Espagne, venait

d'établir le siège de son gouvernement à Valladolid. Il donna ordre à Ronquillo, un des juges du roi, de se rendre à Ségovie, et de procéder contre les coupables suivant toute la rigueur des lois, et fit marcher à sa suite un corps de troupes considérable. Les Ségoviens, redoutant un juge connu pour son caractère inexorable, prirent les armes d'une résolution unanime, et, ayant rassemblé douze mille hommes, lui fermèrent leurs portes. Bientôt même, ayant reçu de Tolède un renfort considérable sous la conduite de Padilla, ils marchèrent contre Ronquillo, qui voulait investir leur ville, le forcèrent à la retraite, et lui enlevèrent sa caisse militaire.

Après ce mauvais succès, Adrien donna ordre à Antoine de Fonseca, commandant en chef des troupes d'Espagne, d'assiéger la ville dans les formes; mais les habitants de Medina-del-Campo ne voulurent pas souffrir qu'il prît un train d'artillerie qui était déposé dans leur ville. Ils repoussèrent même les troupes qui voulaient s'en emparer de force. Désespérant de l'emporter sur eux, Fonseca fit mettre le feu à quelques maisons, dans la vue de forcer les habitants à abandonner les remparts pour aller sauver leurs familles et leurs effets. Son espérance fut encore trompée : les assiégés, plus animés encore par la fureur, le repoussèrent, tandis que les flammes, gagnant de rues en rues, réduisirent presque toute la ville en cendres. C'était une des villes les plus considérables de l'Espagne, et le principal entrepôt des manufactures de Ségovie. Ce désastre porta à l'excès la fureur des Castillans. Les habitants mêmes de Valladolid, où le régent avait fixé sa résidence, se révoltèrent, élurent de nouveaux magistrats, et brûlèrent la maison de Fonseca. Le cardinal, se sentant incapable de réprimer ces excès, désavoua Fonseca, le rappela et licencia ses troupes. Padilla et les autres chefs des mécontents, résolus de profiter de ces circonstances pour maintenir et augmenter les priviléges dont jouissaient leurs communes, réunirent les différentes villes dans une espèce d'association qui prit le nom de *sainte ligue*. Les communes qui prirent part à cette union envoyèrent des députés à une assemblée qui se tint à Avila. Ils déclarèrent que la régence avait été illégalement conférée à Adrien, qui était étranger à leur pays, et décidèrent qu'ils lui enverraient une députation pour le sommer de déposer son autorité.

Padilla s'empara de la personne de la reine Jeanne qui résidait à Tordesillas, et l'assemblée de la ligue se rendit auprès d'elle. La reine sembla sortir d'une longue léthargie, elle reçut très-bien les députés, et assista au tournoi donné à cette occasion; elle avait promis de se mettre à la tête des affaires, mais bientôt elle retomba dans son premier état de sombre mélancolie, et il fut impossible d'obtenir d'elle une seule signature. La ligue cependant continuait d'agir en son nom, et le peuple qui adorait la mémoire de la reine Isabelle, applaudissait avec ivresse à la guérison miraculeuse de sa fille. Padilla se rendit à Valladolid, dont les habitants le reçurent comme un libérateur; il s'empara des archives publiques, des sceaux du royaume, et permit à Adrien de rester en cette ville, en qualité de simple particulier.

Charles-Quint recevait en Flandre de fréquentes nouvelles des événements qui agitaient l'Espagne.

et il sentait de quelle importance il aurait été pour lui de revenir promptement dans cette riche partie de ses états qui menaçait de lui échapper, mais les intérêts de sa couronne impériale et ses querelles avec François Ier l'empêchaient de se rendre en Castille. Il prit donc le parti d'écrire aux principales villes, en les exhortant dans les termes les plus doux et avec les promesses les plus flatteuses de mettre bas les armes; en même temps il s'adressait aux nobles, pour les engager à défendre avec vigueur leurs droits et ceux de la couronne. Il nomma régents du royaume, avec Adrien, le grand amiral, don Fadsique Henriquez, et le grand connétable de Castille, don Inigo de Velasco, deux gentilshommes de grand mérite, auxquels il envoya ses pleins pouvoirs.

La ligue, dont les prétentions s'étaient accrues en même temps que sa puissance s'affermissait, formula ses griefs dans une longue remontrance qui embrassait toutes les parties du gouvernement et de l'administration. Les confédérés envoyèrent deux députés en Allemagne pour présenter leurs réclamations au roi; mais, ayant appris que la vie de ces ambassadeurs serait compromise à la cour, ils les rappelèrent, et résolurent de réunir toutes leurs forces pour opposer une vigoureuse résistance à l'union de la noblesse et du roi, conjurés contre leurs libertés.

Ils se mirent en campagne avec vingt mille hommes, et d'abord il s'éleva entre eux de vives disputes sur le commandement de l'armée. Padilla y était appelé par le vœu du peuple et des soldats; mais il fut déféré à don Pedro Giron, fils aîné du comte d'Uruena, qui s'était jeté dans le parti de la ligue, par suite d'un mécontentement personnel contre l'Empereur. Les régents avaient réuni à Rioseco leur armée, moins nombreuse que celle de la ligue, mais de beaucoup supérieure en valeur et en discipline. Leur cavalerie faisait leur principale force: elle était composée de gentilshommes accoutumés à la vie militaire, et animés de l'esprit belliqueux qui distinguait la noblesse de ce siècle. L'infanterie de la ligue n'était qu'un ramas de bourgeois et d'artisans, qui savaient à peine se servir de leurs armes. Le petit corps de cavalerie qu'ils avaient pu rassembler n'était composé que de gens de la lie du peuple, entièrement étrangers au métier qu'ils embrassaient. Les royalistes avaient à leur tête le comte de Haro, fils aîné du connétable, qui joignait à beaucoup d'expérience la plus grande capacité.

Giron marcha avec son armée droit à Rioseco, et, s'emparant des villages et des avenues des environs, il se flattait de réduire bientôt les royalistes ou à se rendre faute de vivres, ou à accepter un combat désavantageux, avant qu'ils eussent pu rassembler toutes leurs forces. Mais le comte de Haro fit, sans beaucoup de peine, entrer dans la ville un renfort considérable qui passa à travers tous les postes de Giron. Celui-ci, voyant son projet échouer, se dirigea vers Villa-Pando, principal magasin des provisions de l'ennemi. Mais, pendant ce temps, Haro se porte en toute diligence sur Tordesillas, y pénètre de vive force, s'assure de la personne de la reine, fait prisonniers plusieurs membres de la ligue, et reprend le grand sceau et les autres marques de l'autorité royale.

Ce coup fut fatal à la ligue, et lui fit perdre l'autorité dont elle jouissait en paraissant n'agir que sous les ordres de la reine. Les nobles qui étaient encore irrésolus se joignirent aussitôt aux régents, et Giron, accusé de trahison par les confédérés, fut obligé de se démettre de son commandement.

Ceux des membres de la ligue qui avaient échappé se réfugièrent à Valladolid, et l'armée, mise sous les ordres de Padilla, se rapprocha aussi de cette ville. La difficulté était de se procurer de l'argent : dona Maria Pacheco, épouse de Padilla, proposa de s'en parer des riches et magnifiques ornements de la cathédrale de Tolède. Pour ôter à cette action l'apparence d'impiété, dona Maria et les personnes de sa maison se rendirent à l'église en procession solennelle, vêtues d'habits de deuil, et se frappant la poitrine ; là, se prosternant à genoux, elles implorèrent le pardon des saints dont elles allaient dépouiller les autels.

Les régents n'étaient pas moins embarrassés pour trouver moyen d'entretenir leurs troupes : ils furent obligés de prendre les joyaux de la reine et l'argenterie des nobles ; enfin ils obtinrent encore du roi de Portugal une somme modique à titre d'emprunt.

Les nobles montraient de la répugnance à en venir aux mains avec la ligue ; ils partageaient avec les communes la haine contre les Flamands, et craignaient que la puissance royale, favorisée par ces divisions intestines, n'empiétât autant sur l'indépendance des nobles, que sur les privilèges des communes. Ces dispositions de la noblesse donnèrent lieu aux fréquentes négociations et aux ouvertures de paix qui se traitèrent constamment pendant le cours des opérations militaires. Les régents proposaient de faire accepter par l'Empereur la plupart des propositions de la ligue, si elle voulait se désister de quelques articles destructifs de l'autorité royale ou incompatibles avec les droits de la noblesse; mais la mésintelligence qui régnait entre les chefs des confédérés ne permit ni de délibérer paisiblement, ni de décider avec prudence. Quelques succès que Padilla avait eus dans de légères rencontres donnèrent une confiance outrée à la ligue, et les communes se laissèrent tellement aveugler par leur ressentiment contre la noblesse que tout accommodement devint impossible.

Padilla, pour ne pas laisser son armée dans l'inaction, avait mis le siège devant Torrelobaton, ville plus importante et plus forte qu'aucune de celles qui avaient été emportées jusqu'alors. Malgré la défense vigoureuse de la garnison, il la prit d'assaut, et la livra au pillage. S'il eût marché sur-le-champ avec son armée victorieuse sur Tordesillas, où était le quartier principal des royalistes, il ne pouvait manquer d'avoir un grand avantage; mais l'irrésolution et l'imprudence de la ligue empêchèrent encore cette démarche décisive. Egalement incapable de continuer la guerre et de conclure la paix, elle écouta de nouvelles propositions d'arrangement, et consentit même à une courte suspension d'armes. Pendant ce temps, les régents réunirent leurs forces; l'armée de Padilla, au contraire, se débanda, et quand Haro vint l'attaquer il fut obligé de se retirer. Mais la cavalerie royaliste l'atteignit près de Villalar; les soldats de la ligue, peu aguerris encore, surpris dans une position désavantageuse, au milieu d'une retraite qui ressemblait à une déroute, prirent la fuite sans résister un instant et dans le plus grand désordre. En vain Padilla s'efforçait de les rallier avec un courage et une activité extraordinaires ; voyant ses ordres méprisés, il ne voulut pas survivre aux malheurs de cette journée, et se précipita au milieu des ennemis ; mais, étant à la fois blessé et démonté, il fut fait prisonnier avec ses principaux officiers.

Dès le lendemain, Padilla fut condamné à perdre la tête, sans aucune forme de procès. Il vit les approches de la mort avec la plus grande tranquillité et le plus grand courage. On lui permit d'écrire à sa femme et à la communauté de Tolède, lieu de sa naissance. La première lettre est pleine d'une tendresse mâle et vertueuse ; la seconde respire la joie et les transports que sent un homme qui se regarde comme martyr pour la liberté de son pays. Après avoir écrit ces deux lettres, il se soumit à sa destinée avec la résignation d'un chrétien.

La victoire de Villalar fut aussi décisive que complète. Valladolid, la plus zélée de toutes les villes liguées, ouvrit aussitôt ses portes aux vainqueurs, et la douceur avec laquelle les régents la traitèrent engagea Medina-del-campo, Ségovie et plusieurs autres villes à suivre son exemple. Bien que l'armée des régents fût obligée, quelques jours après, de marcher vers la Navarre pour arrêter les progrès des Français, rien ne put ranimer le courage des communes de Castille, ni les déterminer à reprendre les armes pour profiter d'une si belle occasion d'obtenir enfin ces privilèges et ces droits dont elles s'étaient montrées si jalouses.

Il faut en excepter la seule ville de Tolède, qu'a-
nimait dona Maria Pacheco, veuve de Padilla; cette
femme, au lieu de verser des larmes stériles sur la
mort de son époux, se préparait à le venger et à
soutenir la cause dont il avait été victime. Les égards
qu'on avait pour son sexe ou plutôt l'admiration
qu'inspirait son courage, et la vénération que l'on conservait pour la mémoire de Padilla firent passer à la
veuve tout l'ascendant que son mari avait eu pendant sa vie sur le peuple. La prudence et la vigueur
de sa conduite justifièrent la confiance qu'on lui
avait accordée. Elle écrivit au général français en
Navarre pour l'appeler dans la Castille; elle envoyait de tous côtés des émissaires, elle levait des
soldats, et ne négligeait rien de tout ce qui pouvait
échauffer et exciter le peuple. Elle ordonna que ses
troupes porteraient des crucifix au lieu de drapeaux,
comme si elles eussent eu à combattre les infidèles
et les ennemis de la religion. Elle marchait dans les
rues de Tolède, montrant son fils, encore enfant,
vêtu d'habits de deuil, monté sur une mule, précé-
dé d'une enseigne où était peint le tableau du
supplice de son père.

Après que les Français eurent été chassés de la
Navarre, une partie de l'armée revint en Castille,
et investit Tolède: le courage indomptable de l'in-
trépide Maria n'en fut pas altéré. Elle défendit la
ville avec la plus grande vigueur; ses troupes battirent les royalistes dans plusieurs sorties. Mais Guillaume de Croy, archevêque de Tolède, étant mort,
et le roi ayant nommé un Castillan pour son successeur, le clergé qui n'avait pas d'autre sujet de
plainte que la possession de cet archevêché p

étranger, se détacha de dona Maria, qui se vit bientôt aussi abandonnée du peuple, que fatiguait la longueur du siége. Chassée de la ville, elle se réfugia dans la citadelle qu'elle défendit quatre mois entiers avec un courage étonnant; réduite enfin à la dernière extrémité, elle eut encore l'adresse de s'échapper à la faveur d'un déguisement, et se réfugia en Portugal, où elle avait plusieurs parents. Aussitôt après sa fuite, la citadelle se rendit, et la tranquillité fut rétablie dans la Castille.

Cette tentative hardie des communes eut le sort de toutes les entreprises de ce genre qui ne réussissent pas : elle ne servit qu'à étendre et à confirmer de plus en plus l'autorité royale qu'elle avait pour but de limiter et d'affaiblir.

Tandis que la guerre civile désolait la Castille, des factions plus violentes encore déchiraient le royaume de Valence. La ligue qui s'était formée dans la ville de Valence en 1520, et qui avait pris le nom de confrérie *Germanada*, continua de subsister après que l'Empereur eut quitté l'Espagne. Ce parti, sous prétexte de défendre les côtes contre les descentes des corsaires de Barbarie, refusa de mettre bas les armes, et les tourna contre la noblesse, à laquelle il reprochait des exactions sans nombre et une insupportable insolence. Les confédérés chassèrent les nobles de la plupart des villes, pillèrent leurs maisons, ravagèrent leurs terres, et attaquèrent leurs châteaux. Ils élurent ensuite un conseil de treize personnes, une de chaque compagnie de commerçants établie à Valence, et leur conférèrent l'administration du gouvernement. Les hostilités commencèrent entre les nobles et les artisans, et furent poussées des deux côtés avec la plus grande animosité. Après la victoire de Villalar, les régents envoyèrent à la noblesse de Valence un secours de cavalerie, grâce auquel l'armée des insurgés fut promptement dissipée. Les chefs de la Germanada furent mis à mort, et condamnés à tous les tourments que le ressentiment des injures récentes put faire imaginer à des ennemis irrités.

On vit aussi paraître en Aragon quelques symptômes de l'esprit de sédition et de mécontentement qui régnait en Espagne, mais le vice-roi sut étouffer à temps ces germes de discorde. Il n'en fut pas de même dans l'île de Majorque. Le peuple, las de supporter l'oppression où le tenait la juridiction vigoureuse de la noblesse, prit les armes, déposa le vice-roi, et massacra tous les nobles qui eurent le malheur de tomber entre ses mains. Ce ne fut que quand le calme fut rétabli dans toute l'Espagne qu'on put venir à bout de réduire ces insulaires qui persistèrent dans leur révolte avec une persistance égale à la fureur qui les y avait portés.

L'arrivée de l'Empereur en Espagne jeta les plus vives alarmes dans le cœur de ceux de ses sujets qui avaient pris les armes contre lui; mais il calma bientôt ces cruelles inquiétudes par un acte de clémence qui fut autant l'effet de sa prudence que de sa générosité. Dans une révolte si générale qui avait fait tant de coupables, à peine y en eut-il vingt en Castille qu'il fit punir du dernier supplice. Cette apparence de magnanimité; le soin qu'il prit d'éviter tout ce qui avait blessé les Castillans pendant son premier séjour; son aptitude à adopter leurs mœurs, à parler leur langue, tout cela lui donna bientôt

sur eux un ascendant que n'avaient jamais eu leurs
souverains espagnols, et les engagea à le seconder
dans toutes ses entreprises avec un zèle et une valeur qui contribuèrent particulièrement à ses succès
et à sa grandeur.

Dans le temps que Charles abordait en Espagne,
Adrien quittait ce royaume pour aller en Italie prendre possession de sa nouvelle dignité. Depuis longtemps le peuple romain attendait impatiemment son
arrivée; mais, lorsqu'il vit ce nouveau souverain, il
ne put cacher sa surprise et son mécontentement.
Les Romains, accoutumés au faste royal de Jules II
et à la cour brillante de Léon X, ne surent pas ap-
précier un vieillard humble et simple dans son maintien, de mœurs austères, ennemi du faste, sans
goût pour les arts, et qui n'avait aucune de ces
qualités extérieures et imposantes que le vulgaire
s'attend toujours à trouver dans les hommes élevés
au premier rang. Quelques abus qu'il voulut réfor-
mer lui suscitèrent de nouveaux adversaires; enfin
son ignorance du système compliqué de la politique
italienne, et la défiance qu'il éprouvait pour les ministres dont la subtilité raffinée dans les affaires
s'alliait mal avec la simplicité et la candeur natu-
relles de son caractère, lui donnèrent aux yeux de
ses sujets une réputation d'incapacité qu'il ne méritait pas.

(1523) Adrien, quoique dévoué à l'Empereur,
faisait cependant tous ses efforts pour prendre le
caractère d'impartialité qui convenait au père commun de la chrétienté: il n'épargnait aucune démarche pour réconcilier les princes divisés et pour les
engager à se liguer contre Soliman; mais cette en-

treprise était au-dessus de son pouvoir. Ses instances et une bulle qu'il publia à cet effet eurent assez d'effet pour déterminer les cours d'Espagne, de France et d'Angleterre à envoyer à leurs ambassadeurs des pouvoirs pour traiter cet objet; mais, tandis que ces ministres perdaient leur temps en négociations stériles, les souverains faisaient leurs préparatifs de guerre.

Les Vénitiens, qui étaient toujours restés fidèles à l'alliance qu'ils avaient faite avec François, voyant ses affaires désespérées en Italie, se liguèrent contre lui avec l'Empereur. Adrien lui-même, à l'instigation du roi de Naples, entra dans la même ligue. On devait croire qu'une coalition si redoutable dût obliger François à se tenir uniquement sur la défensive; mais tel était le caractère de ce prince, que l'approche du danger ne faisait que ranimer son intrépidité. Avant que ses ennemis fussent en état d'exécuter aucun de leurs projets, François avait déjà rassemblé une nombreuse armée, qu'il résolut de conduire lui-même dans le Milanais. Déjà l'avant-garde était aux portes de Lyon, lorsque la découverte d'une conspiration domestique qui mit le royaume à deux doigts de sa ruine, l'obligea de s'arrêter et de changer de mesures.

L'auteur de ce complot dangereux était Charles, duc de Bourbon, connétable de France. Sa haute naissance, son immense fortune et l'autorité que lui donnait sa charge le rendaient le plus puissant sujet du royaume, comme il en était le plus illustre par ses grands talents, également propres au conseil et à la guerre, et par les services importants qu'il avait rendus à la couronne. Ses goûts et ses qualités le rapprochèrent d'abord du roi, mais la haine que Louise, mère de François, avait conçue contre la maison de Bourbon, la jalousie que le roi sentit de ses exploits, l'affront qu'on lui avait fait, lors de la campagne de 1521, en donnant le commandement de l'avant-garde au duc d'Alençon, l'éloignèrent de la cour, et le portèrent à se mettre en rapport avec les ministres de l'Empereur. Un procès inique qu'on lui intenta, et qui fit ordonner le séquestre de ses biens, mit le comble à son désespoir, et le jeta dans les bras des ennemis de son pays. Il proposa à Charles-Quint de le reconnaître pour son souverain, et de l'aider à conquérir la France. Charles et le roi d'Angleterre qui fut mis dans le secret, n'épargnèrent ni caresses ni promesses pour le confirmer dans sa résolution. L'Empereur lui offrit en mariage sa sœur Éléonore, veuve du roi de Portugal, avec une dot considérable ; on devait lui donner les comtés de Provence et de Dauphiné avec le titre de roi ; l'Empereur s'engageait à entrer dans la France par les Pyrénées, et Henri à envahir la Picardie avec les Flamands ; 12,000 Allemands levés à leurs frais communs devaient pénétrer dans la Bourgogne, et agir de concert avec Bourbon, qui se chargea de lever 6,000 hommes dans le cœur du royaume, parmi ses amis et vassaux. L'exécution de ce complot fut différée jusqu'au moment où le roi de France traverserait les Alpes avec la seule armée qui eût pu défendre ses états.

Cependant deux des domestiques du connétable donnèrent au roi quelques avis sur la correspondance mystérieuse que leur maître entretenait depuis longtemps avec l'un des familiers de Charles-Quint. Le roi se rendit aussitôt à Moulins, où le connétable s'était mis au lit, pour éviter de passer en Italie, et lui déclara sans détour les avis qu'il venait de recevoir. Bourbon ayant protesté de son innocence avec serment et avec toute l'apparence de la candeur, le roi, trop franc lui-même pour n'être pas facile à tromper, ne voulut pas le faire arrêter comme on le lui conseillait, et continua sa marche vers Lyon. Le connétable feignit de le suivre, mais il traversa le Rhône, et parvint à se réfugier en Italie.

François prit les plus grandes précautions pour prévenir les effets de cette désertion : il mit des garnisons dans toutes les places fortes qui étaient dans les terres du connétable, et fit arrêter les gentilshommes suspects. Craignant que quelque mouvement n'éclatât en France pendant son absence, il renonça à l'idée de conduire en personne son armée en Italie, et en confia le commandement à l'amiral Bonnivet. Colonne, qui était chargé de la défense du Milanais, n'avait ni troupes ni argent : il ne put donc s'opposer au passage du Tésin que Bonnivet effectua sans rencontrer de résistance. Le général français eût pu emporter Milan sans plus de difficulté, mais il s'arrêta en chemin, et donna à Colonne le temps de relever les fortifications de cette ville, qui tint jusqu'à ce que l'hiver vint forcer Bonnivet à se retirer dans ses quartiers d'hiver.

Dans cet intervalle, le pape Adrien mourut. Aussitôt le cardinal de Médicis renouvela ses anciennes prétentions à la papauté, et entra dans le conclave avec les plus grandes espérances de succès. Cinquante jours se passèrent cependant avant qu'il pût réunir la majorité nécessaire ; enfin il fut élu, et prit le gouvernement de l'Église, sous le nom de Clément VII. Wolsey avait aussi fait revivre ses prétentions à la tiare, et ce second désappointement lui inspira un ardent désir de vengeance contre l'Empereur qui, malgré ses anciennes promesses, avait secondé l'élection du cardinal de Médicis. Il n'affecta pas moins de sembler fort satisfait de l'élévation de Clément.

Pendant cette campagne, Henri avait fait tous ses efforts pour remplir les engagements qu'il avait pris à l'égard de l'Empereur ; mais les difficultés que le parlement avait faites pour lui accorder les subsides nécessaires avaient beaucoup retardé le commencement des hostilités, et la saison était déjà fort avancée quand son armée entra en campagne sous les ordres du duc de Suffolk. Ce général s'avança jusqu'auprès de Paris ; il fit trembler cette capitale, mais la Trémouille eut la gloire, à la tête d'une poignée d'hommes, d'arrêter la marche d'une armée formidable et de la chasser honteusement du territoire de France. Les tentatives de l'Empereur sur la Bourgogne et sur la Guyenne ne furent pas plus heureuses.

1524. La campagne suivante s'ouvrit par des événements funestes pour la France. Elle perdit Fontarabie, et les alliés redoublèrent d'efforts pour chasser Bonnivet du Milanais. Le pape Clément, qui commençait à craindre le pouvoir de l'Empereur, travailla avec zèle à réconcilier les deux partis, mais ce fut en vain. L'Empereur avait réuni à Milan une armée considérable dont Lannoy, vice-roi de Naples, prit le commandement après la mort de Colonne; mais la principale conduite des opérations fut confiée à Bourbon et au marquis de Pescaire. Bonnivet, qui n'avait ni les forces suffisantes, ni le talent nécessaire pour résister à un ennemi si puissant, fut contraint de tenter sa retraite par la vallée d'Aost. Comme il passait la rivière de la Sessia, l'ennemi chargea vigoureusement ses derrières; le général français, dangereusement blessé dès le commencement de l'action, confia le commandement de l'arrière-garde au chevalier Bayard. Ce brave officier se mit à la tête des gendarmes, et fit si bien par sa valeur qu'il couvrit la retraite du reste de l'armée. Il reçut dans cette action une blessure qu'il sentit bientôt être mortelle, et, n'ayant plus la force de se soutenir sur son cheval, il donna ordre à un de ses gens de l'appuyer contre un arbre, le visage tourné en face de l'ennemi; là, fixant ses regards sur la garde de son épée qu'il tint élevée au lieu de crucifix, il adressa une prière à Dieu, et, dans cette attitude si digne de son caractère et comme guerrier et comme chrétien, il attendit tranquillement la mort. Bourbon, qui conduisait la tête des troupes ennemies, le trouvant dans cette situation, lui témoigna des regrets et de la pitié : Ne me plaignez point, lui cria ce brave chevalier; je meurs comme un homme d'honneur, en faisant mon devoir; il faut plaindre ceux qui combattent contre leur roi, leur patrie et leur serment. Pescaire fit embaumer le corps de Bayard, et le renvoya à ses parents; le duc de Savoie lui fit rendre les honneurs dus à un roi dans les villes de ses états qu'il traversa.

Bonnivet ramena les débris de son armée en France; et, dans une courte campagne, François se vit dépouillé de tout ce qu'il possédait en Italie, où il n'avait pas un seul allié.

Cependant l'Allemagne jouissait d'une paix profonde, très-favorable à la réforme, qui continuait de faire tous les jours de nouveaux progrès. Pendant la retraite de Luther dans le château de Wartbourg, Carlostad, un de ses disciples, avait répandu dans le peuple des opinions tellement extravagantes que la populace se souleva dans plusieurs villages, courut avec fureur dans les églises, abattit et brisa les images dont elles étaient décorées. Luther, craignant que ces désordres ne détachassent l'électeur de sa cause, quitta sur-le-champ sa retraite, et étouffa par sa présence cet excès de fanatisme.

Il publia cette même année une partie du Nouveau Testament qu'il venait de traduire, et sa version, quoique remplie d'altérations, fut accueillie avec une grande faveur par ses sectateurs. Vers ce même temps, Nuremberg, Francfort, Hambourg et plusieurs autres villes d'Allemagne embrassèrent ouvertement la réforme; l'électeur de Brandebourg, les ducs de Brunswick et de Lunebourg, et le prince d'Anhalt, se déclarèrent les protecteurs de la doctrine de Luther, et la firent prêcher dans leurs états. La cupidité et des motifs plus honteux encore déterminèrent ces princes à embrasser la réforme.

La cour de Rome fut vivement alarmée de cette défection, qui croissait chaque jour; et le premier soin d'Adrien, à son arrivée en Italie, avait été de délibérer, avec les cardinaux, sur les moyens d'y remédier. Le bref qu'il adressa à la diète de l'Empire, assemblée à Nuremberg, condamnait avec fermeté les opinions de Luther, et réprimandait sévèrement les princes d'Allemagne, de ce qu'ils avaient souffert que ce novateur semât ses dogmes pernicieux, en négligeant de faire exécuter l'édit porté à la diète de Worms, leur enjoignant, si Luther n'abjurait pas sur-le-champ ses erreurs, de le traiter comme un membre gangrené et incurable. Les membres de la diète s'excusèrent sur la multiplicité prodigieuse des sectateurs de Luther, qui rendait l'exécution de l'édit dangereuse et même impossible. Suivant eux, un concile général pouvait seul rendre à l'Église son ancienne vigueur, et l'affermir sur une base solide. Ils lui conseillaient donc d'obtenir le consentement de l'Empereur, et d'assembler le concile sans délai, dans une des villes principales de l'Allemagne. Le nonce répondit que la demande d'un concile général ne serait pas désagréable au souverain Pontife, pourvu qu'elle fût exprimée en termes convenables, qu'on ne prétendît pas que le consentement de l'Empereur fût requis, et qu'on ne déterminât pas certaines villes où le concile fût convoqué plutôt que dans d'autres, puisque par là le saint Siége aurait lieu de soupçonner qu'on eût envie de lui lier les mains et de prétendre sur son autorité, ce qui ne ferait pas un bon effet. Les princes séculiers formèrent un long mémoire, sous le titre de *Centum gravamina*, parce qu'il contenait cent griefs. Le départ du nonce, qui fut assez prompt, obligea la diète d'envoyer ce mémoire au Pape. Par l'exposé de ces griefs, on juge aisément qu'ils sont l'ouvrage des luthériens, car il y en a beaucoup qui tendent à énerver la discipline de l'Église et les plus saintes pratiques du christianisme.

Au lieu d'ordonner de rigoureuses poursuites contre Luther, la résolution de la diète contenait seulement une injonction à tous les ordres de l'Empire d'attendre paisiblement les décisions du concile général qu'on devait convoquer. En attendant, les réformateurs tirèrent de grands avantages de ces actes de la diète, qui semblait, par ses réclamations, prouver que leurs déclamations contre le saint Siége n'étaient pas sans fondement. Adrien, surpris d'un côté de l'obstination des luthériens, de l'autre affligé de la perte de Rhodes, prise par les Turcs, gémit souvent sur sa situation, et regretta le temps de sa vie où, simple doyen de Louvain, il se trouvait plus heureux dans un poste moins élevé, où l'on attendait peu de lui, et où rien ne pouvait arrêter l'effet de ses bonnes intentions.

Clément VII, son successeur, fut au-dessus de lui dans l'art de gouverner: voulant donner quelque satisfaction aux princes d'Allemagne, il fit choix du cardinal Campége, diplomate habile, et recommandable par sa vertu et par sa science ; il l'envoya en qualité de nonce à la diète de l'Empire, assemblée de nouveau à Nuremberg. Le nouveau nonce pressa vivement l'assemblée d'exécuter avec vigueur l'édit de Worms, comme le seul moyen d'extirper l'hérésie de Luther ; il évita de se prononcer sur la convocation d'un concile, et quant à la liste des cent griefs, il se contenta de dire que la diète, en la publiant, avait ouvertement manqué au respect dû au saint Siége. L'ambassadeur de l'Empereur seconda vivement le cardinal dans la demande de mesures rigoureuses contre Luther; cependant la résolution de la diète fut conçue à peu près dans les mêmes termes que celle de la précédente assemblée, et l'on n'y ajouta aucune déclaration plus sévère contre Luther et son parti.

FIN DU LIVRE TROISIÈME.

LIVRE QUATRIÈME.

SOMMAIRE.

Charles attaque la France. — Sages mesures de François. — Il envahit le Milanais. — Louise de Savoie nommée régente. — Siège de Pavie. — Le Pape se déclare neutre. — Efforts de Pescaire et de Bourbon. — Bataille de Pavie. — François Ier fait prisonnier. — Projets ambitieux de Charles. — Conduite de la régente. — François est conduit en Espagne. — Henri VIII s'allie à la France. — Intrigues de Moron en Italie. — Traitement rigoureux que François éprouve en Espagne. — Négociations pour sa mise en liberté. — Traité de Madrid. — François Ier contre ce traité. — Mariage de l'Empereur avec Isabelle de Portugal. — Révoltes en Souabe et en Thuringe. — La Prusse enlevée à l'ordre teutonique. — Ligue formée contre l'Empereur. — Négociations relatives à l'exécution du traité de Madrid. — Conspiration des Colonnes. — Accommodement entre le Pape et l'Empereur. — Bourbon envahit le territoire de l'Église. — Il assiège Rome. — Sa mort. — Prise et pillage de Rome. — Le Pape prisonnier. — Ferdinand d'Autriche joint la Hongrie à ses États. — Progrès de la réforme luthérienne.

Les Italiens ne doutaient pas que la défaite des Français, chassés à la fois du Milanais et des états de la république de Gênes, ne terminât la guerre entre l'Empereur et le roi de France; et, comme ils ne voyaient plus de puissance capable de résister à l'Empereur en Italie, ils commencèrent à craindre l'accroissement de ses forces, et à former des vœux ardents pour le rétablissement de la paix. Mais l'Empereur, enivré de ses succès, excité par Bourbon qui ne cherchait que l'occasion de se venger, et violemment entraîné par sa propre ambition, méprisa les avis des puissances d'Italie auxquels se réunirent ses ministres, et déclara que sa résolution était prise, qu'il allait faire passer les Alpes à son armée, et attaquer la Provence. Le roi d'Angleterre fournit aux premiers frais de l'entreprise, promettant de continuer ces secours pécuniaires ou d'entrer lui-même en Picardie à la tête d'une armée considérable.

1524. L'Empereur donna le commandement de son armée, composée seulement de dix-huit mille hommes, au marquis de Pescaire, en lui ordonnant d'avoir la plus grande déférence pour les avis de Bourbon. Pescaire passa les Alpes sans rencontrer de résistance; il entra dans la Provence, et alla mettre le siége devant Marseille. Le roi de France s'empressa de faire ravager le pays adjacent afin d'ôter aux ennemis les moyens d'y subsister; il rasa les faubourgs de la ville, ajouta de nouvelles fortifications aux anciennes, et jeta dans la place une forte garnison commandée par des officiers expérimentés. Neuf mille habitants se joignirent aux troupes, et s'armèrent pour défendre la place. Leur bravoure et leur habileté réunies triomphèrent de toute la science militaire de Pescaire et de l'activité du ressentiment de Bourbon. Pendant ce temps, François réunissait une armée nombreuse sous les murs d'Avignon, et, lorsqu'il avança vers Marseille, les Impériaux, déjà épuisés par les fatigues d'un siége de quarante jours, affaiblis par les maladies et près de manquer de provisions, se retirèrent avec précipitation vers l'Italie.

Si le roi de France se fût contenté d'avoir préservé ses sujets des suites de cette invasion formidable, il eût encore fini la campagne avec honneur. Mais ce prince, qui avait plutôt le courage d'un soldat que celui d'un général, se laissait trop aisément éblouir par le succès. Il se trouvait à la tête d'une des plus belles armées que la France eût jamais mises sur pied; il ne put se résoudre à la licencier sans avoir tiré quelque avantage de ses forces. Il résolut donc, malgré l'époque avancée de la saison, malgré l'opposition de ses plus sages conseillers, d'envahir le Milanais; Bonnivet, qui partageait l'impétuosité de son maître, contribua beaucoup à lui faire prendre cette funeste détermination; François se mit aussitôt en marche, après avoir nommé Louise de Savoie, sa mère, régente du royaume.

Les Français passèrent les Alpes au Mont-Cénis, et, comme le succès dépendait de leur diligence, ils marchèrent à grandes journées. Pescaire mit aussi une grande célérité dans ses mouvements, et il parvint à Milan avant l'armée de François; mais il trouva cette place plongée dans une telle consternation qu'il renonça à la défendre, et, après avoir jeté une garnison dans la citadelle, il sortit par une porte, tandis que les Français entraient par l'autre.

Les Impériaux se trouvaient dans une très-fâcheuse position; Charles possédait les états les plus étendus qu'un prince de l'Europe eût jamais réunis sous sa domination, mais son autorité sur ses sujets était fort limitée; il ne pouvait imposer aucune taxe sans leur consentement, et toutes ses entreprises se trouvaient entravées par le manque d'argent. Son armée se trouva tout à la fois sans paie, sans munitions, sans vivres et sans habits; cependant Gaudin, le vice-roi de Naples, engagea les revenus de son royaume pour se procurer quelques ressources; Pescaire employa toute l'influence qu'il exerçait sur les troupes espagnoles pour les déterminer à ne pas demander de solde; enfin Bourbon, entraîné par la haine implacable qui l'animait, mit ses bijoux en gage pour une somme considérable, et partit pour l'Allemagne... afin d'accélérer la levée de troupes pour le service de l'Empereur.

[illegible]

doutait pas que la ville ne fût à la fin obligée de se
rendre. Le Pape, qui regardait déjà l'armée française comme maîtresse de l'Italie, fit tous ses efforts
pour négocier une paix qui assurât à François la
possession du Milanais. Sur le refus de Charles,
Clément conclut avec le roi de France un traité de
neutralité où la république de Florence fut com-
prise. Ce traité, qui assurait de grands avantages à
François, lui inspira la pensée d'[illegible] pour le royaume de Naples, qui se trouvait sans défense. Dans
cette vue, il y envoya six mille hommes sous le commandement de Jean Stuard, duc d'Albanie. Les
généraux de l'Empereur, comprenant que le sort de
la campagne dépendait de [illegible] du Milanais
ne firent nulle attention à cette [illegible], et con-
centrèrent toutes leurs forces contre le roi, qui venait de s'affaiblir mal à propos en détachant de son
[illegible] un corps si considérable.

Cependant la garnison de Pavie [illegible] aux
dernières extrémités, et les Allemands [illegible] pris con-
[illegible] la plus grande partie [illegible] de livrer
la ville aux Français. Les [illegible] [illegible] la
nécessité de marcher au secours [illegible] place, ils
se trouvaient enfin en mesure de [illegible]. Bourbon venait de rejoindre Pescaire [illegible]
[illegible] Allemands. L'argent manquait [illegible] les gé-
[illegible] montrer à leurs troupes [illegible]
les Français comme un butin [illegible] magnifique [illegible]
facile à emporter, et les [illegible] demandent la
bataille avec toute l'impatience d'[illegible] soldats qui ne
combattent que pour le butin. Pour ne pas laisser
refroidir cette ardeur, l'ennemi poussa les diverses
[illegible] français [illegible] s'approcher [illegible]

un conseil de guerre : ses officiers les plus expérimentés étaient d'avis qu'il évitât une bataille contre un ennemi au désespoir, qui, dans quelques semaines, serait obligé de licencier ses troupes, faute d'argent pour les payer ; ce fut encore l'opinion de Bonnivet qui décida le roi à attendre l'ennemi et à risquer le combat.

(1525) Les généraux ennemis trouvèrent les Français si bien fortifiés dans leur camp, qu'ils balancèrent longtemps ; mais l'extrémité où était réduite la ville, et les murmures de leurs soldats les obligèrent à courir le hasard d'une bataille. Jamais deux armées n'engagèrent une action avec plus de fureur ; jamais on ne sentit plus vivement des deux côtés les conséquences de la victoire ou de la défaite ; jamais les combattants ne furent plus animés par l'émulation, par l'antipathie nationale, par le ressentiment mutuel, et par toutes les passions qui peuvent porter la bravoure jusqu'à son plus haut degré. Les Impériaux ne purent cependant résister au premier effort de la valeur française, et leurs plus fermes bataillons commencèrent à plier ; mais la fortune changea bientôt de face. Les Suisses qui servaient dans l'armée de France, oubliant la réputation que leur nation s'était acquise par sa fidélité et par sa bravoure, abandonnèrent lâchement leur poste. De Lève fit une sortie avec sa garnison, et, dans le fort du combat, attaqua l'arrière-garde des Français avec tant de furie qu'il la mit en désordre ; Pescaire, tombant en même temps sur la cavalerie française avec sa cavalerie allemande qu'il avait habilement entremêlée de fantassins espagnols, armés des pesants mousquets

dont on se servait alors, rompit ce corps formidable
par une nouvelle méthode d'attaque à laquelle les
Français ne s'attendaient point. La déroute devint
générale, il n'y avait presque plus de résistance
qu'à l'endroit où était le roi ; et il ne combattait
plus pour l'honneur ou pour la victoire, mais pour
sa propre sûreté. Affaibli par plusieurs blessures
qu'il avait déjà reçues, et jeté à bas de son cheval
qui avait été tué sous lui, il se défendait encore
à pied avec un courage héroïque. Plusieurs de ses
plus braves officiers s'étaient rassemblés autour de
lui, et, faisant des efforts incroyables pour sauver
la vie de leur roi aux dépens de la leur, ils tombaient successivement à ses pieds. De ce nombre
fut Bonnivet, l'auteur de cette grande calamité, et
le seul dont la mort ne fut point regrettée. Le roi,
épuisé de fatigue, ne pouvant plus se défendre, se
trouva presque seul, exposé à la fureur de quelques
soldats espagnols qu'irritait la résistance obstinée de
ce guerrier, dont le rang leur était inconnu. Dans
ce moment, arriva Pompérant, gentilhomme français, qui était entré avec Bourbon au service de
l'Empereur, et qui, se plaçant à côté du monarque
contre lequel il s'était révolté, le protégea contre
la violence des soldats, en le conjurant en même
temps de se rendre au duc de Bourbon, qui n'était
pas éloigné. Malgré le danger pressant qui environ-
nait François de toutes parts, il rejeta avec indignation l'idée d'une action qui aurait été un objet de
triomphe pour un sujet rebelle ; mais ayant aperçu
Lannoy qui, par hasard, se trouva près de lui, il
l'appela et lui rendit son épée. Lannoy, se prosternant pour baiser la main du roi, reçut son épée

avec un profond respect, et tirant la sienne, il la
lui présenta, en lui disant : qu'il ne convenait pas
à un si grand prince que de rester désarmé en présence d'un sujet de l'Empereur.

Dix mille hommes perdirent la vie dans cette bataille, l'une des plus fatales que la France eût jamais
essuyées. Il y périt la plus grande partie de la noblesse française, qui avait préféré la mort à une fuite
honteuse. Il y eut aussi un grand nombre de prisonniers, et le plus illustre d'entre eux, après
François, était Henri d'Albret, cet infortuné roi de
Navarre. Un petit corps de l'arrière-garde s'échappa
sous la conduite du duc d'Alençon. À la nouvelle
de cette défaite, la faible garnison de Milan se retira
par une autre route, avant même d'être poursuivie
et quinze jours après la bataille il ne restait pas un
seul Français en Italie.

Lannoy traitait François avec toutes les marques
d'honneur dues à son rang et à son caractère; mais
il le gardait en même temps avec l'attention la plus
exacte. Dès le lendemain de la bataille il le conduisit au château de Pizzighettone, près de Crémone,
et le mit sous la garde de don Ferdinand Alarcon.
François qui jugeait de l'âme de Charles par la
sienne, désirait ardemment qu'il fût informé de sa
situation. Il ne doutait pas que, par générosité ou
par une noble compassion, l'Empereur ne lui rendît
bientôt la liberté. Les généraux de l'Empereur n'é-
taient pas moins impatients d'envoyer à leur maître
la nouvelle de leur victoire, et comme, dans cette
saison, la voie la plus prompte et la plus sûre était
celle de terre, François donna au commandeur

Pennalosse, qui était chargé des dépêches de Lannoy, ... ce port pour traverser la France.

... reçut la nouvelle inattendue ... qui venait de ... terminer ... avec ... qui lui ont fait plus d'honneur que la plus grande ... S'il ... encore. Sans ... et qui ... d'orgueil ... sa chapelle, et ... avoir ... une heure entière ... les articles de ... il ... vint ... d'Italie ... qu'il trouva rempli de grands d'Espagne et d'ambassadeurs étrangers assemblés pour le complimenter, et reçut leurs félicitations d'un air modeste, en plaignant l'infortune du roi prisonnier. Il défendit toute réjouissance publique ... de les réserver pour la première victoire qu'il remporterait sur les infidèles ; il parut enfin ... s'applaudir d'avance ... il avait obtenu que ... se trouverait ... l'état de rendre la paix à la chrétienté. Mais son cœur formait déjà des projets qui s'accordaient mal avec les dehors de cette modération affectée. L'ambition plutôt que la générosité était sa passion dominante, et il ne ... tant de modération que pour cacher aux autres ... de l'Europe ses véritables intentions.

Cependant la France était plongée dans la plus grande consternation. Le roi avait envoyé lui-même la nouvelle de sa défaite dans une lettre que Pennalosse rendit à sa mère, et qui ne contenait que ces mots : « Madame, tout est perdu, fors l'honneur. » La France, privée de son roi, sans argent dans ses coffres, sans armée, sans officiers en état de commander, assiégée de tous côtés par un ennemi actif et victorieux, se crut à la veille de sa ruine entière; mais pour cette fois les grandes qualités de la régente sauvèrent ce royaume dont elle avait tant de fois exposé le salut par la violence de ses passions. Elle recueillit les débris de l'armée d'Italie, paya la rançon des prisonniers, et pourvut à la sûreté des frontières. Elle s'appliqua surtout à calmer le ressentiment et à gagner l'amitié du roi d'Angleterre, et ce fut de ce côté que le premier rayon d'espérance vint ranimer le courage des Français.

Henri VIII, à la nouvelle du grand désastre qui venait de frapper la France, et qui semblait avoir anéanti sa puissance, commença à craindre la trop grande extension donnée au pouvoir de son allié l'Empereur: l'idée d'une révolution si subite dans le système politique lui donna de vives inquiétudes, et il craignit de voir l'Europe entière devenir la proie d'un prince ambitieux, dont rien n'était plus capable de balancer la puissance. Il sentait d'ailleurs un vif intérêt pour la position de l'infortuné François, dont il admirait la bravoure, et il était jaloux de la gloire de se montrer comme le libérateur d'un ennemi vaincu. Il donna donc en secret sa parole de ne pas donner son secours pour opprimer la France, mais il exigea en même temps de la régente qu'elle ne consentirait jamais à démembrer son royaume, même pour procurer la liberté à son fils. Cependant il fit célébrer des réjouissances publiques pour le succès des armes de l'Empereur, et envoya à Madrid une ambassade chargée de féliciter Charles, et de lui demander d'envahir la Guienne pour lui en remettre la souveraineté; il réclamait en outre, aux termes

du traité de Bruges, qu'on remît François entre
ses mains. En faisant ces propositions, Henri semblait avoir pour but de trouver un prétexte pour se
tourner avec la France contre l'Empereur.

Pendant ce temps, les troupes allemandes qui
avaient si courageusement défendu Pavie, s'étaient
mutinées, et refusaient de rendre la ville qu'elles gar-
daient comme un gage pour la solde arriérée qui
leur était due. Lannoy parvint à payer ces troupes
au moyen de sommes qu'il avait su arracher au
Pape sous la promesse de certains avantages qu'il
devait recevoir; mais, craignant de voir cette révolte
se renouveler sans qu'il eût les moyens de l'apaiser,
il prit le parti de licencier toutes les troupes allemandes et italiennes qui étaient au service de l'Empereur. Telle était la constitution des états de Charles-Quint, qu'au moment même où il était soup-
çonné par tous ses voisins de vouloir envahir
l'Europe, il se trouvait hors d'état de payer la solde
d'une armée victorieuse, qui ne montait pas à plus
de vingt-quatre mille hommes.

L'Empereur délibérait sur le meilleur parti à tirer
de la captivité de François; son caractère n'était pas
assez généreux pour qu'il songeât à s'attacher ce
prince par la reconnaissance en le rendant sans condition à la liberté; d'un autre côté l'état de ses fi-
nances s'opposait à une attaque prompte et vigoureuse sur la France et l'Italie; il préféra donc les
voies de la négociation qui lui étaient plus familiè-
res. Il envoya auprès du roi le comte de Roeux,
pour lui annoncer quel prix il mettait à sa liberté;
ces conditions étaient de rendre la Bourgogne à
l'Empereur; de céder la Provence et le Dauphiné

pour former un royaume indépendant au connétable
de Bourbon; de satisfaire le roi d'Angleterre sur
toutes ses prétentions sur la Guienne; et enfin de
renoncer à toutes celles des rois de France sur Naples, Milan et tout autre état d'Italie. François, qui
s'était flatté que l'Empereur le traiterait avec la générosité qu'un grand prince avait droit d'attendre
d'un autre, ne put entendre ces propositions sans
être transporté d'une si violente indignation, que
firent tout le temps son épée, il s'écria qu'il [illegible]
mieux [illegible] de mourir [illegible]
alarmé de [illegible]
calma bientôt [illegible] qui dit [illegible]
plus solennel, qu'il [illegible] plus [illegible]
sa vie que d'acheter la liberté à un prix [illegible]

La connaissance des intentions de l'Empereur
irrita sensiblement l'impatience et le chagrin que
François ressentait de sa captivité. Bientôt cependant il se persuada que les propositions [illegible]
avait soumises [illegible] pouvaient venir de l'Empereur
même, et qu'il s'avancerait bien plus sa délivrance
par une entrevue avec l'Empereur que par de longues négociations qui passeraient par les mains des
subalternes [illegible]. Il se [illegible]
cette idée [illegible] nécessaires pour [illegible] car Charles-Quint était alors hors
d'état de mettre aucune flotte en mer. Lannoy, qui
l'avait fort encouragé dans cette détermination, le
fit embarquer sans communiquer son dessein ni à
Pescaire, ni à Bourbon. Les vents poussèrent cette
petite flotte assez près des côtes de France; l'infortuné François passa devant son royaume vers lequel
son cœur et ses regards se tournèrent [illegible]

avec douleur. Cependant on aborda en peu de jours à Barcelone, et bientôt après, François fut logé par l'ordre de l'Empereur dans l'Alcazar de Madrid, sous la garde du vigilant Alarçon, qui veillait toujours sur lui avec la même attention.

Quelques jours après l'arrivée du roi de France à Madrid, où il ne tarda pas à se convaincre du peu de confiance qu'il devait avoir dans la générosité de l'Empereur, Henri VIII conclut avec la régente un traité qui donna à François l'espérance de recouvrer sa liberté par une autre voie. Les demandes d'Henri avaient été reçues à Madrid avec une grande indifférence : Charles, enivré de ses prospérités, ne faisait plus la cour au roi d'Angleterre ni à son ministre, et leur vanité blessée vint joindre un motif de plus à ceux qui les engageaient à former une alliance défensive avec Louise. Tous les différends qui restaient à terminer entre eux furent bientôt concilies, et le roi d'Angleterre promit tous ses soins pour tirer de captivité son nouvel allié.

Dans le temps même où la défection d'un allié si puissant donnait à Charles les plus vives inquiétudes, il se tramait en Italie une conspiration secrète qui le menaçait d'une perte encore plus funeste. Cette conspiration était le fruit du caractère inquiet et intrigant de Moron, chancelier de Milan. Le ressentiment que ce ministre avait conçu contre les Français se trouvait apaisé par leur expulsion de l'Italie; mais les lenteurs que mit la cour impériale à donner à Sforce l'investiture du duché de Milan fit penser à ce politique soupçonneux que l'on voulait dépouiller de cette conquête le prince au nom duquel elle avait été faite. Quand enfin Charles se détermina à accorder cette investiture, ce fut avec tant de réserves et à des conditions si onéreuses que Moron y vit la ruine de la liberté de l'Italie et la perte de sa propre autorité. Bourbon et Pescaire avaient été également offensés de ce que Lannoy avait conduit le roi de France en Espagne sans leur participation. Le premier s'était rendu précipitamment à Madrid, mais le second avait dû rester à la tête des troupes : ce fut sur le mécontentement qu'il laissait éclater en toute occasion que Moron fonda son plan. Après avoir échauffé ses ressentiments, il lui représenta la gloire qu'il y aurait à affranchir sa patrie de toute domination étrangère, et lui dit que toute l'Italie avait les yeux fixés sur lui comme sur le seul homme qui pût lui rendre et lui conserver son indépendance. Pescaire, ébloui par la perspective séduisante d'un trône, se laissa d'abord entraîner par son ambition; mais bientôt, Sforce étant tombé malade dangereusement, il réfléchit qu'il serait plus avantageux pour lui d'obtenir le duché de Milan de l'Empereur, pour prix de sa fidélité ; il révéla donc tout à Charles, qui lui ordonna de continuer ses intrigues pour mieux découvrir les vues des conjurés, et le réduisit à jouer le plus vil des rôles, celui de séduire pour trahir. Pescaire, qui se sentait coupable, n'osa pas refuser cette odieuse commission, et il attira Moron à Navaro pour une conférence où ils devaient mettre la dernière main à leurs complots. Il le reçut dans un appartement où Antoine de Lève s'était caché derrière la tapisserie pour entendre leur entretien et servir de témoin. En sortant de la maison pour retourner chez lui, Moron fut, à son grand étonnement, arrêté par Lève, qui le fit prisonnier au nom de l'Empereur. Il fut conduit au château de Pavie, et Pescaire qui venait d'être son complice eut l'audace de l'interroger comme son juge. En même temps, l'Empereur déclara Sforce déchu de tous ses droits au duché de Milan, pour être entré dans une conspiration contre le souverain dont il le tenait; et par son ordre Pescaire se saisit de toutes les places du Milanais, à la réserve de Crémone et de Milan, que le malheureux duc voulut essayer de défendre, et qui furent aussitôt bloqués par les troupes impériales.

Cette conspiration, bien qu'elle eût échoué, fit sentir à l'Empereur la nécessité d'en venir à un accommodement avec le roi de France, s'il ne voulait attirer sur lui toutes les forces de l'Europe alarmée du progrès de ses armes. Jusque-là, loin de traiter François avec la générosité que ce monarque méritait, à peine avait-il pour lui les égards dus à son rang. Le roi était confiné dans un vieux château, sous les yeux d'une garde rigide, dont l'attention sévère et minutieuse rendait sa captivité encore plus dure. On ne lui permettait d'autre exercice que celui de monter une mule, environné de cavaliers armés. Sous prétexte d'assister aux états de Tolède, Charles avait transporté sa cour dans cette ville, et avait laissé s'écouler plusieurs semaines sans accorder à François l'entrevue qu'il sollicitait avec tant d'instance. Tant d'indignités plongèrent le roi prisonnier dans une langueur qui fut bientôt suivie d'une fièvre dangereuse. Les médecins avertirent enfin l'Empereur qu'ils désespéraient de la vie de François, s'il ne lui accordait la demande dont son imagination était si frappée. Charles, jaloux de conserver une vie à laquelle étaient attachés tous les avantages de sa victoire, vint voir son prisonnier à Madrid. L'entrevue fut courte. François était trop faible pour soutenir un long entretien. L'Empereur lui parla en termes pleins d'affection et d'estime, et lui promit qu'il aurait bientôt sa liberté. François le crut, et dès lors il commença à recouvrer ses forces et sa santé.

Ce prince eut bientôt la mortification de voir qu'il avait encore une fois donné trop légèrement sa confiance à l'Empereur : une nouvelle ... mit le comble à celles qu'il avait déjà éprouvées. Bourbon venait alors d'arriver en Espagne. Charles, qui avait si longtemps refusé une visite au roi de France, son ... dit au sujet rebelle les honneurs les plus distingués. Il alla au-devant de lui hors des portes de Tolède, l'embrassa affectueusement, et, le plaçant à sa gauche, le conduisit en pompe à son appartement. Ces égards affectés pour Bourbon ... furent autant d'affronts pour le monarque prisonnier, qui en fut vivement touché. Toutefois la noblesse espagnole ne pensait pas comme son roi, car Charles ayant prié le marquis de Villena de loger Bourbon dans son palais, celui-ci répondit qu'il ne pouvait refuser à son roi ce qu'il désirait, mais qu'il brûlerait son palais jusqu'aux fondements dès que le connétable en serait sorti, parce qu'une maison qui avait été souillée par la présence d'un traître n'était plus digne d'être habitée par un homme d'honneur.

Charles était assez embarrassé sur le choix de la récompense qu'il offrirait à Bourbon : enfin la mort prématurée de Pescaire qui, à l'âge de trente-six ans, laissait la réputation d'avoir été un des plus grands généraux et un des plus habiles politiques de son siècle, arriva fort à propos pour terminer son expédition. Il donna à Bourbon le commandement de l'armée d'Italie avec la souveraineté du duché de Milan, confisqué sur Sforce.

Le principal obstacle qui retardait la délivrance de François était la restitution de la Bourgogne. Charles déclarait qu'il ne relâcherait son prisonnier que lorsque cette condition préliminaire serait remplie. François répétait qu'il ne consentirait jamais à démembrer son royaume, et que quand même il oublierait les devoirs d'un monarque au point d'y consentir, les lois fondamentales de son royaume ne lui en laissaient pas le pouvoir. Comme cette difficulté semblait insurmontable, François prit subitement la résolution de renoncer au royaume en faveur du dauphin et de finir ses jours dans sa prison. Cette résolution extraordinaire du roi de France fit une forte impression sur l'esprit de Charles, qui croyait enfin qu'un excès de rigueur ne lui ni manquer son but.

Il arriva dans le même temps qu'un des domestiques du roi de Navarre, par des efforts extraordinaires de fidélité, de courage et d'adresse, procura à son maître l'occasion de s'évader de la prison où il était renfermé depuis la bataille de Pavie. Cette évasion convainquit l'Empereur que la vigilance de ses officiers pourrait aussi être mise en défaut par l'adresse ou le courage de François: ces considérations le déterminèrent à se relâcher un peu de ses premières prétentions. D'un autre côté, l'impatience de François et le dégoût de sa prison augmentaient tous les jours, et les souffrances des ...

trouvant ainsi rapprochés. le traité qui procura à François sa liberté fut signé à Madrid le 14 janvier 1526.

Aux termes de ce traité, François s'engageait à rendre le duché de Bourgogne, mais comme Charles rendait la liberté au roi avant que cette restitution fût consommée, il fut stipulé que François, dès l'instant qu'il serait lâché, livrerait à l'Empereur, pour otages, ses deux fils le Dauphin et le duc d'Orléans, ou, à la place de ce dernier, douze des principaux seigneurs du royaume, que Charles nommerait à son choix. Le traité contenait encore un grand nombre d'articles, extrêmement rigoureux. François renonçait à ses prétentions sur l'Italie; dans le délai de six semaines, après sa délivrance, il devait rendre à Bourbon et à ses partisans tous leurs biens, meubles et immeubles, avec un dédommagement complet des pertes qu'ils avaient essuyées par la confiscation; il devait épouser la sœur de l'Empereur, reine douairière du Portugal; enfin il devait, lorsque toutes ces conditions seraient accomplies, envoyer à la cour de Madrid le duc d'Angoulême, son troisième fils, afin de manifester par là et de cimenter l'amitié qui devait régner entre les deux monarques.

Quelques heures avant de signer le traité, François assembla ce qu'il avait de conseillers à Madrid, et, après avoir exigé d'eux le secret sous la foi d'un serment solennel, il fit en leur présence une longue énumération des artifices honteux et des traitements tyranniques que l'Empereur avait employés pour le séduire ou pour l'intimider; en conséquence, il fit une protestation dans les formes, entre les mains de notaires, contre le consentement qu'il allait donner au traité, comme étant un acte involontaire qui devait être regardé comme nul, et de nul effet. Par cet artifice, François crut satisfaire à la fois son honneur et sa conscience, en signant d'un côté le traité, et en se ménageant de l'autre des prétextes de le violer.

Cependant les deux monarques se prodiguaient extérieurement toutes les marques de la confiance et de l'amitié; mais, malgré ces démonstrations, les gardes de François ne le quittaient point encore. Un mois après, on apporta de France la ratification de la régente qui envoyait en otage son second fils avec le Dauphin, jugeant avec sagesse que le royaume ne souffrirait point de l'absence d'un enfant, au lieu qu'il resterait sans défense, s'il était privé de ses plus grands hommes d'état et de ses plus habiles généraux, que Charles avait adroitement compris dans la nomination des otages.

Enfin François prit congé de l'Empereur, et commença ce voyage si longtemps désiré, escorté par un corps de cavalerie, sous le commandement d'Alarcon, dont l'attention et la vigilance augmentaient à mesure qu'on approchait des frontières de France. Lorsque le convoi fut arrivé à la rivière de Bidassoa, qui sépare les deux royaumes, Lautrec parut sur la rive opposée avec une escorte de cavalerie égale en nombre à celle d'Alarcon. Au milieu de la rivière était amarrée une barque vide : les deux troupes se rangèrent l'une vis-à-vis de l'autre sur les deux rives: au même instant, Lannoy s'avança de la rive espagnole avec huit gentilshommes, et Lautrec de la rive française avec huit autres. Le premier avait le roi dans sa barque; le second avait dans la sienne le Dauphin et le duc d'Orléans; ils se réunirent dans la barque qui était vide, et l'échange fut fait en un moment; François, après avoir embrassé rapidement ses deux enfants, sauta dans la barque de Lautrec, et aborda au rivage de France; aussitôt il monte un cheval turc, et part au grand galop, en agitant sa main au-dessus de sa tête, et s'écriant plusieurs fois avec des transports de joie: *Je suis encore roi*; cet événement se passa le 15 mars 1526, un an et vingt-deux jours après la bataille de Pavie.

Dès que l'Empereur eut pris congé de François, il partit pour aller à Séville célébrer son mariage avec Isabelle, fille du feu roi de Portugal, Emmanuel, et sœur de Jean III, son successeur au trône. Cette princesse joignait à une beauté extraordinaire les plus grandes qualités. Le mariage fut célébré avec toute la magnificence et la gaieté qui convenaient à un jeune et puissant monarque. Charles vécut dans la plus parfaite union avec Isabelle, et la traita en toute occasion avec beaucoup d'égards et de distinctions.

Charles avait été trop occupé en Espagne pour être en état de donner des soins suffisants aux affaires d'Allemagne; cette partie de ses États était cependant troublée et déchirée par des factions qui donnaient lieu de craindre les plus funestes conséquences. Le peuple, en Allemagne, était encore soumis à toute la tyrannie du système féodal; en certaines contrées, les paysans étaient attachés au sol et faisaient partie des propriétés de leur seigneur. Ces exactions augmentées encore par les impôts extraordinaires que la guerre avait nécessités, les poussèrent enfin à la révolte. Ce fut près d'Ulm, dans la Souabe, que se leva d'abord l'étendard de l'insurrection : bientôt l'esprit de sédition se répand de province en province, et partout les paysans armés pillent les monastères, démolissent les châteaux, et massacrent sans pitié tous les nobles qui ont le malheur de tomber entre leurs mains. Ils publièrent ensuite un mémoire dans lequel ils exposèrent leurs griefs et leurs demandes, et déclarèrent qu'ils ne mettraient bas les armes qu'après que les nobles se seraient engagés à les satisfaire. Cependant les princes et les nobles marchèrent contre cette multitude de paysans mal armés et plus mal disciplinés, et ils les taillèrent facilement en pièces.

La réforme de Luther donna une nouvelle force à cette insurrection, dans les provinces où elle était établie, parce qu'elle encourageait partout l'audace et l'esprit d'innovation ; aussi, quand la révolte éclata dans la Thuringe, province soumise à l'électeur de Saxe, et dont les habitants avaient presque tous embrassé le luthéranisme, elle y prit une forme nouvelle et bien plus terrible.

Thomas Muncer, l'un des disciples de Luther, ne proposait rien moins que d'abolir toute distinction parmi le genre humain, d'éteindre toute propriété, de ramener les hommes à cet état d'égalité originelle où la subsistance de chacun se tirerait d'un fonds commun. Des troupes nombreuses de paysans accouraient de tous côtés pour s'engager dans cette bizarre entreprise ; mais Muncer, leur chef et leur prophète, avait l'extravagance des fanatiques, sans en avoir le courage. Lorsqu'il se vit attaqué par des troupes réglées, il prit la fuite à la tête des siens, et ayant été condamné au dernier supplice, il le subit avec une honteuse lâcheté. Sa mort mit un terme à ces révoltes de paysans ; mais les idées fanatiques qu'il avait répandues dans l'Allemagne n'étaient pas éteintes, et produisirent quelque temps après des effets plus extravagants encore et plus mémorables.

Ce fut en cette année que se fit le mariage si fameux de Luther avec Catherine Bora, religieuse de famille noble, qui avait quitté le voile, et s'était évadée de son monastère. Ce mariage souleva contre le chef de la réforme une réprobation générale : ses ennemis n'en parlaient que comme d'un inceste et d'une profanation ; et ses plus zélés partisans le regardaient comme une démarche indécente, dans un temps où sa patrie était affligée de tant de calamités. La réforme perdit cette même année son premier protecteur, Frédéric, électeur de Saxe ; Jean, son successeur, montra autant de zèle, sinon autant de talent, pour la défense de la même cause.

Il se fit, environ vers le même temps, dans l'état de l'Allemagne, un changement considérable : les chevaliers Teutoniques, à leur retour de la Terre-Sainte, s'étaient emparés de la Prusse, alors idolâtre, et la gouvernaient comme souverains, malgré l'opposition des rois de Pologne. Albert de Brandebourg, leur grand-maître, qui avait embrassé le luthéranisme, profita des troubles de l'Empire pour ériger à son profit cette province en duché séculier et héréditaire ; malgré les protestations de ses chevaliers, il se maintint en possession de son royaume, et il la transmit à sa postérité. Dans la suite des temps, les margraves de Brandebourg ont pris le titre de rois de Prusse, et se sont élevés au rang des premiers princes de l'Allemagne et de l'Europe.

Dès que le roi de France fut revenu dans ses états, il s'empressa d'abord d'écrire de Bayonne à Henri VIII, pour le remercier des soins pleins de zèle et d'affection qu'il avait pris en sa faveur. Le lendemain, les ambassadeurs de l'Empire le requirent de donner les ordres nécessaires pour faire exécuter pleinement et sur-le-champ le traité de Madrid. François leur répondit qu'il ne pouvait rien faire sans avoir consulté les états de son royaume, et que d'ailleurs il faudrait quelque temps pour faire agréer à ses peuples les conditions rigoureuses qu'il avait acceptées. Cette réponse ne permit plus de douter que le roi n'eût pris la résolution d'éluder le traité, et qu'il n'attendît l'occasion favorable pour se venger des affronts qu'il avait reçus.

Cependant Sforce était toujours assiégé par les Impériaux dans Milan, et semblait à la veille d'être forcé à se rendre. Le Pape et les Vénitiens, qui craignaient de voir, après la chute de Milan, l'armée victorieuse se répandre sur leur territoire et le mettre à contribution, avaient une vive impatience de se liguer avec François, qui, de son côté, n'avait pas un désir moins pressant de profiter des forces que ces alliés ajouteraient à sa puissance. Le traité fut conclu à Cognac, le 21 mai, et resta quelque temps secret. Les principaux articles étaient d'obliger l'Empereur à mettre en liberté les fils du roi de France, en payant un prix raisonnable pour leur rançon, et à rétablir Sforce dans la possession tranquille du duché de Milan. Le roi d'Angleterre fut nommé protecteur de cette ligue, qui fut qualifiée du titre de sainte, parce que le Pape en était le chef; et, afin de déterminer Henri par des motifs plus efficaces, on s'engagea à lui donner, dans le royaume de Naples, une principauté de trente mille ducats de revenu annuel, et à Wolsey, son favori, des terres de la valeur de dix mille. Dès que cette ligue eut été signée, Clément, en vertu de la plénitude de son autorité papale, releva François du serment qu'il avait fait d'accomplir le traité de Madrid.

Cependant lorsque l'Empereur ne put plus douter que le projet de François ne fût de se refuser à l'exécution du traité, il en conçut des vifs [illegible]. Il ne pouvait se dissimuler que le ridicule qu'il avait montré envers son prisonnier [illegible] les soupçons [illegible] qu'il avait laissé percer ne lui eussent aliéné toutes les cours européennes, et il sentit toute l'imprudence qu'il avait commise en laissant échapper, sans en tirer aucun fruit, un prince brave et habile qui allait devenir le chef redoutable de ses ennemis. Cependant il résolut de persister à demander la stricte exécution du traité. En conséquence, il [illegible] Lannoy et Alarcon pour aller [illegible] ses ambassadeurs à la cour de France [illegible] les formes de remplir ses [illegible] de prendre ses fers à Madrid. [illegible] François donna devant [illegible] des députés des états de Bourgogne que [illegible] qu'il avait exercé les pouvoir [illegible] déclarer et qu'ils étaient [illegible] que de se soumettre à son obéissance. Se tournant alors vers les ambassadeurs, François leur représenta l'impossibilité où il était de [illegible] messe les leur offrit, au lieu de la Bourgogne, de payer à l'Empereur deux millions d'écus. Alarcon et le vice-roi, voyant bien que la scène dont ils avaient été témoins n'était qu'un jeu concerté entre le roi et ses sujets, lui déclarèrent que leur maître était bien décidé à ne se relâcher en rien des conditions du traité, et ils se retirèrent. Avant de partir du royaume, ils eurent la mortification d'entendre publier, avec la plus grande solennité, la sainte ligue qui venait de se former contre l'Empereur.

Charles, à la nouvelle de cette ligue, se plaignit hautement et amèrement de François, qu'il traitait de prince sans foi et sans honneur, et de Clément qu'il accusait d'ingratitude, et d'une ambition qui ne convenait pas à son caractère. En même temps, [illegible] et une activité extraordinaire [illegible] passer en Italie de nouvelles troupes [illegible] des secours d'argent. Cependant les efforts des [illegible] ne répondaient pas à l'impatience qu'ils [illegible] le siége de Milan [illegible] de cette [illegible] [illegible] attaquer le [illegible] le cardinal [illegible] l'Empereur [illegible] de Rome et le

Pape eut à peine le temps de se réfugier dans le château Saint-Ange, qui fut aussitôt investi. Le palais du Vatican, l'église de Saint-Pierre, les maisons des ministres et des gens du Pape furent livrés sans ménagement au pillage; le reste de la ville ne souffrit aucun dommage. Clément, privé de tout ce qui lui était nécessaire, soit pour se défendre, soit pour subsister, fut bientôt forcé de demander à capituler; et Moncade, introduit dans le château, lui imposa, avec toute la hauteur d'un conquérant, des conditions qu'il n'était pas en son pouvoir de refuser. Le principal article fut que le Pape conserverait sa faveur aux Colonne, et retirerait sur-le-champ de l'armée des confédérés toutes les troupes qui étaient à sa solde. La famille des Colonne qui avait eu pour but de faire monter le cardinal Pompée sur la chaire de Saint-Pierre, se récria très-fort contre ce traité; mais Moncade, qui ne s'occupait que des intérêts de son maître, eut peu d'égards à leurs plaintes, et, par cette heureuse opération, désunit entièrement les forces des confédérés.

En même temps, les troupes impériales se trouvèrent grossies par de puissants renforts venus d'Espagne et d'Allemagne. Mais la difficulté était toujours de solder ces troupes : le crédit des princes était très-borné à cette époque, et les cortès de Castille refusaient obstinément tout subside extraordinaire. Bourbon se vit bientôt tellement assiégé par les demandes de ses soldats, demandes qui ressemblaient souvent à des menaces, qu'il se vit forcé de commettre de nombreuses exactions sur les habitants de Milan, et de dépouiller les églises de leurs ornements, pour imposer silence à cette soldates-

que. Forcé de trouver de nouveaux expédients pour
se procurer de l'argent, il accorda pour vingt mille
ducats, la vie et la liberté à Moron qui était en prison
depuis la découverte de sa conspiration, et qui avait
été condamné à mort par les juges espagnols chargés de lui faire son procès. Tels étaient l'esprit et l'a-
dresse de cet homme, tel était l'ascendant qu'il exerçait sur tous ceux qu'il approchait, qu'en peu de jours
il devint le confident le plus intime de Bourbon, qui
le consultait sur toutes les affaires importantes. Ce
furent ses insinuations qui firent naître dans l'esprit
du connétable la pensée que l'Empereur n'avait jamais eu dessein de lui donner l'investiture du duché
de Milan, et que les généraux espagnols dont il était
entouré étaient plutôt ses espions que ses adjoints.
Comme Moron conservait à quatre-vingts ans toute
l'audace de la jeunesse, on peut encore lui attribuer l'idée du projet hardi et inattendu que Bourbon osa tenter quelque temps après, en marchant
sur Rome, et en exposant cette ville à la cupidité
d'une soldatesque effrénée.

(1527.) Les exigences des soldats se renouvelaient
sans cesse, et on ne pouvait plus rien tirer d'un
pays entièrement ruiné; il fallait donc, pour faire
subsister l'armée, la conduire sur le pays ennemi. La
famille des Colonnes excita des troubles dans Rome,
lorsque le Pape s'y attendait le moins. Clément VII,
par la médiation de Moncade, s'était réconcilié avec
eux, mais environ un mois après, Vespasien Colonne prit des mesures secrètes avec Moncade pour
s'emparer de Rome. Le Pape apprit cette perfidie
avec indignation, et fut obligé par Moncade de signer une trêve avec l'Empereur. Peu de temps après,

Clément VII, ayant reçu du secours du roi d'Angleterre, rompit l'accord qu'il avait fait avec les Colonnes. Sur ces entrefaites, le duc de Bourbon déterminé à aller attaquer Rome, se mit en campagne, après avoir laissé le commandement de Milan à Leyve, au fort de l'hiver, avec une armée de vingt-cinq mille hommes, de nations, de mœurs et de langues différentes, sans argent, sans magasins, sans artillerie. Il tenta vainement d'enlever Plaisance et Bologne; enfin son armée qui était en marche depuis deux mois, ne voyant se réaliser aucune des brillantes promesses dont on l'avait flattée, commençait à murmurer; et pour empêcher une révolte ouverte, Bourbon était obligé à des ménagements de toute espèce, et à permettre le pillage de tout le pays qu'il parcourait.

Le pape Clément, tremblant également pour Florence et pour Rome, conclut avec Lannoy, vice-roi de Naples, un traité aux termes duquel on proclamait une suspension d'armes de huit mois; Clément avançait soixante mille écus pour payer les troupes impériales, et il remettait les Colonnes en possession de leurs terres et dignités. Le Pape, rassuré par ces conventions, et se croyant sorti des embarras du moment, licencia ses troupes, excepté celles qui étaient nécessaires à la garde de sa personne. De son côté, Lannoy dépêcha à Bourbon avis de ce traité, et l'engagea à tourner ses armes contre les Vénitiens; mais le connétable avait d'autres projets; ne tenant donc aucun compte du message de Lannoy, il continua de ravager les états ecclésiastiques et de s'avancer vers Florence. Ses soldats, d'ailleurs, ne voulaient pas entendre parler de trêve, et demandaient avec menace l'accomplissement des promesses qu'on leur avait faites. Cependant, Florence s'était mise en état de défense; Bourbon résolut d'aller attaquer Rome. Ce plan lui offrait l'avantage d'humilier Lannoy qu'il détestait, de s'attacher ses soldats par le butin qu'ils trouveraient dans cette capitale, d'augmenter sa réputation, et peut-être aussi espérait-il jeter ainsi les fondements d'un pouvoir indépendant.

Quoiqu'il en soit, il exécuta son projet avec une célérité égale à l'audace qui l'avait conçu. Le Pape, surpris par cet orage inattendu, fit cependant quelques préparatifs incomplets de défense; il arma les artisans, les domestiques des cardinaux, répara les brèches des murailles, et après avoir fulminé une excommunication contre Bourbon et ses troupes, il attendit un ennemi qu'il pouvait encore éviter, s'il ne voulut se retirer à temps.

Bourbon, qui vit la nécessité de ne perdre aucun instant, marcha avec tant de vitesse, qu'il prévint l'armée des Vénitiens qui venait au secours de Rome, et le 5 mai, il campa dans les plaines qui entourent cette capitale. De là, montrant à ses soldats les palais et les églises de cette cité, où tant de richesses s'étaient accumulées depuis des siècles, il les engagea à prendre quelque repos pendant la nuit pour se préparer à donner assaut le lendemain, et leur promit pour prix de leur valeur la possession de tous les trésors rassemblés dans Rome.

Bourbon, résolu de rendre cette journée mémorable ou par le succès de son entreprise ou par sa mort, parut dès le matin à la tête de ses troupes, armé de toutes pièces, et portant par-dessus son armur un habit blanc, pour être mieux vu de ses amis et de ses ennemis ; et comme tout dépendait de la vigueur de l'attaque, il mena sur-le-champ ses soldats à l'escalade des murailles. L'assaut fut donné en trois endroits à la fois avec une impétuosité sans égale ; il fut d'abord reçu avec un courage égal à celui des assaillants : les gardes-suisses du Pape et les vieux soldats qu'il avait rassemblés combattirent avec une bravoure digne de guerriers, à qui la défense de la plus fameuse ville du monde était confiée. Les troupes de Bourbon commençaient à plier, lorsque lui-même se précipite de son cheval, saisit une échelle, la plante contre le mur, et commence à y monter, en encourageant de la voix et du geste les siens à le suivre. Mais au même instant, un coup de mousquet tiré des remparts, lui perça les reins d'une balle. Il sentit aussitôt que la blessure était mortelle, mais il conserva assez de présence d'esprit pour recommander à ceux qui se trouvaient près de lui, de couvrir son corps d'un manteau, afin que sa mort ne décourageât pas ses troupes ; et quelques instants après il expira avec un courage digne d'une meilleure cause, et qui aurait couvert son nom de la plus grande gloire s'il eût péri ainsi en défendant son pays, et non pas à la tête des ennemis de sa patrie.

Il fut impossible de cacher longtemps ce funeste événement, mais au lieu de décourager ses troupes, il changea leur courage en fureur. Animés par la soif de la vengeance, ils assaillirent de nouveau les remparts, et pénétrèrent dans Rome avec une violence irrésistible. Il est impossible de décrire et même d'imaginer le désastre et les horreurs qui sui-

virent cet événement. Tout ce qu'une ville prise d'assaut peut avoir à redouter de la rage d'une soldatesque effrénée, tous les excès auxquels put se porter la férocité des Allemands, l'avarice des Espagnols, la licence des Italiens, les malheureux habitants de Rome y furent en proie. Églises, palais, maisons particulières, tout fut pillé sans distinction: ni l'âge, ni le rang, ni le sexe ne sauva des plus cruels outrages. Les Impériaux restèrent dans Rome plusieurs mois, et pendant tout ce temps, l'insolence et la brutalité du soldat ne se ralentirent presque point. Le butin qu'ils firent est incalculable.

Pendant le combat, le Pape était resté aux pieds de l'autel de Saint-Pierre; quand il vit qu'il n'y avait plus aucun espoir, il se retira avec treize cardinaux, des ambassadeurs et quelques personnages de distinction dans le château Saint-Ange, que son dernier malheur eût dû lui faire envisager comme un asile peu sûr. Philibert de Châlons, prince d'Orange, à qui le commandement de l'armée était échu après la mort de Bourbon, eut bien de la peine à arracher du pillage assez de soldats pour investir cette dernière retraite de Clément. Celui-ci avait l'espoir de tenir jusqu'à ce que l'armée confédérée vînt le délivrer. Elle parut en effet quelques jours après en vue des remparts, mais le duc d'Urbin qui la commandait, préféra le plaisir de satisfaire sa haine contre la famille des Médicis, à la gloire de sauver la capitale de la chrétienté et le chef de l'Église; il prétendit que l'entreprise était trop hasardeuse, et se retira avec précipitation. Clément, privé de toute ressource, et réduit par la famine à se nourrir de chair d'âne, se soumit à payer quatre cent mille ducats à l'armée, à rendre à l'Empereur toutes ses places fortes, et à rester lui-même prisonnier, jusqu'à l'exécution complète du traité, sous la garde d'Alarçon, qui, par un hasard singulier, eut la garde des deux personnages les plus illustres qui eussent été faits prisonniers en Europe, depuis plusieurs siècles.

La nouvelle d'un événement si extraordinaire, remplit l'Empereur de joie, mais il dissimula ses sentiments, car les Espagnols se montraient outrés des excès commis par leurs compatriotes: il prit même le deuil, et par une hypocrisie qui ne trompa personne, il ordonna des prières et des processions dans toute l'Espagne pour obtenir la liberté du Pape, liberté qu'il pouvait lui faire rendre sur-le-champ, par un ordre expédié à ses généraux.

La fortune n'était pas moins favorable à la maison d'Autriche dans une autre contrée de l'Europe. Soliman venait de gagner la bataille de Mohacz, où le roi de Hongrie, la fleur de sa noblesse, et plus de vingt mille hommes avaient succombé; l'archiduc Ferdinand profita de la circonstance que lui offrait la mort du roi de Hongrie, qui n'avait pas laissé d'enfants, pour s'emparer de cette couronne qu'il rendit ensuite héréditaire dans sa famille, et qui contribua à porter si haut la puissance des princes de la maison d'Autriche.

Charles V, eût pu s'acquérir la réputation de prince religieux, si, après avoir manifesté sa douleur sur la captivité du Pape, il avait ordonné de le mettre en liberté; mais au lieu de donner des ordres pour son élargissement, il le tint encore prisonnier six mois, jusqu'à ce qu'il l'eût amené à son but, en lui faisant accepter toutes les conditions qu'il voulut lui imposer. Pendant qu'on parlait d'accommodement, l'Empereur voulait que le Pape fût conduit en Espagne, s'imaginant que ce serait un grand honneur pour lui d'avoir eu, dans l'espace de deux ans, deux prisonniers aussi illustres, un roi de France et un Pape, et de les avoir emmenés comme en triomphe, dans Madrid.

FIN DU LIVRE QUATRIÈME.

LIVRE CINQUIÈME.

SOMMAIRE.

Ligue formée contre l'Empereur. — L'armée française entre en Italie. — L'Empereur rend la liberté au Pape. — François Ier attaque Charles en combat singulier. — Les Impériaux sortent de Rome. — Les Français bloquent Naples. — Le siège est levé par suite de la révolte d'André-Doria. — Opérations dans le Milanais. — Paix de Cambrai. — L'Empereur visite l'Italie. — État de la religion en Allemagne. — Diète de Spire. — Protestation des sectateurs de Luther. — Confession d'Augsbourg. — Ligue de Smalkade. — Ferdinand, frère de l'Empereur, élu roi des Romains. — Campagne de l'Empereur en Hongrie. — Négociations et entrevue du Pape et de François Ier. — Mort de Clément VII, et élection de Paul III. — La secte des Anabaptistes. — Nouvelles négociations pour la tenue d'un concile général. — Expédition de l'Empereur en Afrique. — Histoire de la domination de Barberousse. — Siège de la Goulette. — Défaite des Arabes. — Pillage de Tunis. — Retour de l'Empereur en Europe.

Les détails de la manière inhumaine dont le Pape avait été traité, remplirent toute l'Europe d'étonnement et d'horreur. L'audace inouïe d'un Empereur chrétien, à qui sa dignité même imposait le devoir de protéger et de défendre le saint Siège, et qui, portant des mains violentes sur celui qui représentait Jésus-Christ sur la terre, retenait sa personne sacrée dans une captivité rigoureuse, parut généralement un acte d'impiété, qui méritait la vengeance la plus éclatante, et qui sollicitait la prompte réunion de tous les fidèles enfants de l'Église, pour tirer le coupable. François et Henri, qui déjà avaient concerté une attaque contre l'Empereur, dans les Pays-Bas, résolurent de porter leurs armes en Italie; cette détermination fut prise dans une conférence qui eut lieu entre François et Wolsey, à Amiens, où le ministre anglais fut reçu avec une magnificence royale. A cette occasion, Henri renonça formellement à toutes les prétentions anciennes des rois d'Angleterre sur la couronne de France, et accepta par forme d'indemnité une pension de cinquante mille écus.

Cependant le Pape, ne pouvant satisfaire aux conditions de la capitulation, restait toujours sous la garde sévère d'Alarcon. Les Florentins, à la première nouvelle des désastres de Rome, s'étaient déclarés état libre, et avaient rétabli leur ancienne forme de gouvernement populaire. Les Vénitiens s'étaient emparés de Ravenne, et chacun voulait sa part des dépouilles d'un Pontife qui semblait perdu sans ressource. Lannoy, voulant aussi tirer quelque avantage de la position des choses, vint à Rome avec ce qu'il avait pu réunir de troupes, et ces nouveaux venus mirent le comble aux malheurs de la ville, en pillant ce qui avait échappé à la rapacité des Allemands et des Espagnols. Toutefois, l'ancienne armée de Bourbon refusa de quitter Rome avant qu'on eût payé les arrérages de sa solde, et Lannoy, ne se trouvant pas en sûreté à Rome, fut obligé de revenir à Naples, sans avoir rien entrepris, quoiqu'il eût suffi de se présenter devant Bologne et les autres places appartenant à l'Église, pour s'en rendre maître.

Pendant ce temps, le roi de France et les Vénitiens formèrent une ligue pour délivrer l'Italie; Florence entra même dans cette association, et les confédérés mirent Lautrec à la tête de leurs forces. Tout alla bien d'abord: secondé par André Doria, le plus grand homme de mer de ce siècle, il se rendit maître de Gênes, d'Alexandrie, et emporta d'assaut Pavie, qu'il abandonna au pillage.

Les progrès des confédérés, et le besoin pressant d'argent qu'il éprouvait, déterminèrent enfin l'Empereur à mettre le Pape en liberté, moyennant une rançon considérable; Clément fut obligé d'avancer, argent comptant, une somme de cent mille écus, pour payer l'armée; de s'engager à en payer autant dans quinze jours, et cent cinquante mille autres au bout de trois mois; il devait en outre mettre l'Empereur en possession de plusieurs villes. Lorsqu'il eut payé le premier terme de sa rançon, on fixa le jour de sa mise en liberté, mais, comme il craignait de voir s'élever de nouveaux obstacles à sa délivrance, il se déguisa la nuit précédente, et profita du relâchement qu'Alarcon avait mis dans sa vigilance depuis la conclusion du traité, pour s'évader sans être reconnu. Le lendemain, il écrivit d'Orvieto, une lettre de remercîment à Lautrec, comme au principal auteur de sa délivrance.

(1528). Pendant ce temps, des ambassadeurs de France et d'Angleterre s'étaient rendus à Madrid, pour obtenir des adoucissements au traité qui avait rendu François à la liberté. L'Empereur se montrait disposé à relâcher quelque chose de ses prétentions, mais François, fier du succès de ses armes en Italie, se montra tellement exigeant que rien ne put se conclure, et les ambassadeurs prirent congé du roi.

Le lendemain, deux hérauts qui avaient accompagné les ambassadeurs, sans faire connaître leur caractère, se présentèrent à la cour de l'Empereur avec les attributs de leur office, et lui déclarèrent la guerre au nom de leurs maîtres dans les formes accoutumées. Charles accepta le défi du monarque anglais avec une fermeté tempérée de quelques marques d'égard et de respect. Sa réponse au roi de France était pleine de cette amertume d'expression que devait lui inspirer une rivalité personnelle, irritée par le souvenir de plusieurs outrages réciproques. Il chargea le héraut français d'avertir son maître qu'il ne le regarderait plus désormais que comme un vil infracteur de la foi publique, étranger aux sentiments d'honneur et de probité qui distinguent un gentilhomme. François, trop fier pour souffrir patiemment une imputation si insultante, renvoya sur-le-champ son héraut avec un cartel en règle, par lequel il donnait à l'Empereur un démenti formel, le défiait en combat singulier, le sommait de fixer le temps et le lieu du rendez-vous, et lui donnait le choix des armes. Charles, aussi vif et aussi brave que son rival, accepta le défi sans balancer; mais après divers messages de part et d'autre pour régler toutes les circonstances du combat, messages toujours accompagnés de reproches mutuels, qui dégénérèrent presque en injures, le projet de ce duel qui convenait en effet beaucoup mieux à des héros de roman qu'aux deux plus grands monarques du siècle, fut entièrement oublié, et n'eut pas d'autre résultat que de répandre davantage l'usage funeste du duel.

Cependant Lautrec continuait de marcher sur

Naples, et la terreur qu'il inspirait détermina enfin les troupes impériales à sortir de Rome qu'elles opprimaient depuis dix mois entiers. Mais de l'armée florissante qui était entrée dans cette ville, à peine en restait-il la moitié; l'autre, détruite par la peste ou par les maladies qui étaient la suite d'une longue inaction, de l'intempérance et de la débauche, fut la victime de ses propres crimes. Ce fut en cet état que l'ancienne armée de Bourbon arriva à Naples, sans que Lautrec pût réussir à l'attaquer pendant le trajet. Le peuple de ce royaume reçut les Français à bras ouverts partout où ils voulurent se montrer et s'établir. À la réserve de Gaëte et de Naples, à peine resta-t-il aux Impériaux quelque place importante. Ils durent la conservation de Gaëte à la force naturelle de ses fortifications, et celle de Naples à la présence de l'armée impériale. Lautrec se présenta sous les murs de Naples, mais désespérant d'emporter cette place, il fut obligé de la bloquer. Il fut encore confirmé dans l'espoir qu'il avait de réussir par ce moyen, par l'avantage qu'obtint sur les Impériaux la flotte vénitienne qui bloquait le port; le vice-roi ayant attaqué Doria avec ses meilleures troupes, fut tué, et sa flotte fut détruite en grande partie.

Plusieurs circonstances se réunirent pour tromper l'espérance que ces succès faisaient concevoir à Lautrec. Le Pape voulant reconquérir Florence ne pouvait compter pour cela sur François qui venait de faire alliance avec la nouvelle république; il négociait donc secrètement avec Charles, et penchait beaucoup plus du côté de son ennemi que de celui de son bienfaiteur. Les Vénitiens voyaient avec jalousie les progrès de l'armée française ; enfin François lui-même négligeait de faire passer à Lautrec les fonds nécessaires pour l'entretien de son armée. Pour surcroît de malheur, ce fut à cette époque que Doria, se tournant tout à coup contre la France pour l'Empereur, arriva à Naples, non plus pour bloquer son port, comme il s'y était engagé, mais pour la secourir et la délivrer.

Doria, peu fait aux ménagements des cours, avait plus d'une fois adressé des remontrances assez dures au roi de France ; peu de temps auparavant il avait même semblé lui adresser des menaces à l'occasion des réparations que la France faisait au port de Savone qui menaçait Gênes, la patrie de Doria, d'une concurrence redoutable. Ses plaintes, envenimées par les courtisans, irritèrent tellement François qu'il donna ordre à l'amiral Barbezieux de lui enlever ses galères et de s'assurer de sa personne. Doria, averti de cette décision, se mit en lieu de sûreté et prit enfin la détermination de passer au parti de l'Empereur. Cet événement changea la face des choses ; l'abondance rentra dans Naples qui était réduite aux dernières extrémités, et les Français n'étant plus maîtres de la mer, ne tardèrent pas à manquer de vivres. La peste vint se joindre à tant de maux et éclaircir leurs rangs ; Lautrec lui-même mourut victime de la contagion, déplorant la négligence de son souverain et l'infidélité de ses alliés. Le marquis de Saluces, à qui échut le commandement des débris de l'armée française, se retira en désordre à Aversa, où il fut investi par le duc d'Orange, et où il se vit bientôt obligé à rester prisonnier, à perdre tout son bagage, et à laisser conduire, sous la garde d'un détachement, ses troupes désarmées et sans drapeaux jusqu'aux frontières de France.

La perte de Gênes suivit de près la ruine de l'armée française devant Naples. Doria se rendit maître de cette ville que le gouverneur français ne put défendre faute de forces suffisantes, et constitua sa patrie en république indépendante, bien que tout contribuât à lui aplanir le chemin à la royauté.

(1529) François, jaloux de rétablir la réputation de ses armes, fit de nouveaux efforts dans le Milanais, mais son général, le comte de St.-Pol, n'était pas un émule à opposer à Antoine de Leve, qui, bien qu'infirme et obligé de se faire porter en litière, le surpassa toujours en activité et en prudence, et détruisit enfin l'armée française dans le Milanais.

Malgré la vigueur avec laquelle on continuait la guerre, chaque parti laissait voir le plus grand désir de la paix, et l'on ne cessait de négocier pour y parvenir. Deux femmes entreprirent de remplir les vœux de toute l'Europe. Marguerite d'Autriche, douairière de Savoie et tante de l'Empereur, et Louise, mère de François, convinrent d'une entrevue à Cambrai : s'étant logées dans deux maisons contiguës, auxquelles on ouvrit une communication, elles s'y abouchèrent sans cérémonial ni formalités, et y tinrent seules des conférences journalières où personne n'était admis. Comme elles étaient toutes deux très-versées dans les affaires, et qu'elles avaient l'une pour l'autre une confiance sans réserve, elles firent bientôt des progrès rapides vers un accommodement définitif. Cependant le Pape eut le secret de prévenir ses alliés, et de conclure avant eux à Barcelone son traité particulier. Charles, désirant effacer le souvenir des insultes qu'il avait fait souffrir au chef de l'Église, lui accorda des conditions très-favorables : de son côté, le Pape donna à l'Empereur l'investiture du royaume de Naples, sous sa suzeraineté, et accorda une absolution générale à tous ceux qui avaient participé au siége et au pillage de Rome. La nouvelle de ce traité accéléra les négociations de Cambrai, et détermina Marguerite et Louise à conclure sur-le-champ. Le traité de Madrid servit de base à celui qu'elles firent. Les articles principaux furent que l'Empereur ne demanderait pas, pour le moment, la restitution de la Bourgogne ; que François paierait deux millions d'écus pour la rançon de ses fils, et qu'avant leur élargissement il rendrait toutes les villes qu'il tenait encore dans le Milanais ; qu'il céderait la souveraineté de la Flandre et de l'Artois ; qu'il renoncerait à toutes ses prétentions sur Naples, Milan, Gênes et sur toutes les autres villes situées au-delà des Alpes ; qu'aussitôt après le traité, il épouserait, comme il avait déjà été convenu, Éléonore, sœur de l'Empereur.

Ainsi, François sacrifiait toutes les prétentions qui l'avaient porté à faire la guerre depuis neuf ans, ce qui faisait une guerre d'une longueur presque inconnue à l'Europe avant l'établissement des troupes réglées et l'imposition régulière des taxes. Il laissait l'Empereur seul arbitre de l'Italie, et il lui sacrifiait même les intérêts de ses alliés.

Henri VIII fut le seul consulté, et il acquiesça complétement au traité de Cambrai ; ce prince sollicitait alors du Pape la permission de répudier sa femme, Catherine d'Aragon, veuve de son frère, pour épouser la célèbre Anne de Boulen, dont il était épris. Le Pape semblait peu disposé à délier le roi d'Angleterre de ses liens conjugaux, et Charles-Quint, prenant le parti de sa tante, l'encourageait dans sa résistance aux vœux de Henri. Celui-ci, pour s'assurer l'intervention de François auprès du Pape, ne s'opposa en rien au traité de Cambrai, et fit présent au roi de France d'une somme considérable, qu'il lui offrit comme une contribution fraternelle pour payer la rançon de ses enfants.

Cependant l'Empereur aborda en Italie, suivi d'un cortége nombreux de noblesse espagnole et d'un corps considérable de troupes; il s'entourait de la pompe d'un conquérant, en affectant l'humilité d'un enfant soumis de l'Église. Les Italiens, qui se le représentaient à peu près comme un souverain barbare des Goths et des Huns, furent surpris de le voir, à son entrée publique à Bologne, où il se présenta à la tête de vingt mille soldats, baiser à genoux les pieds de ce même Pape qui, quelques mois auparavant, était son prisonnier. Ils furent encore plus étonnés quand ils le virent concilier les intérêts de tous les princes et de tous les états qui dépendaient alors entièrement de lui, avec une modération et une équité à laquelle ils étaient bien loin de s'attendre. Il est vrai que le désintéressement que l'Empereur montrait en cette circonstance était surtout déterminé par la nécessité où il était de réunir toutes ses forces pour résister aux progrès du Sultan, qui, de la Hongrie était passé en Autriche, et avait mis le siége devant Vienne, avec une armée de cent cinquante mille hommes. Il sentait donc la nécessité de tout pacitier en Italie avant de passer en Allemagne ; c'est pourquoi il rendit à Sforce le duché de Milan, et ses états au duc de Ferrare ; il conclut aussi un accommodement définitif avec les Vénitiens. Tous ces traités furent publiés à Bologne, avec la plus grande solennité, le premier jour de l'année 1530, au milieu des acclamations unanimes des peuples. Les Florentins seuls résistaient et voulaient conserver le gouvernement libre qu'ils avaient fondé ; l'armée de l'Empereur assiégea leur ville, et malgré leur énergique résistance, y rétablit le pouvoir des Médicis.

(1530) Après la publication de la paix à Bologne et la cérémonie du couronnement de Charles, comme roi de Lombardie et Empereur des Romains, cérémonie que le Pape fit avec les formalités accoutumées, ce prince que rien ne retenait plus en Italie, se disposa à prendre le chemin de l'Allemagne. Sa présence y devenait de jour en jour plus nécessaire. L'absence de l'Empereur, ses contestations avec le Pape, les soins qu'exigeait la guerre de France, avaient donné aux réformateurs un long intervalle de tranquillité, pendant lequel leurs doctrines avaient fait des progrès sensibles. La plupart des princes qui avaient embrassé les opinions de Luther ne s'étaient pas contentés d'établir dans leur territoire la nouvelle forme de culte, ils avaient encore entièrement aboli les rits de l'Église catholique, et la moitié du corps germanique s'était entièrement détachée du saint Siége. Quelque satisfaction que l'Empereur eût pu ressentir des événements qui tendaient à mortifier ou à embarrasser le Pape, dans le temps de sa rupture déclarée avec le saint

Siége, il ne pouvait se dissimuler alors que les troubles dont la réforme avait rempli l'Allemagne pouvaient à la fin devenir très-funestes à l'autorité impériale. Rien ne parut donc plus essentiel que d'étouffer promptement des opinions qui pouvaient former entre les princes de l'Empire une ligue redoutable, dont les liens seraient plus puissants que ceux qui les soumettaient à son autorité; il résolut donc de faire servir à l'affermissement de son pouvoir un zèle constant pour la vraie religion, dont il était le protecteur naturel.

Dans cette idée, dès qu'il avait vu jour à traiter d'un accommodement avec le Pape, il avait convoqué à Spire une diète de l'Empire, dont l'objet fut de délibérer sur l'état actuel de la religion. Le décret de la diète qui s'y était tenue en 1526, établissait à peu près la tolérance des opinions de Luther, et avait par là choqué le reste de la chrétienté. Il fallait pourtant beaucoup d'art et une conduite délicate pour procéder à une décision plus rigoureuse contre les novateurs; car l'hérésie avait gagné des partisans assez puissants et assez dévoués pour que l'on pût craindre qu'une décision trop sévère de la diète n'allumât en Allemagne une guerre de religion. Dans cette crainte, tout ce que l'archiduc et les autres députés de l'Empereur demandèrent à la diète, fut donc d'enjoindre aux états de l'Empire qui avaient jusqu'alors obéi au décret de la diète de Worms, lancé contre Luther en 1524, de continuer à s'y conformer, et de défendre aux autres états de faire à l'avenir aucune innovation dans la religion, et de ne point ôter aux catholiques le libre exercice de leur religion, avant la convocation d'un concile général. Après bien des débats, ce décret passa à la pluralité des voix. Quelque modéré que fût cet édit, il ne laissa pas de trouver des contradicteurs.

L'électeur de Saxe, le marquis de Brandebourg, le Landgrave de Hesse, les ducs de Lunebourg, le prince d'Anhalt avec les députés de quatorze villes, libres ou impériales, firent contre ce décret une protestation solennelle, par laquelle ils le déclaraient injuste et impie. De là vint le nom de protestants, qui depuis a été donné indistinctement à toutes les sectes qui se sont séparées de l'Église catholique. Les Luthériens n'en restèrent pas là ; ils envoyèrent des ambassadeurs en Italie pour porter leur protestation à l'Empereur : il la rejeta comme une œuvre de faction. Charles s'était réconcilié avec le Pape, et ils avaient eu ensemble, à Bologne, des conférences sur les moyens les plus efficaces d'extirper les hérésies qui avaient germé en Allemagne. Clément fit juger à Charles-Quint de la disposition des protestants par la conduite des hérétiques de tous les siècles ; il lui fit entendre que sous prétexte d'un concile, ces sectaires ne cherchaient qu'à se maintenir dans leurs erreurs. L'Empereur se rendit à ces raisons, en convenant néanmoins que, si les soins qu'il allait se donner en Allemagne ne réussissaient pas, on en viendrait à un concile.

(1530) Tels étaient les sentiments dans lesquels l'Empereur partit d'Italie pour l'Allemagne, ayant déjà indiqué à Augsbourg la diète de l'Empire. Il fit son entrée publique dans cette ville avec une pompe extraordinaire, et y trouva une assemblée qui, par l'éclat et le nombre de ses membres, répondait à l'importance des affaires qu'on devait y traiter. On eût dit que sa présence avait communiqué à tous les partis un esprit tout nouveau de modération et d'inclination à la paix. L'électeur de Saxe ne voulut pas permettre à Luther de l'accompagner à la diète, et les princes protestants défendirent aux théologiens qui les accompagnaient de prêcher en public, tant qu'ils résideraient à Augsbourg. Par les mêmes raisons, ils choisirent Mélanchton, celui des réformateurs qui, avec le plus de science, avait aussi le caractère le plus doux et le plus pacifique, pour dresser leur confession de foi dans les termes les moins choquants pour les catholiques. Mélanchton se chargea de cette mission; le symbole qu'il composa, connu sous le nom de confession d'Augsbourg, fut lu publiquement devant la diète. Des théologiens catholiques furent nommés pour l'examiner; ils proposèrent leurs critiques; la dispute s'engagea entre eux et Mélanchton, soutenu de quelques-uns de ses partisans. Les plus habiles des théologiens orthodoxes réfutèrent la confession luthérienne article par article après s'être assurés qu'on n'avait rien à leur objecter de plus. Mais le parti en était pris, il en eût trop coûté à l'amour propre et à l'orgueil des hérétiques de s'avouer vaincus.

Les princes, auxquels Charles s'adressa ensuite, ne se montrèrent pas plus disposés que les théologiens à renoncer à leurs opinions. Il ne restait plus à l'Empereur d'autre parti à prendre que d'exercer son pouvoir, pour défendre par quelque acte de vigueur, la doctrine et l'autorité de l'Église. La diète, cédant à son avis, donna un décret qui condamnait la plupart des opinions soutenues par les protestants : défendait à toute personne de protéger ou de tolérer ceux qui les enseignaient, enjoignait l'exacte observation du culte établi, et défendait toute innovation pour l'avenir, sous des peines sévères. Ceux qui se refuseraient de concourir à l'exécution de ce décret étaient déclarés incapables d'exercer les fonctions de juges, ou de paraître comme parties à la chambre impériale, qui était la cour souveraine de l'Empire. Il fut encore arrêté qu'on s'adresserait au Pape, pour le requérir de convoquer, dans le délai de six mois, un concile général dont les décisions souveraines pussent terminer toutes les disputes.

La rigueur de ce décret accabla les protestants. Mélanchton en fut accablé, mais Luther ne se laissa ni effrayer ni déconcerter. Il raffermit le courage ébranlé des princes protestants, et les détermina à s'assembler à Smalkade, théâtre ordinaire de leurs conventicules. Là, ils conclurent une ligue défensive, par laquelle les États protestants de l'Empire s'unissaient pour ne former qu'un corps; ils résolurent de s'adresser aux rois de France et d'Angleterre, et d'implorer leur secours et leur appui en faveur de leur nouvelle confédération.

Une affaire qui n'avait aucun rapport à la religion leur fournit un prétexte pour rechercher l'assistance des princes étrangers. Charles avait formé le projet de rendre la couronne impériale héréditaire dans sa famille, en faisant élire son frère Ferdinand, roi des Romains. Les protestants pénétrèrent les desseins ambitieux de l'Empereur, et résolurent de s'opposer à l'élection de Ferdinand.

(1531) En conséquence, l'électeur de Saxe, au lieu de se rendre à l'assemblée des électeurs convoquée à Cologne, y envoya son fils aîné qui protesta contre l'élection, comme étant faite contre toutes les formes et toutes les lois, contraire aux articles de la bulle d'or, et destructive des libertés de l'Empire. Mais les autres électeurs que Charles avait gagnés, élurent Ferdinand, roi des Romains, et il fut, quelques jours après, couronné à Aix-la-Chapelle.

Lorsque les protestants, qui s'étaient assemblés une seconde fois à Smalkale, reçurent la nouvelle de cette élection, avec celle de quelques procédures que la chambre impériale commençait contre eux, à raison de leurs principes anti-catholiques, ils crurent nécessaire d'envoyer immédiatement des ambassadeurs en France et en Angleterre. François voyait avec une grande jalousie les succès de son rival, mais sa nation était trop épuisée pour qu'il pût songer à la précipiter dans une nouvelle guerre. Il fit d'abord exhorter ces princes à rentrer dans l'ancienne religion; il se contenta de fomenter en secret les troubles qui agitaient l'Allemagne, et de conclure avec les chefs protestants une alliance, ayant soin de ne pas paraître appuyer l'erreur. Le roi d'Angleterre était plein de ressentiment contre Charles, parce qu'il pensait que c'était lui qui avait déterminé le Pape à s'opposer à son divorce. Toutefois, occupé de ses affaires intérieures, il se contenta de donner des promesses vagues, et d'envoyer un secours médiocre d'argent aux confédérés de Smalkale.

(1532) Cependant l'Empereur était chaque jour

plus convaincu que ce n'était pas encore le moment d'employer la rigueur et la violence pour extirper l'hérésie. Il songea donc à conclure un arrangement avec les princes mécontents, et commença des négociations avec l'électeur de Saxe et ses associés. Après bien des difficultés, on convint enfin à Nuremberg des termes d'une pacification qui fut ratifiée solennellement à la diète de Ratisbonne. Il y fut stipulé qu'il y aurait une paix générale en Allemagne jusqu'au concile général, dont l'empereur tâcherait de procurer la convocation dans l'espace de six mois.

Charles apprit peu de temps après que Soliman était entré en Hongrie à la tête de trois cent mille hommes. Cette nouvelle hâta les délibérations de la diète. En vain l'empereur avait invité les protestants à joindre leurs forces aux siennes, ils s'étaient montrés déterminés à sacrifier la patrie au fanatisme et à la vengeance. Quand ils eurent obtenu ce qu'ils désiraient, ils montrèrent leur reconnaissance à l'empereur, le servirent avec un zèle extraordinaire, et mirent en campagne plus de troupes qu'ils n'étaient obligés d'en fournir. Les catholiques ayant imité leur exemple, Vienne vit rassembler près de ses murs une des plus grandes et des plus belles armées qui eussent jamais été levées en Allemagne. De vieilles troupes espagnoles et italiennes, qui arrivèrent des Pays-Bas portèrent cette armée à quatre-vingt dix mille hommes d'infanterie réglée, et à trente mille chevaux, sans compter un nombre prodigieux de troupes irrégulières. L'Empereur voulut commander en personne ce corps redoutable, et l'Europe en suspens attendit l'issue d'une bataille décisive entre les deux plus grands princes du monde : mais redoutant mutuellement les forces et la bonne fortune l'un de l'autre, ils se conduisirent tous les deux avec tant de circonspection que cette campagne, après des préparatifs immenses, finit sans aucun événement mémorable. Soliman, voyant l'impossibilité d'obtenir aucun avantage sur un ennemi toujours attentif et sur ses gardes, retourna à Constantinople vers la fin de l'automne. Dans un siècle si belliqueux, où tout gentilhomme était soldat, et tout prince général, il est à remarquer que ce fut la première fois que Charles parut à la tête de ses troupes, quoiqu'il eût déjà soutenu de si longues guerres et remporté tant de victoires. Ce ne fut pas un bonheur médiocre pour lui que d'avoir osé, pour le premier essai de ses armes, se mesurer avec Soliman, et il se couvrit de gloire par les succès de ses opérations.

Vers le commencement de cette campagne, mourut Jean, électeur de Saxe, prince luthérien, et il fut remplacé par son fils, Jean Frédéric. Le nouvel électeur, que Luther par flatterie, honorait du titre de Mécène de sa doctrine n'était pas moins attaché aux opinions nouvelles que ses prédécesseurs, il prit leur place à la tête du parti protestant.

Immédiatement après la retraite des Turcs, Charles, impatient de revoir l'Espagne, partit pour ce royaume, et prit sa route par l'Italie. Il eut encore une entrevue avec le Pape, à Bologne; mais la même confiance n'existait plus entre eux. Clément était mécontent des concessions que l'Empereur avait faites aux hérétiques; l'Empereur pressait vivement le Pape de convoquer un concile général; le souverain pontife insistait sur le lieu du concile qu'il ne voulait pas qu'on tînt hors de l'Italie. Cependant il députa un nonce vers l'électeur de Saxe, pour convenir du lieu de l'assemblée et de la forme des opérations; mais il fut impossible de s'entendre sur ces préliminaires.

L'Empereur voulut pourvoir à la sûreté de l'Italie, en formant entre les puissances d'Italie une ligue défensive contre tout agresseur, prête à lever à ses frais, à la première apparence de danger, une armée dont Antoine de Lève serait nommé généralissime. Le but de l'Empereur était de s'opposer à de nouvelles tentatives de François Ier sur l'Italie; celui du Pape, en adhérant à cette ligue, était de se délivrer du vieux corps de troupes allemandes et espagnoles qui faisaient depuis si longtemps la terreur de l'Italie. En effet, l'Empereur consentit à les retirer. Après en avoir licencié une partie, et distribué le reste dans la Sicile et en Espagne, il s'embarqua sur les galères de Doria, et arriva à Barcelonne.

Malgré toutes les précautions qu'il venait de prendre, il n'était pas sans inquiétude sur le maintien du système qu'il venait d'établir en Italie. En effet, le désespoir seul et la nécessité avaient pu déterminer François Ier à accepter les conditions déshonorantes du traité de Cambrai. Il était bien résolu à ne l'observer que tant qu'il ne pourrait faire autrement, et il avait protesté en secret contre ce traité, et particulièrement contre la renonciation à ses prétentions sur le duché de Milan. Il ne cherchait que l'occasion de violer impunément ce traité, et c'était dans cette vue qu'il cultivait l'amitié du roi d'Angleterre, et qu'il fomentait les troubles

d'Allemagne. Mais ce que François avait le plus à
cœur, c'était de rompre l'étroite union qui subsis-
tait entre Charles et Clément. François lui offrit
de marier son second fils Henri, duc d'Orléans, à
Catherine, fille de Laurent de Médicis, cousin de
Clément. Le Pape fut très-flatté de cet honneur : il
offrit de donner à Catherine, par forme de dot,
l'investiture de plusieurs terres considérables en
Italie, et consentit à une entrevue avec François.

1533. Malgré toutes les manœuvres que fit jouer
l'Empereur pour empêcher cette entrevue, elle
eut lieu à Marseille, où le Pape se rendit par mer ;
on s'y donna de part et d'autre les plus grands témoignages de confiance, et le mariage de Catherine
fut enfin conclu. Mais on évita soigneusement tout
ce qui pouvait choquer l'Empereur, et même dans
le contrat de mariage, Catherine renonça à tous ses
droits et prétentions en Italie, à la réserve du duché d'Urbin.

Dix-huit ans s'étaient écoulés depuis le mariage
que Henri VIII avait contracté sur dispenses légiti-
mes avec Catherine d'Aragon, fille de Ferdinand,
roi d'Espagne. Il en avait eu plusieurs enfants, dont
il restait une fille appelée Marie, si bien tenue pour
légitime que son père l'avait déclarée princesse de
Galles, comme héritière présomptive de sa couronne.
Le roi, après une union si bien ratifiée, se dégoûta
d'une épouse irréprochable, et à laquelle il n'avait
jamais refusé son estime. En 1521 parut à la cour
de Catherine la fameuse Anne de Boulen : elle inspira au roi cette passion funeste qui le porta à solli-
citer son divorce. Il fit poursuivre cette affaire avec
toute la chaleur et l'opiniâtreté de l'incontinence ir-

ritée par les contradictions. Le Pape, pressé par les instances de Henri, tint un consistoire où, en présence des ambassadeurs d'Angleterre, le sacré collège en corps, et les plus habiles théologiens examinèrent avec toute la maturité possible la cause étrange dont le roi poursuivait le jugement. Tous les théologiens consultés, et généralement toutes les personnes désintéressées présentes au consistoire, prononcèrent d'une voix unanime que le mariage de Henri avec Catherine était indissoluble. Au mépris de cette décision, Thomas Cranmer, prélat sans conscience, osa, de son autorité, annuler le mariage de Catherine pour faciliter celui du roi avec Anne de Boulen. Le Pape menaça Henri d'excommunication s'il ne reprenait sa légitime épouse. A cette nouvelle, le roi, irrité, résolut de rompre avec la cour de Rome, de soustraire sa personne et ses états à la juridiction de cette même Eglise dont il avait lui-même si bien défendu l'autorité et les droits contre Luther. Peu après, il prit le titre fastueux de chef terrestre et suprême de l'Eglise anglicane, séparant de l'unité catholique ces îles fameuses, nommées autrefois la terre des Saints. La passion honteuse d'un prince donne naissance à la réforme anglicane, et lui imprime, dès son berceau, une flétrissure que le temps ne saurait effacer.

Peu de temps après la sentence qu'il avait rendue contre Henri, Clément VII tomba dans une maladie de langueur qui mit promptement un terme à sa vie et à son pontificat. Le jour même que les cardinaux entrèrent au conclave, ils élevèrent au trône papal Alexandre Farnèse, doyen du sacré collége, et le plus ancien des cardinaux, lequel prit le nom de Paul III.

L'élection de ce nouveau pontife, attaché aux intérêts de l'Empereur, força François à ajourner l'exécution de ses projets sur l'Italie; mais, tandis qu'il épiait le moment de recommencer une guerre qui lui avait déjà été si fatale, un événement d'une nature très-singulière se passait en Allemagne. Parmi les sectes nombreuses et absurdes auxquelles les innovations de Luther donnèrent naissance, il faut placer les anabaptistes qui propagèrent surtout leurs erreurs dans les Pays-Bas et dans la Westphalie. Le plus remarquable de leurs dogmes religieux regardait le sacrement de baptême : ils soutenaient qu'on ne devait l'administrer qu'aux personnes qui avaient atteint l'âge de raison; et qu'il ne fallait pas le donner par aspersion mais par immersion. En conséquence, ils condamnaient le baptême des enfants, et rebaptisaient tous ceux qui entraient dans leur société: c'est de là que leur secte a reçu son nom. Ils voulaient aussi anéantir toute distinction de naissance, de rang et de fortune, mettre tous les biens en commun, abolir toutes les magistratures, et autoriser la polygamie.

Quelques prétendus prophètes appartenant à cette secte prêchaient leurs doctrines à Munster, ville impériale de Westphalie; ils échouèrent dans leurs premiers efforts; mais, ayant appelé secrètement un grand nombre de leurs associés répandus dans les contrées voisines, ils se saisirent pendant la nuit de l'arsenal et de l'hôtel du sénat, et, s'étant armés d'épées nues, se mirent à parcourir les rues avec des hurlements horribles. Les sénateurs, la noblesse, et la plus grande partie des citoyens catholiques et protestants s'enfuirent dans le plus grand désordre et abandonnèrent leur ville à cette foule frénétique. Mathias, boulanger de Harlem, et apôtre anabaptiste, devint le maître absolu de la ville; il fit piller les églises et détruire leurs ornements, il enjoignit ensuite de brûler tous les livres, et de ne conserver que la bible; il confisqua les biens de ceux qui s'étaient enfuis; il ordonna enfin que chaque habitant lui apportât tout ce qu'il avait d'or, de bijoux et d'objets précieux, qu'il déposa dans un trésor public qui devait pourvoir aux besoins de tous. Il ordonna à tous les citoyens de sa nouvelle république de manger ensemble à des tables dressées en public, et régla les mets qu'on devait servir chaque jour. Il prit ensuite de prudentes mesures pour former des magasins, réparer les fortifications de la ville, et faire des soldats de ses disciples. Il écrivait en même temps aux anabaptistes des Pays-Bas de se rendre à Munster, qu'il qualifiait du nom de *Montagne de Sion*, afin d'en sortir, disait-il, pour soumettre à leur puissance toutes les nations de la terre.

Cependant l'évêque de Munster avait assemblé une armée considérable, et s'avançait pour assiéger la ville. À son approche, Mathias en sortit à la tête de quelques troupes choisies, attaqua un des quartiers de son camp, le força, et, après l'avoir rempli de carnage, rentra dans la ville chargé de dépouilles. Enivré de ce succès, il parut le lendemain devant le peuple une lance à la main, et déclara qu'à l'exemple de Gédéon, il irait, avec une poignée de soldats, exterminer l'armée des impies. Trente per-

sonnes qu'il nomma le suivirent sans balancer dans
cette entreprise extravagante, et allèrent se précipiter sur les ennemis avec une rage insensée; ils
furent tous mis en pièces, sans qu'il en échappât un
seul. La mort du prophète jeta la consternation
dans le cœur de ses disciples, mais un de ses compagnons, Jean Boccold de Leyde, précédemment
garçon tailleur, prit sa place, et trouva le moyen de
rendre au peuple toute sa confiance et tout son aveuglement. Toutefois il se contenta de faire une guerre
défensive; mais s'il était plus prudent que son prédécesseur, il était plus ambitieux. Après mille extra-
vagances et mille infamies qu'il disait inspirées du
ciel, il sut se faire donner toute l'autorité et même
se faire proclamer roi. Dès ce moment, il déploya
une grande pompe et un grand appareil: il avait une
couronne d'or et les habits les plus somptueux. A
l'un de ses côtés on portait une bible, et de l'autre
une épée nue. Il ne paraissait jamais en public sans
une garde nombreuse: il fit frapper de la monnaie
avec son portrait, et créa des grands-officiers de sa
maison et de son royaume.

Parvenu au faîte du pouvoir, il commença à donner carrière à ses passions: après avoir fait prêcher
la nécessité et la légitimité d'avoir plusieurs femmes,
il donna l'exemple de cette doctrine licencieuse en
épousant à la fois trois femmes, dont une était la
veuve de Mathias, femme d'une beauté extraordinaire. Il augmenta par degrés le nombre de ses femmes jusqu'à quatorze. A l'exemple de son prophète,
la multitude s'abandonna sans réserve à la débauche
la plus effrénée. Le divorce s'introduisit à la suite de
la polygamie, et devint une nouvelle source de cor-

ruption. Enfin l'on vit, par un alliage monstrueux et presque incroyable, la débauche entée sur la religion, et tous les excès du libertinage accompagnés des austérités de la superstition.

Cependant les princes d'Allemagne voyaient ces excès avec la plus vive indignation. Le roi des Romains les réunit à une assemblée, où il fut convenu que l'on fournirait des secours d'hommes et d'argent à l'évêque de Munster qui était obligé de se borner à bloquer la ville. Les troupes, qui furent levées, furent mises sous le commandement d'un capitaine expérimenté qui s'approcha de Munster vers la fin de 1525, et pressa le siége plus vivement; mais il trouva la ville si bien fortifiée et si bien gardée qu'il n'osa hasarder un assaut. Il y avait alors plus de quinze mois que les anabaptistes avaient établi leur domination à Munster, et pendant tout ce temps ils avaient souffert des fatigues excessives, soit à travailler aux fortifications, soit à faire le service militaire. Mais tel était l'ascendant que Boccold avait sur la multitude, qu'il soutenait leur fanatisme à l'aide des plus grossiers stratagèmes; d'ailleurs ceux qui osèrent parler de se rendre furent immédiatement punis de mort. Une des femmes de Boccold ayant exprimé quelques doutes sur la divinité de sa mission, il lui trancha lui-même la tête, et ses autres femmes, prenant Boccold par la main, dansèrent en rond avec une joie frénétique, autour du corps sanglant de leur compagne.

La famine augmentait cependant toujours, et avait réduit les assiégés aux plus cruelles extrémités; mais ils aimaient mieux souffrir des maux horribles dont le seul récit affligerait l'humanité que d'accepcer la capitulation qui leur était offerte. Enfin, un déserteur qu'ils avaient accueilli revint parmi les assiégeants, et leur dénonça un endroit faible et mal gardé par lequel il introduisit lui-même l'armée dans la place. Les anabaptistes, bien que surpris, se défendirent avec le courage du désespoir. La plupart furent massacrés ; Boccold se trouva parmi les prisonniers. Après avoir été promené de ville en ville et exposé à toute espèce d'outrages, il fut ramené à Munster, où il mourut au milieu des tortures les plus cruelles, qu'il subit avec une inébranlable fermeté.

(1535) L'alliance de François Ier avec les confédérés de Smalkade commença alors à produire ses fruits ; en effet, le roi de France fournit des sommes considérables à Ulric, duc de Virtemberg, qui, avec ce secours, rentra en possession de son duché que la maison d'Autriche avait usurpé, et y établit aussitôt la religion protestante. Ferdinand n'osa pas marcher contre un prince qu'il voyait soutenu par tous les protestants d'Allemagne ; il préféra traiter avec lui ; il négocia aussi avec le duc de Saxe et avec ses confédérés, et il finit par obtenir d'eux qu'ils le reconnussent pour roi des Romains ; mais il fut convenu que cette dignité ne pourrait désormais être conférée que par l'unanimité des électeurs.

Cette indulgence pour les protestants et l'étroite liaison que le roi des Romains commençait à former avec les princes de ce parti, déplurent beaucoup à la cour de Rome. Paul III, se montrait plus disposé que son prédécesseur à convoquer un concile général ; il députa même des nonces aux différentes cours, pour leur annoncer qu'il avait choisi Mantoue pour la tenue de ce concile. François Iᵉʳ s'opposa formellement à ce qu'il se tint dans une ville où l'Empereur exerçait une influence trop directe. Le roi d'Angleterre déclara en outre qu'il ne reconnaîtrait aucun concile convoqué par l'autorité du Pape. Les protestants d'Allemagne insistèrent pour que le concile se tint dans leur pays. Enfin toutes ces difficultés éloignèrent encore indéfiniment la réunion de cette assemblée, et les protestants renouvelèrent pour dix ans la ligue de Smalkade.

(1535) Ce fut à cette époque que l'Empereur entreprit sa fameuse expédition contre les pirates d'Afrique. Les chefs maures, établis sur la côte septentrionale de l'Afrique, s'étaient rendus indépendants des califes qui l'avaient autrefois conquise : ils avaient divisé ce pays en plusieurs royaumes, dont les plus considérables étaient ceux de Maroc, d'Alger et de Tunis. Les habitants de ces contrées présentaient un mélange de plusieurs races, mais ils étaient tous sectateurs fervents de Mahomet et ennemis acharnés des chrétiens. Vers le commencement du XVIᵉ siècle, Horuc et Chairadin, tous deux fils d'un potier de l'île de Lesbos, entraînés par un caractère inquiet et entreprenant, se mirent à courir les mers à la tête d'une troupe de pirates. Leur valeur et leur activité les mirent promptement en état de réunir une flotte; Horuc, qui était l'aîné et qu'on nomma Barberousse, à cause de la couleur de sa barbe, en fut l'amiral : Chairadin était son second, quoiqu'il exerçât presque la même autorité. Le roi d'Alger ayant réclamé le secours des célèbres pirates contre les Espagnols, maîtres d'Oran, qui avaient élevé un fort dans le voisinage de sa capitale, Horuc entra à Alger à la tête d'une troupe de cinq mille hommes. Profitant de la confiance du roi d'Alger, il s'empara de son royaume, auquel il joignit presque aussitôt celui de Tremisen. Il n'en continuait pas moins d'infester les mers avec des flottes qui ressemblaient plutôt aux armements d'un grand monarque qu'aux escadres d'un corsaire. Charles avait, dès le commencement de son règne, envoyé à Oran des troupes qui avaient surpris Horuc dans Tremisen, où le célèbre pirate mourut en combattant.

Chairadin, son frère, connu aussi sous le nom de Barberousse, s'empara du sceptre, et fut plus heureux, et plus habile. Craignant les attaques des chrétiens et les révoltes de ses propres sujets, il mit ses états sous la protection du grand-seigneur, qui lui envoya un corps de troupe suffisant pour le défendre contre les uns et les autres. Bientôt le sultan eut assez de confiance dans ses talents pour lui confier le commandement de toute la flotte turque, comme au seul homme qu'on pût opposer à André Doria. Alors il inspira au sultan un dessein plus digne d'un pirate que du chef d'un grand empire. Le royaume de Tunis était en proie à la guerre civile ; le dernier roi de ce pays avait laissé son pouvoir au plus jeune de ses fils, qui avait fait assassiner la plupart de ses frères. Mais l'aîné lui avait échappé, et s'était réfugié auprès de Barberousse. Ce dernier conseilla à Soliman de s'emparer de Tunis au nom de ce prétendant. Le grand-seigneur se prêta à ce projet, et donna à Barberousse deux cent cinquante vaisseaux, avec lesquels celui-ci alla d'abord désoler les côtes de l'Italie. Étant ensuite débarqué auprès de Tunis, il publia qu'il venait pour soutenir les droits du fils aîné de l'ancien roi. Les habitants, confiant dans cette promesse, détrônèrent leur souverain : mais dès que Barberousse fut maître de la citadelle, il fit proclamer Soliman souverain de Tunis, et se déclara lui-même vice-roi. Maître d'une si grande étendue du littoral, et possesseur de ports excellents, il poussa plus loin que jamais l'audace de ses déprédations.

Charles-Quint, pressé par toute la chrétienté de mettre un terme à ces brigandages, et sollicité par le roi de Tunis lui-même qui s'était réfugié auprès de lui, se disposa à faire une descente à Tunis. Depuis l'essai qu'il avait fait de ses talents pour la guerre dans la dernière campagne de Hongrie, il était devenu si avide de réputation militaire qu'il résolut de commander ses troupes en personne. Il rassembla toutes les forces réunies de ses états pour une entreprise où il allait exposer sa gloire, et qui fixait l'attention de toute l'Europe. Il réunit toutes les troupes allemandes, espagnoles et italiennes, qui s'étaient distinguées dans les guerres précédentes. L'Empereur partit avec l'élite de la noblesse espagnole et portugaise. Le Pape fournit tout ce qui fut en son pouvoir pour le succès de cette entreprise, et l'ordre de Malte, éternel ennemi des infidèles, équipa aussi une flotte peu nombreuse, mais formidable par la valeur des chevaliers qu'elle portait. La flotte, composée de près de cinq cents navires, ayant à bord plus de trente mille hommes de troupes réglées, partit de Cagliari le 16 juillet, et, après une heureuse navigation, prit terre à la vue de Tunis.

Barberousse, de son côté, s'était habilement préparé à repousser cette attaque formidable : il avait appelé des forces de tous côtés, et avait jeté six mille de ses soldats turcs, sous le commandement de Sinan, renégat juif, dans le fort de la Goulette. L'Empereur fit attaquer ce fort de trois côtés en même temps par les Espagnols, les Italiens, et les Allemands divisés en trois corps distincts. Malgré la résistance habile et courageuse de Sinan, le fort fut emporté dans un assaut général ; les débris de la garnison parvinrent à regagner Tunis. La prise de ce fort rendit l'Empereur maître de la flotte de Barberousse, et de trois cents canons en fonte.

Le pirate ne se montra que plus déterminé à se défendre ; mais, ne pouvant espérer de tenir longtemps à Tunis, il résolut de sortir des murs et de confier sa destinée aux chances d'une bataille : il voulait commencer par massacrer dix mille esclaves chrétiens qu'il tenait renfermés dans Tunis, et dont il craignait la révolte, mais ses officiers le détournèrent de cet abominable projet.

Cependant l'Empereur s'avançait vers Tunis : les Arabes et les Maures de Barberousse se précipitèrent sur l'armée chrétienne, mais leur impétuosité indisciplinée vint se briser contre la tactique régulière des Européens, et Barberousse, après des efforts inouïs pour les ramener au combat, fut entraîné dans leur retraite vers Tunis. Il trouva cette ville dans la plus grande confusion. Les habitants se sauvaient en foule, et les esclaves chrétiens, ayant corrompu deux de leurs gardes, s'étaient emparés de la citadelle. Barberousse, furieux et désespéré, se retira vers Bone, se reprochant la faiblesse qu'il avait eue de céder à ses officiers en s'abstenant du massacre des esclaves.

L'Empereur, ignorant l'étendue de son succès, s'avançait lentement vers Tunis, lorsqu'il reçut un envoyé des esclaves délivrés, et ceux des habitants qui lui apportaient les clefs de la ville. Aussitôt les soldats fondirent sur la ville, et déjà il était trop tard pour réprimer leur cruauté, leur avarice et leur licence. Tunis fut en proie à tous les outrages et à tous les excès que le soldat peut commettre dans une ville prise d'assaut. Plus de trente mille habitants périrent, et dix mille furent emmenés en esclavage. Muley-Assan remonta sur son trône, mais Charles-Quint lui imposa l'obligation de le reconnaître pour son souverain, de protéger ceux de ses sujets qui viendraient trafiquer à Tunis, et de souffrir le libre exercice de la religion chrétienne. En outre, il mit une garnison espagnole dans le fort de la Goulette et dans les autres points fortifiés, où elle devait être entretenue aux frais du roi de Tunis. Après avoir ainsi tout réglé, Charles s'embarqua pour retourner en Europe, la saison orageuse et les maladies de son armée ne lui permettant pas de poursuivre Barberousse.

Cette expédition éleva l'Empereur au comble de la gloire, et fit de cette époque la plus éclatante de toutes celles de son règne. La renommée de Charles éclipsa alors celle des autres monarques de l'Europe. Tandis que tous ces princes ne s'occupaient que d'eux-mêmes et de leurs intérêts particuliers, il se montra digne d'occuper le rang de premier prince de la chrétienté, en paraissant ne songer qu'à défendre l'honneur du nom chrétien, et à assurer le bien-être et la tranquillité de l'Europe.

FIN DU LIVRE CINQUIÈME.

LIVRE SIXIÈME.

SOMMAIRE.

(1535 Malheureusement pour la réputation de François Ier, la conduite qu'il tint alors parut à ses contemporains former un contraste frappant avec celle de son rival. Ils ne lui pardonnaient pas de profiter du moment où l'Empereur avait tourné toutes ses forces contre l'ennemi commun, pour faire revivre ses prétentions sur l'Italie, et replonger l'Europe dans une nouvelle guerre. En effet, ce prince ne cessait d'inspirer aux autres princes de l'Europe la défiance et la jalousie qu'il ressentait contre l'Empereur. Il réussit particulièrement à exciter contre Charles François Sforce qui devait, il est vrai, le duché de Milan à l'Empereur, mais qui avait dû se soumettre à des conditions tellement dures qu'elles le rendaient son vassal et son tributaire. François accrédita secrètement un ambassadeur auprès de ce prince. Charles, ayant eu connaissance de ces négociations, en adressa de sévères reproches à Sforce, et celui-ci s'empressa de lui donner une satisfaction honteuse pour lui-même. En effet, il trouva moyen d'engager l'ambassadeur français dans une querelle avec un domestique du duc; le Français tua son adversaire, mais on l'arrêta aussitôt, on lui fit son procès, et on lui trancha la tête. François, indigné de cette violation du caractère sacré des ambassadeurs, porta ses plaintes à l'Empereur; mais, n'en ayant reçu aucune satisfaction, il en appela à tous les princes de l'Europe, mais aucun d'eux ne se montra disposé à le seconder. Il s'adressa donc aux princes protestants qui formaient la ligue de Smalkalke, mais ils se refusèrent de se joindre à lui, parce qu'il venait de les mécontenter, en faisant punir avec la dernière rigueur quelques-uns de ses sujets protestants qui avaient eu l'audace d'afficher aux portes du Louvre des placards contenant des satires indécentes contre les dogmes et les cérémonies de l'Église catholique. Le roi de France avait en même temps déclaré publiquement que si une de ses mains était infectée d'hérésie, il la couperait avec l'autre, et qu'il n'épargnerait pas même ses propres enfants s'il les trouvait coupables de ce crime.

Quoique François se trouvât réduit à ses propres forces, il n'en donna pas moins à son armée ordre de s'avancer vers les frontières de l'Italie. Pour ne pas laisser derrière lui un pays gouverné par un prince dévoué à l'Empereur, il commença par envahir la Savoie qu'il conquit tout entière, à la réserve du Piémont. La ville de Genève profita de cette circonstance pour reconquérir son indépendance. Le duc de Savoie n'avait plus de ressource que dans la protection de l'Empereur, mais celui-ci n'était guère en état de le secourir efficacement : son armée d'Afrique était licenciée, et son trésor à sec. La mort de François Sforce qui arriva à cette époque vint donner à l'Empereur le temps de se préparer à la guerre ; en effet, François, qui n'avait cédé le Milanais qu'à Sforce et à ses enfants, fit renaître ses prétentions sur ce duché ; mais il se contenta de négocier à ce sujet, au lieu de profiter de l'occasion qui lui était offerte de se saisir de cette province. Cependant l'Empereur s'était emparé du duché comme d'un fief de l'Empire ; il feignait de reconnaître les droits du roi de France, mais il prolongeait les pourparlers et faisait naître des difficultés, et pendant ce temps il réunissait des forces, et se mettait en état de soutenir la guerre.

Enfin, l'Empereur vint à Rome, et y fit son entrée publique avec la plus grande magnificence. Les ambassadeurs français ayant vivement demandé une réponse à leurs réclamations, il annonça qu'il la leur donnerait le lendemain, en présence du Pape et des cardinaux assemblés en plein consistoire. A cette réunion, l'Empereur prit la parole, et, s'adressant au Pape, il s'étendit d'abord sur son aversion pour la guerre et pour les maux qu'elle entraîne : il se plaignit de l'infatigable et injuste ambition du roi de France ; il l'accusa d'avoir violé les traités, et déclara qu'il n'y avait plus entre eux ni amitié ni réconciliation possible. Mais, ajouta-t-il, ne prodiguons pas le sang de nos sujets innocents : décidons notre querelle d'homme à homme avec les armes qu'il jugera à propos de choisir, et à nos risques et périls, dans une île, sur un pont, ou à bord d'une galère amarrée sur une rivière ; que le duché de Bourgogne soit mis en dépôt de sa part, et celui de Milan de la mienne, et qu'ils soient le prix du vainqueur ; unissons ensuite les forces de l'Allemagne, de l'Espagne et de la France pour abaisser la puissance ottomane, et pour extirper l'hérésie du sein de la chrétienté. Mais si François refuse de terminer par cette voie tous nos différends, s'il rend la guerre inévitable, rien alors ne pourra m'empêcher de la pousser jusqu'à ce que l'un de nous deux soit réduit à n'être que le plus pauvre gentilhomme de ses propres états ; et je ne crains pas que ce soit à moi que ce malheur arrive !

L'Empereur avait prononcé sa longue harangue d'un ton impérieux et dans les termes les plus véhéments ; un des ambassadeurs français ayant voulu prendre à son tour la parole, il l'interrompit brusquement. Le Pape prononça quelques paroles pathétiques pour engager les princes au maintien de la paix, et l'assemblée se sépara encore pénétrée de la surprise occasionnée par cette scène singulière. Une bravade si peu digne du premier monarque de la chrétienté lui avait sans doute été inspirée par l'enivrement de ses succès et par les louanges outrées dont il était entouré, qui avaient fini par lui persuader qu'il était invincible. Cependant il parut vouloir adoucir le sens de ses paroles, dans une entrevue qu'il accorda le lendemain aux ambassadeurs français. Quelque insuffisante que fût cette réparation pour une offense aussi solennelle et aussi inattendue, le roi de France n'en continua pas moins de négocier, et Charles continua à le tromper par de fausses espérances d'accommodement, et il gagna encore du temps pour se mieux préparer à l'exécution de ses projets.

(1536) A la fin, l'armée impériale, composée de quarante mille hommes d'infanterie et de dix mille chevaux, s'assembla sur les frontières du Milanais; celle de France était dans le Piémont, mais, se trouvant inférieure en nombre et affaiblie encore par la retraite des Suisses, que Charles avait détachés de l'alliance française, elle se vit obligée de reculer à mesure que l'ennemi avançait. Charles ne voulait pas seulement reconquérir la Savoie, il avait l'intention d'envahir la France; et, tandis qu'il l'attaquerait d'un côté, il voulait que Ferdinand, son frère, pénétrât dans la Champagne et la Picardie, et les supplications de ses principaux officiers ne purent le déterminer à abandonner ce plan téméraire. Le marquis de Saluces, que le roi avait chargé de défendre le Piémont, favorise les projets de Charles, en trahissant honteusement son souverain, et en ouvrant aux ennemis l'entrée de sa patrie. Il n'eût fallu aux Impériaux, pour réduire le Piémont, que le temps de le traverser, si Montpezat, gouverneur de Fossano, par un effort extraordinaire de courage et d'habileté, ne les eût arrêtés presque un mois entier devant cette petite place.

Cet important service, rendu si à propos, donna à François le temps de rassembler ses forces et de combiner un plan de défense contre des dangers qui lui parurent alors inévitables. Ce prince s'arrêta au seul plan qui pouvait le mettre en état de résister à l'invasion d'un ennemi puissant ; sa prudence dans le choix des moyens, et sa persévérance dans l'exécution méritent d'autant plus d'éloges que ce plan n'était pas plus conforme à son caractère qu'au génie de sa nation. Il résolut de rester sur la défensive, de ne hasarder aucune bataille, à moins que le succès n'en fût assuré, d'environner son camp de fortifications régulières, de ne jeter de garnisons que dans les plus fortes places ; d'affamer l'ennemi en ravageant tout le pays environnant, et de sauver ainsi le royaume, en sacrifiant une de ses provinces. Il abandonna l'exécution de ce projet au maréchal de Montmorency qui en était l'auteur, et que la nature semblait avoir fait naître exprès pour l'exécuter. Hautain, sévère, inexorable, plein de confiance en ses talents et de dédain pour ceux des autres, également insensible à l'amour et à la pitié, jamais Montmorency n'abandonna la résolution qu'il avait une fois embrassée.

Le maréchal établit un camp sous les murs d'Avignon, au confluent du Rhône et de la Durance, et s'attacha à le rendre inexpugnable. Le roi, avec un autre corps de troupes, alla camper près de Valence, plus haut en remontant le Rhône. Marseille et Arles furent les seules villes qu'il jugea à propos de défendre ; il y mit de fortes garnisons et des officiers sur lesquels il pouvait compter. On força les habitants des campagnes ainsi que des autres villes à abandonner leurs maisons, et on les distribua en partie dans les montagnes, en partie dans le camp ou dans l'intérieur du royaume. Les fortifications qui auraient pu servir de retraite et de défense à l'ennemi furent démolies. Les grains, les fourrages et les provisions de toute espèce furent enlevés ou détruits sur les lieux ; tous les moulins, tous les fours furent ruinés, et les puits comblés ou mis hors d'état de servir. La dévastation s'étendait depuis les Alpes jusqu'à Marseille, et du rivage de la mer jusqu'aux confins du Dauphiné. L'histoire ne fournit pas d'autre exemple de ces moyens terribles employés avec la même rigueur.

Cependant l'Empereur arriva avec son armée sur les frontières de la Provence, et il était encore tellement enivré de l'espérance du succès qu'il distribuait d'avance à ses officiers les conquêtes qu'il allait faire. Mais à l'aspect de la dévastation qui s'offrit à ses yeux, ses espérances commencèrent à s'évanouir. La flotte de laquelle Charles attendait les moyens de pourvoir à la subsistance de son armée fut retardée par les vents, et quand elle arriva, elle n'avait pas assez de vivres. Charles était également embarrassé et sur l'emploi qu'il devait faire de ses troupes, et sur les moyens de les faire subsister. Il voulut d'abord attaquer le camp, mais ses officiers déclarèrent l'entreprise impraticable. Il investit Marseille et Arles, mais Montmorency resta immobile dans son camp, et les Impériaux furent reçus avec tant de vigueur par les garnisons des deux villes qu'ils abandonnèrent leur entreprise, non sans perte et sans honte. Enfin l'Empereur fit un dernier effort contre Avignon, mais cette dernière tentative fut aussi malheureuse que les autres.

Pendant ces opérations, Montmorency eut plus à se défendre de ses propres troupes que de l'ennemi même; officiers et soldats murmuraient hautement contre sa constance qu'ils traitaient d'entêtement et d'orgueil. A la fin, François vint le joindre au camp d'Avignon; d'autres renforts étaient venus grossir l'armée, et le roi pensait qu'elle était maintenant en état de faire face à l'ennemi. Il est probable que sa passion pour les entreprises d'éclat excitée par l'impatience de ses soldats l'eût emporté sur la sage conduite de Montmorency; heureusement la retraite de l'ennemi délivra le royaume du danger où pouvait l'exposer quelque résolution téméraire. L'Empereur, après avoir perdu deux mois en Provence, fut obligé d'en sortir sans avoir rien fait pour sa gloire et après avoir perdu la moitié de ses troupes par les maladies et la famine. Les Français ne s'aperçurent pas immédiatement de sa retraite, mais un corps de troupes légères et des bandes de paysans avides de vengeance s'attachèrent à l'arrière-garde dans laquelle ils jetèrent plus d'une fois la confusion. Le plus grand désordre régna dans cette fuite, et l'armée impériale eût été complètement détruite, si Montmorency n'eût persévéré un peu trop longtemps dans le système de défensive qui assura le salut de la France.

L'Empereur ne voulut pas visiter de nouveau après ce revers humiliant les villes d'Italie qu'il venait de traverser dans tout l'éclat d'un monarque triomphant qui marche à de nouvelles conquêtes.

Il s'embarqua à Gênes pour se rendre directement en Espagne. Ses armes n'avaient pas été plus heureuses sur les autres frontières de la France. Le roi des Romains, abandonné par une grande partie des princes protestants d'Allemagne, avait été obligé de renoncer à l'invasion de la Champagne. L'armée des Pays-Bas était entrée en Picardie, mais la noblesse avait couru aux armes avec ardeur, et Péronne s'était si bien défendu que les ennemis avaient été obligés de se retirer sans avoir fait aucune conquête importante.

Un événement imprévu vint empoisonner la joie que donnait à François le succès de cette campagne. Le Dauphin, son fils aîné, prince de la plus grande espérance et fort aimé des peuples, mourut subitement, et sa fin prématurée fut attribuée au poison. Le comte de Montecuculli, échanson du jeune prince, fut accusé sur quelques soupçons et appliqué à la torture. Il chargea publiquement les généraux de l'Empereur, et jeta quelques inculpations indirectes sur Charles lui-même. Toutefois les protestations de l'Empereur, l'absence de tout intérêt de sa part, et son caractère doivent faire considérer cette imputation comme une calomnie.

(1537) L'année suivante s'ouvrit par un événement fort extraordinaire, quoique peu important par lui-même. François, accompagné des pairs et des princes du sang, ayant été prendre place au parlement de Paris avec les formalités usitées, l'avocat général se leva, et après avoir accusé Charles d'Autriche, (c'est le nom qu'il affecta de donner à l'Empereur) d'avoir violé le traité de Cambrai, dit que ce traité devait être regardé comme non avenu, et que par conséquent Charles devait hommage à la couronne de France pour les comtés de Flandre et d'Artois. Il l'accusa ensuite de rébellion pour avoir porté les armes contre son souverain. Le parlement admit cette singulière requête; on cita Charles, et comme il ne comparut pas, le parlement déclara la Flandre et l'Artois réunis à la couronne.

François, presque aussitôt après ce vain étalage de ressentiment, marcha vers les Pays-Bas, comme pour exécuter l'arrêt du parlement. Comme la reine de Hongrie, à qui l'Empereur son frère avait confié le gouvernement de cette partie de ses états, n'était pas préparée à cette invasion, François fit d'abord quelques progrès; mais les Flamands levèrent ensuite des forces considérables, et une grande bataille allait être livrée lorsqu'une trève pour les Pays-Bas fut conclue par l'influence des deux sœurs, la reine de France et celle de Hongrie, qui ne cessaient de travailler à réconcilier les deux monarques. La guerre continuait avec vivacité dans le Piémont, mais les deux reines parvinrent encore à faire conclure une trève de ce côté. Leurs efforts conciliants étaient secondés par l'épuisement des forces des deux monarques; l'Empereur était d'ailleurs effrayé de l'alliance que François venait de contracter avec Soliman, dont les flottes vinrent, en conséquence de ce traité, ravager l'Italie, et qui faisait chaque jour de nouveaux progrès en Hongrie. Quoique les deux adversaires consentissent à une suspension d'armes, leurs plénipotentiaires ne purent parvenir à s'entendre lorsqu'il fut question de régler les articles d'un traité définitif. Tout ce qu'ils purent faire, ce fut de prolonger la trêve pour quelques mois.

(1538) Le Pape, espérant être plus heureux, prit sur lui le fardeau des négociations, dans l'espoir de réunir les monarques chrétiens dans une ligue contre les Turcs et contre l'hérésie de Luther. Il proposa une entrevue à Nice entre les deux souverains, et offrit de s'y rendre lui-même comme médiateur. En voyant un pontife vénérable par son caractère et par son grand âge se résoudre à essuyer les fatigues d'un si long voyage, Charles ni François ne purent décemment refuser l'entrevue. Ils se trouvèrent tous deux au lieu du rendez-vous; mais il s'éleva tant de difficultés sur le cérémonial, et il restait encore au fond de leur cœur tant de défiance et d'animosité qu'ils refusèrent de se voir, et que tout se négocia par l'entremise du Pape qui les visitait tour à tour. Malgré tout son zèle, malgré la droiture de ses intentions et de sa conduite, il ne put venir à bout de lever les obstacles qui s'opposaient à un accommodement définitif, surtout en ce qui regardait la possession du Milanais. Enfin, pour n'avoir pas travaillé sans succès, il les fit consentir à une trêve de dix années aux mêmes conditions que la première. Chacun garda ce qu'il possédait, et le duc de Savoie se plaignit en vain d'un arrangement qui le privait de la presque totalité de ses états.

Quelques jours après la signature de la trêve, l'Empereur s'embarqua pour Barcelonne; mais les vents contraires le poussèrent vers l'île Ste.-Marguerite, vers les côtes de la Provence. François qui se trouvait assez près de là en ayant eu avis, se fit un devoir d'offrir à l'Empereur un asile dans ses états, et lui proposa une entrevue particulière à Aigues-Mortes. L'Empereur s'y rendit, et à peine avait-il jeté l'ancre que François, se reposant de sa sûreté sur les sentiments d'honneur de son rival, lui rendit visite à bord de sa galère. Le lendemain, l'Empereur lui donna la même marque de confiance; il débarqua à Aigues-Mortes avec aussi peu de précautions, et fut reçu avec la même cordialité. Ils échangèrent ainsi de nombreuses visites, et semblaient se disputer à qui témoignerait à l'autre plus de respect et d'amitié. Après vingt ans de guerre acharnée, après des injures et des provocations réciproques, une telle entrevue dut paraître bien singulière; mais l'histoire de ces deux monarques est pleine de contrastes aussi frappants et aussi brusques.

Pendant que l'Empereur et François se faisaient la guerre, il se passa un événement qui refroidit beaucoup l'amitié et la confiance réciproques établies depuis longtemps entre le roi d'Angleterre et le roi de France. Jacques V, roi d'Écosse, jeune prince entreprenant, avait voulu lever une petite armée pour aller au secours de la France, au moment où l'Empereur envahissait la Provence. Plusieurs accidents l'ayant empêché de réaliser ce projet, il voulut au moins y aller de sa personne. Mais il était trop tard, et il ne joignit le roi de France qu'après la retraite des Impériaux. Un zèle si vif, joint à des manières vives et à une conversation aimable, plut si fort à François qu'il ne put lui refuser sa fille Madeleine en mariage. Cette nouvelle affligea sensiblement Henri qui était jaloux de Jacques, et qui craignait que ce mariage n'augmentât la puissance d'un prince qu'il haïssait. Madeleine étant morte presque aussitôt, Jacques demanda en secondes noces Marie de Guise : Henri s'opposa vivement à cette alliance, et demanda pour lui-même la main de cette princesse, mais François donna la préférence au roi d'Écosse. Henri en fut profondément blessé; l'entrevue d'Aigues-Mortes lui inspira encore des soupçons sur la sincérité de l'alliance de François. Charles profita habilement de ces dispositions pour se rapprocher de Henri, et pour jeter les bases de cette union avec l'Angleterre, qui devint dans la suite si fatale au roi de France.

Les vastes entreprises où l'ambition avait engagé l'Empereur, et les guerres qu'il avait soutenues pendant plusieurs années, avaient continué de favoriser et d'accélérer les progrès de la réformation en Allemagne. La crainte de voir les protestants se joindre à ses ennemis l'avait déterminé à traiter leurs chefs avec les plus grands ménagements. Le Pape voulut encore convoquer le concile de Mantoue, mais le refus des protestants de s'y rendre, et la guerre qui était encore flagrante entre Charles et François, empêchèrent cette assemblée de se réunir.

(1539). Pour contre-balancer l'influence de la ligue de Smalkade, on voulut former une ligue entre les princes catholiques : les protestants furent d'abord effrayés de cette association, mais ils ne tardèrent pas à voir que l'Empereur avait trop besoin de repos après les efforts extraordinaires qu'il avait faits contre la France, pour s'attirer encore de nouveaux embarras.

Peu de temps après la conclusion de la trève de

Nice, il arriva un événement qui fit connaître à toute l'Europe que l'Empereur avait poussé la guerre aussi loin que le lui avait permis la situation de ses affaires. Ses troupes à qui il était dû un arriéré considérable de leur solde, se révoltèrent ouvertement, et déclarèrent qu'elles se croyaient autorisées à ravir par la force ce qu'on leur retenait injustement. Cette sédition s'étendit sur tous les états de l'Empereur ; les soldats du Milanais pillèrent le plat pays et firent trembler la capitale ; la garnison de la Goulette menaça de livrer ce fort à Barberousse ; de toutes parts les troupes se livrèrent aux plus grands désordres. Enfin, les généraux de l'Empereur parvinrent à calmer cette émeute et licencièrent la plus grande partie des troupes, n'en conservant que ce qu'il en fallait pour les garnisons des places principales et pour protéger les côtes contre les insultes des Turcs.

L'Empereur, ayant épuisé toutes ses ressources, assembla les états de Castille à Tolède, et leur représentant les immenses dépenses dans lesquelles il avait été entraîné, il proposa de mettre un impôt général sur toutes les marchandises. Mais les nobles castillans repoussèrent toute proposition d'un impôt nouveau, et Charles les congédia, le cœur plein d'indignation. Depuis ce temps, il ne convoqua plus les anciennes Cortès, et se contenta de réunir les trente-six représentants des dix-huit villes. Ce fut ainsi que le zèle des nobles à défendre les prérogatives du monarque contre les prétentions des communes, dans la guerre de 1521, eut pour résultat leur propre abaissement et la destruction de leurs plus beaux privilèges.

Dans le même temps à peu près, les bourgeois de Gand se révoltèrent contre le gouvernement de l'Empereur. Cette ville s'était refusée en 1556 de contribuer aux subsides levés par la reine de Hongrie pour faire la guerre contre la France, et elle avait envoyé à l'Empereur des députés chargés de faire valoir ses priviléges et immunités. Mais Charles reçut ces envoyés avec hauteur, et leur enjoignit de fournir sans délai leur portion de la taxe. Indignés de cette décision, les Gantois courent aux armes, chassent de leur ville les nobles qui y demeuraient, s'assurent de la personne de plusieurs officiers de l'Empereur, réparent leurs fortifications, et lèvent ouvertement l'étendard de la révolte. Cependant, comme ils sentaient la nécessité de s'assurer un puissant protecteur contre les forces qu'ils s'attendaient à voir diriger contre eux, ils prirent le parti d'offrir à François de le reconnaître pour souverain, et même de l'aider à reconquérir dans les Pays-Bas toutes les provinces qui avaient autrefois appartenu à la France. C'était une bien belle occasion d'humilier Charles, mais François qui nourrissait toujours l'espoir de voir un de ses fils investi du Milanais, rejeta leurs propositions, et poussa la générosité jusqu'à instruire l'Empereur de tout ce qui s'était passé entre lui et les rebelles. Cette déclaration délivra Charles d'une grande crainte, et lui donna l'idée de demander à François la permission de traverser la France pour se rendre dans les Pays-Bas. Tous ses conseillers désapprouvèrent unanimement cette idée, mais l'Empereur connaissait mieux qu'eux le caractère de son rival; il envoya donc à Paris son principal ministre, chargé de demander au roi l'autorisation de passer sur ses états, en lui promettant que l'affaire du Milanais se terminerait bientôt à sa satisfaction. François se laissa éblouir par l'idée d'accabler son ennemi d'actes de générosité, et consentit à tout ce qu'on lui demandait.

(1540) Charles, pour qui les moments étaient précieux, partit aussitôt, malgré les soupçons et les alarmes de ses sujets espagnols, n'ayant qu'un cortége peu nombreux, mais très-brillant, composé d'environ cent personnes. Il fut reçu à Bayonne par le Dauphin et le duc d'Orléans, qui lui offrirent d'aller en Espagne pour servir d'otages jusqu'à son retour. Charles rejeta leurs offres, disant que l'honneur du roi était un garant suffisant de sa sûreté. Toutes les villes qu'il traversa déployèrent à l'envi la plus grande magnificence, et le roi alla à sa rencontre jusqu'à Châtellerault. Les deux rois firent ensemble leur entrée solennelle à Paris, et l'Empereur resta pendant six jours dans cette ville, au milieu de toutes les fêtes qu'on put imaginer pour l'amuser. Cependant le sentiment de sa propre fausseté le remplissait d'inquiétudes, et il témoignait une extrême impatience de se rendre dans les Pays-Bas, où il parvint, entouré des mêmes honneurs qu'il avait reçus sur tout son passage.

Dès que Charles fut arrivé dans ses états, les ambassadeurs de France le sommèrent d'accomplir sa parole, et d'accorder l'investiture de Milan; mais il demanda de nouveaux délais, tout en renouvelant les promesses qu'il avait faites si souvent. Cependant les Gantois, consternés de leur isolement, se soumirent à Charles, qui ne les en punit pas moins sévèrement. Vingt-six des principaux citoyens furent mis à mort : un plus grand nombre fut banni : la ville fut déchue de tous ses priviléges : ses revenus furent confisqués ; de nouvelles lois leur furent imposées, et ils durent payer la construction d'une citadelle destinée à les contenir dans la soumission.

Charles commença aussitôt à dévoiler l'imposture dont il avait usé envers François. D'abord, il éluda les demandes des ambassadeurs français, et enfin, poussé à bout, il refusa positivement de se dépouiller d'une possession si importante pour en enrichir son ennemi. Il nia en même temps qu'il se fût jamais engagé à faire un sacrifice si insensé et si contraire à ses intérêts. De toutes les actions qu'on peut reprocher à Charles, ce trait de mauvaise foi est sans contredit le plus flétrissant pour sa gloire ; mais si l'on blâma la perfidie de l'Empereur, la crédulité de François excita le mépris. Le ressentiment qu'il laissa voir à cette occasion ne laissa pas douter qu'on verrait bientôt renaître la guerre.

(1540) Cette année est mémorable par l'établissement des Jésuites. Ignace de Loyola, leur fondateur, a laissé dans son institut l'empreinte de son âme. Embrasé de la noble ambition de conquérir des âmes à Dieu, cet homme qui aurait été un héros, quand même il n'eût pas été un saint, jeta un coup d'œil sur son siècle : l'Allemagne, ravagée par l'hérésie de Luther ; l'Angleterre, déchirée par le schisme ; la France, menacée par l'erreur de Calvin, et en proie à la licence ; le successeur de Mahomet foulant à ses pieds le tombeau de Jésus-Christ ; des milliers de peuples plongés dans le chaos de la barbarie et dans les horreurs du paganisme : ce spectacle touche le cœur d'Ignace, redouble son courage.

Dès lors il entreprend de former une société d'hommes assez irréprochables pour combattre le vice, assez éclairés pour confondre l'erreur, assez courageux pour affronter l'idolâtrie; ce plan conçu, il examine, il choisit, il embrasse les moyens de le remplir; il se prépare lui-même par la pénitence et l'étude; il s'associe des coopérateurs, il les pénètre de son esprit, il les enflamme de son zèle; tous ensemble ils se consacrent à la sainteté, se destinent à l'enseignement, se dévouent à l'apostolat, et du pied des autels, où ils viennent de consommer leur sacrifice, Ignace les conduit aux pieds de Paul III, qui le ratifie; c'est ce Pontife qui, le premier, approuva l'institut des Jésuites.

La plus grande gloire de Dieu, voilà ce qui occupe sans cesse la compagnie de Jésus, c'est ce qu'elle demande partout, voilà ce qu'Ignace avait gravé dans son cœur, ce qu'il voulut graver dans le cœur de ses disciples, ce qu'il a gravé en traits de flammes dans tout son ouvrage, voilà son mot favori et pour ainsi dire son cri de guerre, le cri éternel de son institut.

Un nouveau monde venait d'être découvert, et semblait demander une nouvelle race d'apôtres. De la société d'Ignace sortit cette nouvelle race d'apôtres nécessaire pour le nouveau monde où il ne s'en trouvait pas encore, nécessaire même pour l'ancien où il n'en restait pas assez. De là, le vœu des missions étrangères, vœu ajouté par saint Ignace aux autres vœux ordinaires, vœu dont la nouveauté marquait un nouveau besoin de l'Église, vœu par lequel chaque Jésuite profès s'engage à se transporter partout où la voix du souverain Pontife l'appellera, pour y faire fleurir le christianisme, et y travailler à la plus grande gloire de Dieu.

Jamais l'Église catholique n'a eu de missions aussi florissantes que celles qui étaient sous la conduite des disciples d'Ignace dans le Paraguay. Rien ne fait plus d'honneur aux Jésuites que d'avoir civilisé ces nations, et jeté les fondements d'un empire, sans autres armes que celles de la vertu. Dans leur zèle infini, les Jésuites embrassèrent toutes les œuvres de charité, visites des hôpitaux et des prisons, missions, retraites, prédication, éducation de la jeunesse.

Un homme, d'un caractère ferme et d'un génie étendu, qui corrigea les abus des siècles passés, et prépara les prodiges des siècles à venir; Richelieu voulait que les Jésuites partageassent avec l'université l'empire classique, de peur que l'université, assise seule sur le trône de la science, n'y fît remonter son ancien orgueil. Le zèle de ce grand ministre pour le maintien des sciences, lui persuada que l'intérêt public ne pouvait souffrir que la société des Jésuites, célèbre par sa doctrine, fût privée d'une fonction dont elle pouvait s'acquitter avec grande utilité pour les familles et pour l'état.

Le général des Jésuites ne peut disposer d'aucun bien que de l'aveu de la Société : il ne saurait disposer de ses inférieurs que de la manière réglée par l'institut : on exige de lui des lumières et de l'activité; son empire n'est fondé ni sur la crainte, ni sur le caprice, mais sur la règle, sur l'ordre et sur l'amour. Le général est à vie, mais on peut le déposer; tant qu'il commande en père, tant qu'il gouverne en sage, l'institut exige qu'on lui obéisse comme au

chef de la Société, qu'on le révère comme l'image
de Jésus-Christ.

L'institut des Jésuites ne cherche son intérêt particulier qu'à la suite de l'intérêt public et de l'intérêt
de Dieu : il n'emploie pour son intérêt particulier
que des moyens qui tendent à l'honnête, pour l'intérêt public que des moyens qui tendent à l'utile,
pour l'intérêt de Dieu que des moyens qui tendent
au parfait.

L'opposition que les collèges dirigés par les Jésuites
rencontrèrent de la part des universités, leur fit une
nécessité de surpasser leurs rivaux en sciences et en
talents : ils s'appliquèrent donc avec la plus grande
ardeur à l'étude de la littérature ancienne. Ils ima-
ginèrent différentes méthodes pour faciliter l'instruction de la jeunesse, et leur ordre produisit plus de
bons écrivains que toutes les autres communautés
religieuses ensemble. Mais c'est dans le nouveau
monde que les Jésuites ont exercé leurs talents avec
le plus d'éclat, et de la manière la plus utile au bonheur de l'espèce humaine. Les conquérants de cette
malheureuse partie du globe n'avaient eu d'autre
objet que de dépouiller, d'enchaîner, d'exterminer
ses habitants : les Jésuites, seuls, s'y sont établis dans
des vues d'humanité. Vers le commencement du
XVIIe siècle, ils obtinrent l'entrée de la province du
Paraguay, qui traverse le continent méridional de
l'Amérique, depuis le fond des montagnes du Potose
jusqu'aux confins des établissements espagnols et
portugais, sur les bords de la rivière de la Plata. Ils
trouvèrent les habitants de ces contrées à peu près
dans l'état où sont des hommes qui commencent à
s'unir ensemble ; ils n'avaient aucun art, ils cher-

chaient une subsistance précaire dans le produit de leur chasse ou de leur pêche, et connaissaient à peine les premiers principes de la subordination et de la police. Les Jésuites se chargèrent d'instruire et de civiliser ces sauvages. Ils leur apprirent à cultiver la terre, à élever des animaux domestiques, à bâtir des maisons.

Ils les engagèrent à se réunir ensemble dans des villages : ils les formèrent aux arts et aux manufactures ; ils leur firent goûter les douceurs de la société et les avantages qui résultent de la sûreté et du bon ordre. Ces peuples devinrent ainsi sujets de leurs bienfaiteurs, qui les gouvernèrent avec la tendresse qu'un père a pour ses enfants. Respectés, chéris, presque adorés, quelques jésuites présidaient sur des milliers d'Indiens. Ils entretenaient une égalité parfaite entre tous les membres de cette nombreuse communauté. Chacun était obligé de travailler, non pour un seul, mais pour le public. Les produits de leurs champs, tous les fruits de leur industrie étaient déposés dans des magasins communs, d'où l'on distribuait à chaque individu ce qui était nécessaire à ses besoins. Cette forme d'institution détruisait dans sa racine presque toutes les passions qui troublent la paix de la société et rendent les hommes malheureux. Une réprimande faite par un Jésuite, une légère note d'infamie, ou, dans des cas extraordinaires, quelques coups de fouet suffisaient pour maintenir le bon ordre parmi ce peuple innocent et heureux. Ils avaient même formé pour la défense de ces contrées quelques corps militaires armés et disciplinés à l'européenne.

L'ordre des Jésuites ne prit tous ces développe-

ments qu'après le règne de Charles-Quint, et par
conséquent tous ces événements n'appartiennent
point à l'époque dont nous écrivons l'histoire; mais
nous avons cru qu'il ne serait pas sans intérêt de
donner quelques détails sur un institut qui prit naissance dans le temps dont nous nous occupons.

(1541) Charles n'eut pas plutôt rétabli l'ordre
dans les Pays-Bas, qu'il fut obligé de porter son attention sur les affaires d'Allemagne. Pour satisfaire
les Allemands protestants, il leur accorda cette conférence qui devait avoir lieu entre quelques théologiens choisis des deux partis, et qui avait été sti-
pulée dans la convention de Francfort. Cette conférence commença dans une diète tenue à Worms, où
Mélanchton d'un côté, et Eckius de l'autre, soutinrent le rôle principal; mais elle fut interrompue par
l'ordre de l'Empereur, qui voulut qu'on la recom-
mençât avec plus de solemnité en sa présence, dans
une diète qu'il convoqua pour cet effet à Ratisbonne.
L'assemblée s'ouvrit en effet avec le plus grand appareil, et tout le monde s'attendait à une dispute des
plus vives et à un résultat décisif. Mais les disputes
n'aboutirent à rien, et l'Empereur resta convaincu
que tous ses efforts seraient inutiles. Impatient cependant de terminer la diète, il vint à bout d'engager la pluralité de ses membres à approuver la résolution suivante, savoir : que les articles sur lesquels
on n'avait pu se mettre d'accord seraient renvoyés
à la décision d'un concile général, et si le concile
ne pouvait avoir lieu, à un synode national qui se
tiendrait en Allemagne, ou enfin à une diète générale de l'Empire. Le Pape fut choqué de toutes les
opérations de cette diète, et surtout de ses dernières

conclusions. Les protestants, de leur côté, se plai-
gnaient hautement, et l'Empereur leur accorda, pour
les calmer, tous les priviléges qu'ils réclamèrent.

Il était forcé à cet excès d'indulgence par la situation de ses affaires; il prévoyait une nouvelle
guerre avec la France, et il ne voulait pas blesser
les protestants, dans la crainte qu'ils ne se déclaras-
sent pour François. Il était encore déterminé par
les progrès rapides que faisaient les Turcs en Hongrie. Ferdinand avait voulu s'emparer de la Hongrie, à la mort de son souverain Jean Zapol Scepus;
mais l'évêque Martinuzzi, tuteur du fils du roi et
régent du royaume, repoussa vivement ses prétentions. Ferdinand leva un corps nombreux d'Allemands, et marcha contre la Hongrie; Martinuzzi, se
trouvant faible pour tenir la campagne, se contenta
de fortifier les places et les villes, et invoqua la protection des Turcs qui avaient été les alliés du roi
Jean. Malgré toutes les démarches de Ferdinand, le
sultan n'hésita pas à embrasser le parti du jeune
roi: il envoya donc une armée en Hongrie, et la
suivit lui-même à la tête d'un second corps de troupes. Cependant les Allemands assiégeaient la ville
de Bude; mais Martinuzzi la défendit avec tant de
courage, qu'il donna aux Turcs le temps de venir
à son secours; ceux-ci battirent les Allemands, et
en firent un grand carnage. Soliman avait rejoint ses
troupes victorieuses; mais, oubliant tout principe de
justice et de générosité, il se saisit de la reine et de
son fils; s'empara de la ville de Bude, joignit la
Hongrie à ses états, et menaça même les parties de
ce royaume qui étaient soumises à Ferdinand.

Tel était l'état des affaires en Hongrie; Charles

sentait qu'il ne devait pas heurter les Allemands, au moment où il allait avoir besoin de leur secours contre un ennemi si puissant. En effet, les protestants lui fournirent, pour faire la guerre aux Turcs, des secours d'hommes et d'argent si abondants, qu'il ne lui resta presque plus d'inquiétude sur la sûreté de l'Allemagne pour la campagne suivante.

Aussitôt après la clôture de la diète, l'Empereur, vivement préoccupé de son projet d'expédition contre Alger, partit pour l'Italie, et s'empressa d'aller rejoindre son armée et sa flotte. Alger était toujours dans cette dépendance de l'empire turc où Barberousse l'avait mis. Depuis qu'il commandait la flotte ottomane en qualité de capitan pacha, Alger était gouverné par Hassan Aga, eunuque renégat, qui, ayant passé, au service des pirates, par tous les grades, avait acquis dans la guerre une grande expérience, et continuait avec une activité étonnante les déprédations de Barberousse contre tous les états de la chrétienté. Charles, voulant donner un nouveau lustre à sa dernière campagne d'Afrique, avait, en partant pour les Pays-Bas, donné des ordres pour équiper une flotte et lever une armée destinées à cette entreprise. Les observations de ses officiers et les prières de Doria qui le conjurait de ne pas exposer la flotte à une destruction presque inévitable, ne purent ébranler sa résolution. A peine s'était-il embarqué à Porto-Venere, sur le territoire de Gênes, qu'une tempête terrible s'éleva, et ce ne fut qu'avec les plus grands dangers que Charles put atteindre la Sardaigne, où était le rendez-vous général de la flotte. Ces périls mêmes ne purent le faire changer de dessein ; il est vrai qu'il voyait sous ses ordres une armée de vingt mille hommes de vieilles troupes, la fleur de la noblesse espagnole et italienne, et mille soldats envoyés par l'ordre de Malte et conduits par cinq cents de ses plus braves chevaliers.

Ce ne fut encore qu'avec beaucoup de peine que l'armée gagna la côte africaine; mais enfin Charles réussit à faire prendre terre à son armée. Il marcha aussitôt contre Alger; Hassan, qui n'avait à lui opposer que huit cents Turcs et cinq mille Maures, ne laissa pas de faire une réponse fière et hardie à la sommation qu'on lui fit de se rendre. Cependant il n'aurait pu tenir longtemps contre toutes les forces qui le menaçaient. Mais au moment où l'Empereur se croyait le plus en sûreté contre ses ennemis, il se vit exposé à une calamité contre laquelle toute la force et la prudence humaines ne pouvaient rien. Deux jours après son débarquement, une tempête épouvantable s'éleva. Les Impériaux, qui n'avaient débarqué que leurs armes, restèrent sans tentes et sans abri exposés à toute la fureur de l'orage; leur camp placé dans un terrain bas était entièrement inondé; à chaque pas, ils entraient jusqu'à moitié jambe dans la boue, et le vent soufflait avec tant d'impétuosité, que, pour se soutenir, ils étaient obligés d'enfoncer leurs lances dans la terre et de s'en faire un point d'appui. Dès la pointe du jour, Hassan tomba avec ses soldats frais et reposés sur les avant-postes qui avaient passé la nuit dans cette situation terrible, et il y mit la plus grande confusion; toute l'armée, ayant l'Empereur à sa tête, fut obligée d'avancer pour repousser l'ennemi qui se retira en bon ordre.

Le sentiment de ce désastre et de ce premier danger fut cependant bientôt effacé par un spectacle plus affreux encore et plus déplorable; il faisait grand jour, et l'ouragan continuait dans toute sa force. On voyait la mer s'agiter avec toute la fureur dont cet élément terrible est capable : les navires, d'où dépendaient la subsistance et le salut de l'armée, arrachés de leurs ancres, allaient ou se briser les uns contre les autres, ou se fracasser contre les rochers : plusieurs furent poussés à terre, d'autres furent abîmés dans les flots. En moins d'une heure, quinze vaisseaux de guerre et cent soixante bâtiments de transport périrent; huit cents hommes qui étaient à bord furent noyés ou massacrés par les Arabes au moment où ils gagnaient le rivage. L'Empereur, immobile d'étonnement et de douleur, contemplait en silence cet affreux désastre : il voyait s'engloutir dans les flots et ses munitions de guerre et les provisions destinées à nourrir ses troupes; il voyait s'évanouir toutes ses espérances. A la fin, le vent se calma; la nuit fut extrêmement obscure, et les officiers des vaisseaux ne purent faire parvenir aucun avis aux troupes qui étaient à terre. Lorsque le jour parut, une barque envoyée par Doria vint à bout d'aborder à terre, et apprit au camp que l'amiral avait échappé à la tempête, la plus furieuse qu'il eût vue depuis cinquante ans de navigation, et qu'il avait été obligé de se retirer sous le cap de Metafuz avec ses vaisseaux délabrés. Comme le ciel était toujours orageux et menaçant, Doria conseillait à l'Empereur de marcher avec la plus grande diligence vers ce cap, l'endroit le plus commode pour rembarquer les troupes.

Les provisions étaient épuisées, et malgré la difficulté de faire faire à l'armée une marche de quatre jours, dans l'état d'affaiblissement où étaient les soldats, il n'y avait pas d'autre parti à prendre que celui de la retraite. Charles ordonna donc à ses troupes de se mettre en marche; les blessés et les malades furent placés au centre, et ceux qui paraissaient les plus vigoureux à la tête et à l'arrière-garde. Ce fut alors que l'effet des maux qu'ils avaient soufferts se fit le plus cruellement ressentir. Les uns ne pouvaient plus soutenir leurs armes; les autres, épuisés par une marche pénible, tombaient et mouraient sur la place. Plusieurs périrent de faim, car l'armée n'avait pas d'autre subsistance que des racines, des graines sauvages et la chair des chevaux que l'Empereur faisait tuer et distribuer à ses troupes; une partie se noya dans les torrents grossis que l'on traversait à gué avec de l'eau jusqu'au menton; un grand nombre fut tué par l'ennemi, qui ne cessa de les harceler jour et nuit. Enfin, les débris de cette brillante armée arrivèrent à Metafuz, où ils trouvèrent des vivres en abondance, et se livrèrent à l'espérance de se voir bientôt en sûreté.

Dans cet horrible enchaînement de malheurs, Charles fit admirer sa fermeté, sa constance, sa grandeur d'âme, son courage et son humanité. Il supportait les plus grandes fatigues comme le dernier soldat de son armée; il exposait sa personne partout où le danger était plus menaçant; il visitait les malades et les blessés, et encourageait tout le monde par ses paroles et par son exemple. Quand l'armée se rembarqua, il resta des derniers sur le rivage, quoiqu'un corps d'Arabes menaçât à chaque instant de fondre sur l'arrière-garde. Il répara en quelque sorte par tant de vertus la présomption et l'entêtement qui lui avaient fait entreprendre une expédition si funeste à ses sujets.

Ce ne fut point là le terme de leurs malheurs. A peine toutes les troupes furent-elles embarquées qu'il s'éleva une nouvelle tempête qui dispersa tous les vaisseaux. L'Empereur, lui-même, après mille périls, avait été forcé de relâcher dans le port de Bregia en Afrique, où les vents contraires le retinrent pendant plusieurs semaines ; enfin il arriva en Espagne, dans un état bien différent de celui où il y était revenu, après sa première expédition contre les barbaresques.

FIN DU LIVRE SIXIÈME.

LIVRE SEPTIÈME.

SOMMAIRE.

François renouvelle les hostilités. — Meurtre des ambassadeurs français. — La France met cinq armées en campagne. — Résultats de cette campagne. — Alliance entre Charles-Quint et Henri VIII. — Négociations entre François et Soliman. — L'Empereur s'empare du duché de Clèves. — Siége de Landrecies. — Soliman entre dans la Hongrie. — Descente de Barberousse en Italie. — Diète de Spire. — La diète accorde des secours à l'Empereur. — Plan de Charles et d'Henri contre la France. — Les Français assiégent Carignan dans le Piémont. — Les Impériaux viennent au secours de la ville. — Bataille de Cérisolles. L'Empereur pénètre dans la Champagne. — Henri VIII investit Boulogne. — Prise de St.-Dizier. — Traité de Crespy. — Convocation du concile de Trente. — Diète de Worms. — Soupçons des Protestants contre l'Empereur. — Mort du duc d'Orléans. — Tentative du duc de Brunswick. — Commencements du concile de Trente. — Assemblée des Protestants à Francfort. — Rupture des conférences.

L'Empereur essuya dans sa malheureuse entreprise contre les Algériens de grandes pertes que le bruit public ne manqua pas de grossir. François en profita pour commencer les hostilités, mais il ne crut pas qu'il fût prudent de donner pour motif de cette résolution ni ses anciennes prétentions au duché de Milan, ni la promesse tant de fois violée par l'Empereur de restituer ce pays. Un des généraux de l'Empire lui fournit un meilleur prétexte de prendre les armes, par un attentat qui ne pouvait man-

quer d'exciter son ressentiment, eût-il autant aimé
la paix qu'il avait d'ardeur pour la guerre. François Ier avait continué d'entretenir des relations avec
Soliman; il lui envoya Rimon et Frégose, ses ambassadeurs, qu'il chargea de passer par Venise, afin
de déterminer, s'il était possible, cette république
à entrer dans une ligue contre l'Empereur. Cependant le marquis du Guast, gouverneur du Milanais,
habile officier, et capable de toutes les violences,
eut avis de la mission de ces deux ambassadeurs.
Pour connaître d'une manière précise les intentions
du roi de France, il aposta quelques soldats qui sur-
prirent Rimon et Frégose comme ils s'embarquaient
sur le Pô, les massacrèrent et s'emparèrent de leurs
papiers. Lorsque François eut connaissance de cet
attentat, il accusa hautement du Guast, qui, malgré son audace à se disculper de ce crime, en eut
toute la honte sans en retirer aucun fruit, car les
ambassadeurs avaient laissé derrière eux leurs instructions et tous leurs papiers d'importance. Le roi
de France envoya vers l'Empereur pour lui demander réparation d'une insulte que le dernier et le plus
lâche des souverains n'aurait pu se résoudre à souffrir patiemment. Charles, alors pressé de partir
pour son expédition d'Afrique, essaya d'éluder les
instances de François par des réponses ambiguës;
mais celui-ci en appela à toutes les cours de l'Europe, et mit en évidence l'atrocité de l'injure, la
modération de sa conduite et l'injustice de l'Empereur qui semblait mépriser ses plaintes.

Cependant, quelle que fût la justice de sa cause, et
malgré l'appui du sultan, François Ier ne négligea
pas de chercher d'autres alliés, mais les négocia

tions eurent peu de succès. Il suppléa par son activité aux ressources qui lui manquaient. Il forma cinq armées : l'une devait agir dans le Luxembourg, sous les ordres du duc d'Orléans, secondé du duc de Lorraine; une autre, commandée par le Dauphin, marcha vers les frontières d'Espagne. Le Brabant fut le théâtre de la troisième conduite par Van-Rossen, maréchal de Gueldres : la quatrième, qui avait pour général le duc de Vendôme, bordait les confins de la Flandre : et la dernière, formée des troupes cantonnées dans le Piémont, fut confiée à l'amiral Annibaut. L'armée du Dauphin montait à quarante mille hommes, celle de son frère en comptait trente mille.

1542. Les deux jeunes princes ouvrirent la campagne presque en même temps. Le Dauphin mit le siége devant Perpignan, capitale du Roussillon, et le duc d'Orléans entra dans le Luxembourg. Ce dernier obtint d'abord les plus brillants succès; dans tout ce vaste duché, il ne restait plus que Thionville à Charles, lorsque le bruit se répandit que l'Empereur voulait hasarder une bataille pour sauver Perpignan : soudain le duc, poussé par une ardeur de jeunesse, ou peut-être par sa jalousie contre un frère qu'il haïssait, abandonna toutes ses conquêtes; il courut vers le Roussillon, afin de partager l'honneur de la victoire. Après son départ, ses troupes se débandèrent, et non-seulement tout l'espoir d'une campagne si bien commencée fut perdu, mais encore l'ennemi recouvra avant la fin de l'été tout ce qu'il avait perdu. Perpignan était mal fortifié, mais Doria l'avait bien approvisionné de munitions de guerre et de bouche; les Français, affaiblis par les maladies et repoussés dans plusieurs assauts, furent obligés de se retirer. Ainsi François ne retira aucun fruit de cette attaque qu'il avait préparée avec tant de soins et de dépenses.

(1543) L'Empereur et le roi de France, quoique tous deux épuisés par tant d'inutiles efforts, ne sentaient point ralentir leur animosité mutuelle; chacun d'eux employait de son côté la vigilance et son industrie à se faire de nouveaux alliés qui fussent capables de lui donner la supériorité dans la campagne suivante. Charles tira quelques subsides des états d'Espagne; il maria son fils avec la fille du roi de Portugal, qui lui donna une dot digne du plus riche monarque de l'Europe, et il parvint à conclure avec Henri roi d'Angleterre une ligue contre la France.

François, de son côté, avait dépêché auprès de Soliman un nouvel ambassadeur nommé Paulin, capitaine d'infanterie, qui se montra digne de la confiance dont il était l'objet, car il détermina le sultan à armer contre l'Empereur, malgré l'opposition de son divan. Barberousse reçut ordre de s'embarquer avec une puissante flotte, et de diriger toutes ses opérations sur celles du roi de de France. Ce monarque ne réussit pas aussi heureusement auprès des princes de l'Empire qu'il s'était aliénés, en punissant sévèrement ceux de ces sujets qui avaient embrassé le protestantisme.

François, portant toutes ses forces dans les Pays-Bas, y tint campagne avant que l'ennemi se présentât. Il se rendit maître de Landrecies, et fit fortifier cette place avec grand soin, parce qu'elle était la clef du Hainaut. De là tournant à droite, il entra

dans le duché de Luxembourg qu'il trouva sans
défense, comme l'année précédente. Cependant,
l'Empereur ayant réuni une armée composée de
troupes venues de tous les états de sa domination,
entra sur le territoire du duc de Trèves, qui avait
fait alliance avec François Ier; il prit Duren d'assaut, le brûla et en passa les habitants au fil de l'é-
pée. Cet exemple terrible effraya les autres places
qui se rendirent aussitôt, et l'Empereur, après
avoir humilié le duc, lui rendit ses états, et lui
donna même en mariage une des filles de son frère
Ferdinand.

Après la réduction du duché de Clèves, l'Empereur s'avança dans le Hainaut et mit le siége devant
Landrecies. La ville opposa une vigoureuse résistance; François accourut à son secours, et Charles
continuait le siége; tout le monde s'attendait à une
action décisive, et les deux rois étaient déterminés
à la hasarder, mais les camps étaient disposés de
telle sorte que le désavantage eût été pour celui qui
aurait attaqué le premier, et ni l'un ni l'autre n'en
voulut courir le risque. Toutefois, François réussit
à ravitailler la ville et à en faire lever le siége.

Cependant Soliman entra dans la Hongrie avec
une nombreuse armée, et soumit presque tout ce
royaume sans rencontrer presque aucune résistance. Vers ce même temps, Barberousse côtoya la
Calabre, fit une descente à Reggio, qu'il saccagea et
brûla; de là il s'avança jusqu'à l'embouchure du
Tibre où il s'avança pour faire de l'eau, et causa
une telle frayeur aux Romains qu'ils abandonnèrent
la ville avec la plus grande précipitation. Barberousse fut ensuite rejoint par une flotte française.

et les deux escadres se dirigèrent ensemble vers Nice dernier asile du roi de Savoie. Toutefois, le fort fut si bien défendu, que les Turcs et les Français durent se retirer devant des renforts puissants qui avaient eu le temps d'accourir, et François ne retira même aucun avantage du scandale qu'il avait causé à toute la chrétienté en montrant les lis de la France unis au croissant de Mahomet contre la croix de Savoie.

(1544) L'animosité personnelle qui animait les deux princes rivaux l'un contre l'autre ne faisait que s'accroître, et la saison ne les eût pas plutôt forcés à abandonner les hostilités qu'ils commencèrent à préparer la campagne suivante. L'Empereur continuait à user des plus grands ménagements à l'égard des protestants d'Allemagne, afin d'obtenir d'eux des secours contre la France; il avait convoqué une diète à Spire, et il commença par y donner plus de garanties que jamais à la liberté de conscience. Il déclama ensuite violemment contre la France, à laquelle il reprocha son alliance avec les ennemis du christianisme, et finit par demander à l'assemblée des secours contre François. A l'appui de ces demandes, il accorda aux princes de l'Empire tout ce qu'ils purent désirer pour assurer la liberté de leur culte réformé. Touchés de ces actes de déférence, les princes protestants accordèrent à Charles un corps de vingt-quatre mille hommes et de quatre mille chevaux, qui devaient être entretenus pendant six mois aux frais de la confédération. En même temps, la diète imposa dans toute l'Allemagne une taxe par tête sans aucune exception, pour subvenir aux frais de la guerre contre les Turcs.

Cependant l'Empereur négociait avec le roi de Danemark pour le détacher de son alliance avec la France : il travaillait aussi auprès d'Henri VIII pour le déterminer à faire les derniers efforts contre François. Il trouva le roi d'Angleterre dans les dispositions les plus favorables à ses projets : en effet, ce prince était furieux de ce que la France l'empêchait de réunir sur sa tête les couronnes d'Angleterre et d'Écosse. Il promit donc un puissant concours à Charles, et les deux rois convinrent d'entrer en France chacun avec une armée de vingt-quatre mille hommes, et sans perdre du temps à assiéger les villes frontières, de pénétrer au cœur du royaume pour unir leurs forces près de Paris.

Cependant François restait seul contre tant d'ennemis que Charles lui suscitait : Soliman était l'unique allié qui ne l'eût point abandonné. Mais cette alliance avait rendu le roi si odieux à toute la chrétienté, qu'il aima mieux en perdre les avantages que d'être plus longtemps l'objet de la haine et de l'exécration publiques. En conséquence, dès l'entrée de l'hiver, il renvoya Barberousse qui, dans son retour à Constantinople, ravagea les côtes de la Toscane et de Naples. Comme François ne se flattait pas d'égaler les forces de son rival, il voulut y suppléer par la célérité, en prenant les devants pour l'ouverture de la campagne. Dès le commencement du printemps, le comte d'Enghien investit Carignan, ville du Piémont, que le marquis du Guast, après s'en être emparé la première année de la guerre, avait jugée assez importante pour la fortifier à grands frais. Le comte poussa ce siége avec tant de vigueur, que du Guast, jaloux de sa conquête, ne vit pas d'autre moyen de la sauver des mains des Français, que de hasarder une bataille. Il accourut de Milan, et comme il ne cherchait pas à cacher son dessein, on le sut bientôt dans le camp ennemi. Enghien, jeune, entreprenant, plein de valeur, désirait passionnément d'éprouver la fortune dans un combat; ses troupes ne le souhaitaient pas avec moins d'ardeur; mais le roi, retenu par la situation critique de ses affaires, et l'esprit encore rempli de ses premiers désastres, avait lié les mains au prince, en lui défendant expressément de risquer une action générale. Celui-ci ne voulut cependant pas abandonner Carignan au moment où cette place était près de se rendre; mais, brûlant de se distinguer par quelque action d'éclat, il dépêcha Monluc à la cour pour représenter au roi les avantages d'un combat et l'espoir qu'il avait de la victoire. François remit cette affaire à la discussion de son conseil. Tous les ministres, l'un après l'autre, opinèrent contre la bataille, appuyant leur avis de raisons très-plausibles. Monluc, qui était présent à leurs délibérations, parut si mécontent de tout ce qu'il entendait, et montra tant d'impatience de parler à son tour, que le roi, frappé de ses gestes, l'appela et lui demanda ce qu'il pouvait opposer à un avis si général et si juste. Monluc, simple soldat, mais vif et d'un courage reconnu, représenta le bon état des troupes, l'ardeur qu'elles montraient d'aller à l'ennemi, la confiance qu'elles avaient en leurs officiers; enfin l'infamie éternelle dont le refus d'une bataille couvrirait les armes françaises. Ces raisons furent soutenues d'une chaleur si naturelle, d'une éloquence militaire si rapide, qu'il entraîna non-seulement le roi, toujours passionné pour les actions hardies, mais encore plusieurs membres du conseil. François, saisi du même enthousiasme qui animait ses troupes, tressaillit, et levant les mains au ciel: « Allez, dit-il à Monluc, retournez en Piémont, et combattez au nom de Dieu. »

Dès qu'on sut cette réponse du monarque, une ardeur martiale s'emparant de la noblesse, la cour resta déserte; tous ceux qui pouvaient servir ou qui voulaient se distinguer, allèrent en Piémont partager, comme volontaires, les dangers et la gloire d'une action générale. Encouragé par l'arrivée de tant de braves officiers, Enghien se prépara aussitôt à une bataille que du Guast ne refusa point. La cavalerie était à peu près égale dans les deux partis; mais l'infanterie des Impériaux l'emportait au moins de dix mille hommes sur celle des Français. On se rencontra près de Cérisoles, dans une plaine ouverte dont le terrain ne mettait l'avantage d'aucun côté, et où les armées eurent toute la facilité de se ranger en bataille. Le premier choc fut tel qu'on devait l'attendre de vieilles troupes, pleines d'acharnement et de bravoure. La cavalerie française chargea avec son impétuosité ordinaire, renversant tout ce qui osait l'arrêter; mais, d'un autre côté, la discipline et la valeur de l'infanterie espagnole, ayant fait plier le corps qu'elle avait en tête, la victoire balança, prête à se déclarer pour le général qui saurait le mieux se conduire dans ce moment critique. Du Guast qui se trouvait parmi les troupes qui avaient été rompues, craignant de tomber entre les mains des Français qui pouvaient venger sur lui le meurtre de Rincon et de Fregose, perdit sa présence d'esprit, et oublia de faire avancer son grand corps de réserve. Cependant Enghien, avec un courage et une prudence admirables, soutient, à la tête de ses gendarmes, le corps de troupes qui avait commencé à plier. En même temps, il ordonne à son corps de Suisses, qui n'avait jamais combattu sans vaincre, de tomber sur les Espagnols. Ce mouvement fut décisif: on ne vit plus que confusion et que carnage. Le marquis du Guast, blessé à la cuisse, ne dut son salut qu'à la vitesse de son cheval. La victoire des Français fut complète: dix mille Impériaux furent tués, et il y en eut un grand nombre de pris, avec les tentes, le bagage et l'artillerie. Du côté des vainqueurs la joie fut sans mélange, et dans le peu de monde qu'ils perdirent, il ne se trouva pas un seul officier de distinction.

Cette brillante journée délivra les Français d'un grand danger, mais elle ne produisit pas les avantages qu'on en devait espérer, parce que François fut obligé de rappeler en France douze mille hommes des meilleures troupes, pour venir au secours du royaume, où l'Empereur et le roi d'Angleterre étaient près d'entrer chacun par une frontière opposée et avec des forces supérieures. La réduction de Carignan et de quelques autres places du Piémont fut donc tout ce que produisit la grande victoire de Cérisoles.

L'Empereur parut, au commencement de juin, à la tête d'une puissante armée qui pénétra dans la Champagne. On avait eu soin de dépouiller cette province de toutes les provisions qui s'y trouvaient; l'Empereur fut donc obligé de chercher à s'emparer de quelques places fortes: il prit sans peine Li gny et Commercy, et investit St.-Didier. Quoique cette place fût en mauvais état, les Français étaient résolus à la défendre jusqu'à la dernière extrémité, et l'Empereur s'attacha à ce siége avec plus d'obstination que de prudence. Henri VIII, voyant que son allié s'occupait à prendre des villes pour son propre compte, quoiqu'ils fussent convenus de marcher directement sur Paris, suivit cet exemple, et investit Boulogne et Montreuil.

St.-Dizier s'était enfin rendu après une résistance très-glorieuse; et l'Empereur s'était avancé jusqu'à deux journées de Paris, mais, manquant de provisions et n'osant attaquer aucune place avec des troupes harassées, il consentit à traiter de la paix, qui fut conclue à Crespy, près de Meaux. Il fut convenu que l'on se restituerait réciproquement les conquêtes faites depuis le traité de Nice; que l'Empereur donnerait en mariage au duc d'Orléans, soit sa fille aînée avec la souveraineté des Pays-Bas, soit la seconde fille de son frère Ferdinand, avec l'investiture du duché de Milan, et que les deux monarques feraient conjointement la guerre aux Turcs. Outre l'épuisement de ses troupes, Charles-Quint fut déterminé à conclure la paix par le mécontentement du Pape qui, contrarié de l'alliance de l'Empereur avec Henri d'Angleterre et des concessions faites aux protestants, menaçait de soulever l'Italie en faveur de la France; enfin il sentait la nécessité d'agir vigoureusement contre les protestants, qui menaçaient de réduire son autorité en Allemagne à un simple titre honorifique, et il lui était impossible de rien tenter de ce côté, tant qu'il était occupé contre la France.

La guerre continuait contre Henri VIII. qui s'était emparé de Boulogne, et qui mit à la conclusion de la paix des conditions inacceptables. Cependant le Dauphin protesta en secret contre le traité de Crespy, qui lui semblait n'avoir été fait que pour donner un établissement à son frère. François Ier n'en ratifia pas moins avec joie des conventions qui délivraient le royaume d'une invasion formidable; l'Empereur le signa aussi à Bruxelles, où il était retenu par la goutte, et il déclara en même temps l'intention où il était de donner au duc d'Orléans la fille de Ferdinand avec le Milanais. Tout semblait donc promettre la durée de la paix.

1545. Dans ces circonstances, le Pape publia une bulle pour convoquer l'assemblée d'un concile général à Trente, au commencement du printemps. Dès le mois de mars, la diète impériale s'ouvrit à Worms; l'Empereur chercha à occuper surtout l'assemblée des progrès des Turcs et des moyens de s'y opposer, mais les protestants avaient pour but principal d'obtenir d'une manière positive et avec des fondements certains la liberté de conscience dont ils ne jouissaient encore que comme par tolérance, et ils déclarèrent qu'ils ne contribueraient à repousser l'ennemi commun, que quand ils seraient pleinement rassurés sur ce point. Ils se refusaient en même temps à reconnaître l'autorité du concile convoqué par le Pape. Maurice de Saxe, qui, malgré son attachement pour la réforme, avait refusé de faire partie de la ligue de Smalkalde, voulant se concilier la faveur de l'Empereur, se montra seul favorable à ses désirs. Charles, voyant qu'il n'obtiendrait rien des autres princes, et ne se trouvant pas

en mesure d'agir contre eux, remit la solution de
ces questions à une autre diète qu'il convoqua à Ratisbonne, pour le commencement de l'année suivante.
En même temps, il se prononçait énergiquement
contre l'archevêque de Cologne qui voulait intro-
duire la réformation dans son diocèse; il poursuivait
le luthéranisme dans les Pays-Bas, et il traitait de
la paix avec la Porte. Tous ces symptômes n'échappèrent pas aux protestants allemands qui sentirent
leurs alarmes se réveiller, et recommencèrent à surveiller avec défiance les projets de l'Empereur.

Un événement inattendu vint encore tirer Charles d'un mauvais pas, d'où toute sa sagacité et son
adresse n'auraient pu le tirer. Le duc d'Orléans
mourut d'une fièvre maligne, dans le temps même
où il devait épouser la fille de Ferdinand et prendre
possession du Milanais. Ce fut en vain que François
réclama une compensation pour les avantages que
lui enlevait la mort de son fils; Charles ne voulut
pas revenir sur le traité de Crespy, et le roi de
France, occupé par la guerre avec l'Angleterre,
fut obligé de dissimuler son ressentiment.

La paix de l'Allemagne fut troublée à cette époque par une invasion subite du duc de Brunswick,
qui, ayant levé des soldats en Allemagne sous prétexte de les conduire au roi de France, les conduisit
à la conquête de son propre royaume resté en séquestre entre les mains de l'Empereur. Mais cette
perfidie ne réussit pas à son auteur; le duc fut dé-
fait, et resta confiné dans une étroite prison.

(1546) Le concile général s'ouvrit à Trente avec
les solennités d'usage; il avait été longtemps différé
par suite des dissentiments élevés entre le Pape et

l'Empereur. La première session se passa en pures formalités ; dans la suivante, on convint que ce qu'il y avait de plus pressant était de dresser une confession de foi qui contiendrait tous les articles dont l'église ordonnait la croyance, et qu'en même temps on porterait son attention sur les mœurs et la discipline du clergé. Dès que les confédérés de Smalkalde eurent appris l'ouverture du concile, ils publièrent un long manifeste contenant de nouvelles protestations contre cette assemblée, et déclinèrent sa juridiction. Alarmés en outre des projets qu'ils supposaient à l'Empereur, ils s'assemblèrent à Francfort. Ils se trouvèrent unanimes sur le danger qui les menaçait, mais ils différaient d'opinion quant à ce qu'ils devaient faire pour le conjurer. Les uns voulaient s'allier avec la France ou l'Angleterre, les autres se refusaient à toute ligue avec des pays d'une autre croyance religieuse que celle qu'ils professaient eux-mêmes ; l'électeur de Saxe et le Landgrave étaient les chefs de ces deux opinions entre lesquelles se partageaient les confédérés. Cependant les conférences, dont on était convenu à Worms, commencèrent ; mais les protestants les rompirent à l'inspection des règlements que Charles avait prescrits dans cette dispute, bien convaincus que l'Empereur ne voulait que les amuser et gagner du temps pour laisser mûrir ses projets.

FIN DU LIVRE SEPTIÈME.

LIVRE HUITIÈME.

SOMMAIRE.

Mort de Luther. — Procédés du concile contre les protestants. — Charles se prépare à commencer les hostilités contre eux. — Sa trêve avec Soliman. — Diète de Ratisbonne. — Alarmes des protestants. — Traité de l'Empereur avec le Pape. — Les Protestants se mettent en défense. — Ils lèvent une armée. — L'Empereur met les deux chefs de la ligue au ban de l'Empire. — L'Empereur refuse la bataille que lui présente l'armée protestante. — État des deux armées. — Projets de Maurice de Saxe. — Il s'empare de l'électorat de Saxe. — Les troupes confédérées se séparent. — Les princes protestants traitent séparément avec l'Empereur. — L'électeur de Saxe recouvre ses états. — Conspiration de Fiesque, à Gênes. — L'Empereur suspend ses opérations en Allemagne.

Tandis que l'Église rassemblait à Trente toutes ses forces ; avant les hostilités sérieuses, pour ainsi dire, et durant les préludes du combat, son chef invisible et tout-puissant fit par lui-même justice de l'hérésiarque superbe qui causait tous ces mouvements dans le monde chrétien. Luther, qui n'avait jamais paru plus fort ni plus triomphant, fut frappé de mort subite dans la ville même d'Islèbe, sa patrie, la nuit du 17 au 18 de février 1544. Il avait été prié par les comtes de Mansfield de venir terminer quelques différends qu'ils avaient pour leur partage. Il précha dès le lendemain de son arrivée, et encore trois ou quatre fois depuis, exhalant partout les fureurs d'un énergumène contre le concile occupé à

foudroyer sa doctrine impie. De la chaire, il passait
à la table, où, splendidement servi, il se livrait à
l'humeur bouillonne qui faisait diversion aux accès
de sa bile. Le 17 février, après avoir largement
soupé, il se plaignit d'un grand mal d'estomac;
sur-le-champ on lui fit quelque remède, dont il se
trouva bien d'abord, mais après minuit le mal ayant
tout à coup empiré, on courut aux médecins. Ils
lui étaient désormais inutiles : il tomba bientôt dans
une seconde syncope que l'on prit pour un repos,
mais qui était le sommeil de la mort. Ainsi mourut
dans sa soixante-troisième année le corrupteur
d'une moitié de l'Europe et le perturbateur de tout
le reste. Il fut secondé puissamment par Calvin, qui
prit alors la première place dans l'arène. Calvin
était Français, fils d'un habitant obscur de Noyon.
Dans sa jeunesse, ayant été convaincu d'un crime
abominable, que l'on punissait alors par le feu, la
peine qu'il avait méritée fut, à la prière de son évêque, modérée à la fleur de lis. Obligé de quitter la
France pour se soustraire à des poursuites juridi-
ques, Calvin passa en Allemagne, et y rechercha
ceux qui remuaient alors les consciences et les esprits. Il consacra sa vie et ses talents à semer partout
ses erreurs, et à jeter surtout dans sa patrie des
germes de divisions, qui mirent plus d'une fois la
France à deux doigts de sa perte. Il mourut à Genève
en désespéré, maudissant sa vie et ses œuvres. On
pouvait croire que la doctrine d'hommes aussi per-
vers que Luther et Calvin ne survivrait pas à leurs
auteurs : mais les passions, les préjugés et la politique devaient soutenir l'édifice élevé par le libertinage, l'orgueil et l'esprit de révolte.

Cependant l'Empereur, suivant toujours son système de dissimulation, se servait de toute son adresse pour amuser les protestants et pour calmer leurs craintes et leurs méfiances. Il eut même une entrevue avec le Landgrave, qui se retira convaincu des intentions pacifiques du monarque, et détermina la ligue de Smalkalde à ne prendre aucune mesure contre un danger qui paraissait imaginaire.

Cependant le concile prenait, en matière de foi, des décisions qui sapaient entièrement la doctrine de Luther. En même temps le Pape, jugeant sur l'appel des chanoines de Cologne, déclara l'archevêque de cette ville convaincu d'hérésie, et publia une bulle qui le privait de ses dignités ecclésiastiques, portait contre lui la sentence d'excommunication, et déliait ses sujets du serment de la fidélité qu'ils lui devaient comme à leur prince temporel. Les protestants se réveillèrent alors avec fureur de leur fausse sécurité, et Charles, qui venait enfin de conclure la paix avec Soliman, sentit qu'il fallait se prononcer pour l'Église ou pour le schisme. Il se rendit à la diète de l'Empire à Ratisbonne, et demanda à cette assemblée quel était le moyen de terminer les divisions qui agitaient l'Allemagne. Les princes catholiques lui représentèrent que le concile de Trente devait prononcer sur tous les points de controverse, et le supplièrent de forcer les protestants à s'en tenir à ses décisions. Les luthériens remirent aussi un mémoire, mais l'Empereur n'y eut pas égard, et, décidé d'agir vigoureusement contre eux, il fit une alliance avec le Pape, leva des troupes dans les Pays-Bas, et avertit Jean et Albert de Brandebourg que le moment était arrivé d'humilier la ligue de Smalkalde et de travailler à la délivrance de leur allié Henri de Brunswick.

L'Empereur affirmait toujours qu'il ne prenait point les armes pour une guerre de religion, mais bien pour réprimer l'esprit factieux de quelques princes qui oubliaient ce qu'ils devaient au chef de l'Empire; cette dissimulation détacha de la ligue allemande les faibles qui ne cherchaient qu'un prétexte pour ne pas prendre part à la guerre, et les ambitieux qui recherchaient la faveur du monarque. Cependant les principaux états protestants se hâtèrent de se préparer à la guerre, et levèrent le contingent qu'ils s'étaient obligés à fournir. Ils cherchèrent aussi à se faire des alliés des Vénitiens et des Suisses, mais ils n'obtinrent rien de ces deux côtés. Ils se tournèrent ensuite aussi inutilement vers les rois de France et d'Angleterre. Malgré le peu de succès de ces négociations, et malgré la défection de quelques princes gagnés par l'Empereur, les protestants mirent sur pied une armée de soixante-dix mille hommes d'infanterie et de quinze mille cavaliers, pourvue d'une artillerie de cent vingt canons, de huit cents chariots de munitions, de huit mille bêtes de somme et de six mille pionniers.

L'Empereur n'était pas en position de résister à de pareilles forces; heureusement pour lui, les confédérés ne surent pas se prévaloir de leur avantage. Ils entamèrent des négociations, publièrent des manifestes, et Charles, reprenant alors son assurance, publia le ban de l'Empire contre l'électeur de Saxe et le landgrave de Hesse, chefs de la confédération, et contre ceux qui leur donneraient des secours. En vertu de cette sentence, la plus rigoureuse que

le droit public d'Allemagne ait décernée contre les
traîtres ou les ennemis de la patrie, ils furent déclarés rebelles et proscrits, leurs biens furent confisqués et leurs sujets absous du serment de fidélité ; enfin il fut non-seulement permis mais louable
d'envahir leur territoire.

Après avoir perdu tout espérance d'accommodement, les confédérés envoyèrent un héraut au camp
impérial pour déclarer la guerre à Charles ; mais,
dès leurs premières opérations, ils sentirent les funestes effets de la faute qu'ils avaient commise en
partageant le commandement de leur armée entre
l'électeur et le landgrave. Ces deux hommes différaient complétement par leurs manières et leur caractère ; les chefs inférieurs cessèrent bientôt d'o-
béir à ces commandants désunis, et cette armée,
dénuée d'un ressort puissant qui dirigeât ses mouvements, n'eut plus qu'une action dénuée de vigueur et d'effet.

Les confédérés laissèrent arriver sans obstacle tous
les renforts successifs que l'Empereur reçut d'Italie,
et qui portèrent bientôt son armée à trente-six mille
hommes de vieilles troupes, formidables par leur
valeur et par leur discipline. Mais les opérations des
deux armées ne répondirent point à la haine violente
dont les esprits étaient animés de part et d'autre.
L'Empereur avait pris la sage résolution d'éviter le
combat avec des ennemis qui avaient sur lui l'avantage du nombre, prévoyant d'ailleurs qu'un corps
composé de membres si mal assortis ne pouvait
manquer de se dissoudre. C'est pourquoi il se ren-
ferma dans un camp retranché, où il resta immobile
malgré les provocations des confédérés qui vinrent

plusieurs fois lui proposer la bataille. Un puissant
renfort qui lui arriva des Pays-Bas lui permit de s'emparer de plusieurs villes, mais il persista à refuser le
combat, espérant toujours, malgré l'épuisement de
sa propre armée, que la constance des confédérés se
lasserait avant la sienne, et qu'il verrait leur armée
se dissoudre pour ne plus se reformer. Cependant
un événement inattendu vint causer une révolution
funeste aux affaires des confédérés.

On se souvient que Maurice de Saxe s'était insinué
dans les bonnes grâces de l'Empereur, par la déférence qu'il lui montrait, bien qu'il professât la religion réformée. Quand il vit la guerre engagée entre
l'Empereur et les protestants, il espéra trouver dans
cette circonstance l'occasion de réaliser ses projets
d'ambition, et n'hésita plus à se ranger dans le parti
de l'Empereur; un traité secret fut donc conclu
entre ces deux princes, et le monarque promit à son
allié toutes les dépouilles de l'électeur de Saxe, domaines et dignités. Lorsque l'électeur eut été mis au
ban de l'Empire, Charles s'empressa d'ordonner à
Maurice d'envahir les états qu'il s'était chargé de
défendre. Ce prince, qui n'attendait que ce signal,
entra aussitôt dans l'électorat, et le soumit tout entier, à l'exception de Wittemberg, Gotha et Eisenach,
places fortes, qui refusèrent d'ouvrir leurs portes.
La nouvelle de ces conquêtes rapides parvint bientôt
aux deux camps des impériaux et des confédérés.
L'électeur voulant marcher au secours de ses sujets,
l'armée confédérée se trouva menacée de dissolution, et le conseil des princes protestants fit faire des
ouvertures de paix auprès de l'Empereur. Celui-ci
offrit des conditions tellement dures, qu'elles étaient

inacceptables ; mais, en repoussant ces prétentions, les protestants ne surent pas conserver cette union qui formait toute leur puissance; ils divisèrent leur armée, et l'Empereur, profitant aussitôt de cette faute, soumit un grand nombre de places importantes, bien que l'on fût au cœur de l'hiver. Chacun des confédérés, voyant la cause de la ligue désespérée, s'empressa alors de traiter le premier et séparément, pour obtenir des conditions moins dures. Aucun d'eux, toutefois, n'obtint un pardon généreux et sans condition. Charles abusa de sa position pour les traiter avec hauteur et sans ménagement.

1547. Cependant l'électeur de Saxe se présentait en armes aux frontières de ses états, et les recouvrit aussi promptement qu'il les avait perdus: il envahit même les états de Maurice, qu'il conquit, à l'exception de Dresde et de Leipsik ; il défit encore complétement un corps de trois mille hommes que l'Empereur avait envoyé au secours de son allié.

L'Empereur ne se trouvait guère en position de tenir la campagne contre l'électeur et le landgrave. Il avait congédié les Flamands, et le Pape, ayant rempli tous ses engagements, et ne voulant pas contribuer à étendre outre mesure la puissance impériale, avait rappelé ses troupes. Charles était en même temps occupé d'une conspiration qui venait d'éclater à Gênes.

Quoique la forme du gouvernement établie à Gênes dans le temps où André Doria rendit la liberté à sa patrie, fût propre à y faire oublier les premières dissensions, et que d'abord elle y eût été reçue avec une approbation universelle, cependant, après une épreuve de plus de vingt années, elle ne put satisfaire l'inquiétude de ces républicains turbulents et factieux. L'administration des affaires se trouvant alors restreinte à un certain nombre de familles nobles, les autres leur envièrent cette prééminence et désirèrent le rétablissement du gouvernement populaire auquel ils avaient été accoutumés. Le respect même qu'imprimait la vertu désintéressée de Doria, et l'admiration qu'on avait pour ses talents, n'empêchaient pas qu'on ne fût jaloux de l'ascendant qu'il avait pris dans tous les conseils de la république. Cependant son âge, sa modération et son amour de la liberté, devaient convaincre ses compatriotes qu'il n'abuserait jamais de son pouvoir, et ne risquerait point de souiller la fin de ses jours, en renversant cet édifice qui avait été le travail et la gloire de toute sa vie : mais les Génois prévoyaient que cette autorité et cette influence, toujours pures dans ses mains, deviendraient aisément funestes à la nation, si quelque citoyen s'en emparait avec plus d'ambition et moins de vertu; et un homme en effet avait déjà conçu cette prétention, avec quelque espoir de succès. Giannetino Doria, à qui son grand oncle André avait destiné ses biens, espérait en même temps de lui succéder dans sa place. Son caractère hautain, insolent et tyrannique, qu'à peine on eût pu tolérer dans l'héritier d'un trône, était encore plus insupportable dans le citoyen d'une république; et les plus clairvoyants des Génois le craignaient et le haïssaient comme l'ennemi de cette liberté dont ils étaient redevables à son oncle. Cependant André lui-même, aveuglé par cette affection forte et involontaire, qui attache souvent les vieillards aux plus jeunes rejetons de leur race, ne mettait point de bornes à son indulgence pour lui, et il semblait moins occupé d'assurer et de perpétuer le bonheur de l'état, que de favoriser l'élévation de cet indigne neveu.

Mais quoiqu'en suspectât les desseins de Doria, et qu'on blâmât le système actuel de l'administration, tous ces motifs n'auraient sans doute produit que des plaintes et des murmures, si Jean-Louis de Fiesque, comte de Lavagne, qui observait les progrès du mécontentement pour en profiter, n'eût tenté une entreprise des plus hardies dont l'histoire fasse mention. Ce jeune gentilhomme, le plus riche et le plus distingué des sujets de la république, possédait au plus haut degré toutes les qualités qui gagnent les cœurs, impriment le respect, et se concilient l'attachement. La grâce et la noblesse brillaient dans sa personne ; magnifique jusqu'à la profusion, sa générosité prévenait les désirs de ses amis et surpassait l'attente des étrangers ; à une adresse insinuante, il joignait des manières aimables, et une affabilité sans affectation. Mais sous l'apparence de ces qualités intéressantes, faites pour être l'ornement et les délices de la société, il cachait toutes les dispositions qui peuvent mettre un homme à la tête des conspirations les plus dangereuses ; c'était une ambition inquiète et insatiable, un courage au-dessus de toute crainte, un esprit ennemi de la subordination. Un pareil caractère n'était pas fait pour l'état de dépendance où le sort l'avait placé. Fiesque, enviant l'autorité que le vieux Doria s'était acquise, ne pouvait penser sans indignation qu'elle descendrait un jour à Giannetino, comme un bien héréditaire. Ces sentiments divers agissaient si vivement sur cet homme turbulent et audacieux, qu'il prit la résolution de renverser cette domination, à laquelle son orgueil ne pouvait se soumettre.

Pour y mieux réussir, il crut d'abord devoir s'allier avec François Ier : il en fit même la proposition à l'ambassadeur que ce prince avait à Rome. Son dessein était, après avoir chassé Doria et la faction impériale par un si puissant appui, de mettre la république encore une fois sous la protection de la France, se flattant qu'en récompense de ce service, il obtiendrait la première place dans l'administration du gouvernement ; mais ayant communiqué son projet à quelques-uns de ses confidents intimes, Verrina, le principal d'entre eux, homme qu'une fortune ruinée rendait capable de projeter et d'exécuter les actions les plus hardies, lui remontra avec chaleur la folie de s'exposer à un grand danger dont un autre recueillerait tous les fruits. Il l'exhorta à prétendre lui-même au gouvernement de sa patrie, auquel son illustre naissance, la voix de ses concitoyens et le zèle de ses amis pouvaient aisément l'élever. Ce langage offrit au génie ardent de Fiesque une si brillante perspective, qu'abandonnant aussitôt son plan, il adopta celui de Verrina. Tous ceux qui étaient présents, quoique persuadés du danger de l'entreprise, n'osèrent condamner ce que leur protecteur avait si vivement approuvé. A l'instant il fut résolu, dans cette noire cabale, d'assassiner les deux Doria et les principaux de leurs partisans, de changer le système d'administration dans Gênes et de placer Fiesque sur le trône ducal. Cependant il fallait un certain temps pour mettre ce projet à

exécution, et tandis qu'on faisait tous les préparatifs nécessaires, Fiesque prenait toutes les mesures
possibles pour cacher son secret et ne point donner
de soupçons. Le rôle qu'il joua était en effet im-
pénétrable. Il affecta de s'abandonner entièrement
aux plaisirs et à la dissipation. La joie et les amusements de son âge et de son rang occupaient en
apparence tout son temps et toutes ses pensées.
Mais au milieu de ce tourbillon, il suivait son projet
avec l'attention la plus réfléchie, sans y mettre ni
la lenteur de la timidité, ni la précipitation de l'impatience. Il continua sa correspondance avec l'ambassadeur de France auprès du saint Siége, dans le
dessein de s'assurer de la protection de son maître,
si par la suite il avait besoin de secours; mais il eut
l'adresse de lui dérober ses véritables intentions. Il
fit une ligue secrète avec Farnèse, duc de Parme,
qui, toujours irrité contre l'Empereur pour le refus
de l'investiture de ce duché, était disposé à s'en
venger sur la famille de Doria qui était dévouée à ce
monarque, dont il cherchait à diminuer l'influence
en Italie. Fiesque n'ignorant pas que, dans un état
maritime, il fallait surtout s'assurer des forces na-
vales, demanda quatre galères au Pape qui probablement était instruit de son complot et ne le désap-
prouvait pas. Sous prétexte d'armer une de ces galères pour croiser contre les Turcs, il assembla un
grand nombre de ses propres vassaux, et même une
grande quantité d'aventuriers hardis que la trève
conclue entre l'Empereur et Soliman avait laissés
sans occupation et sans subsistance.

Tandis que Fiesque s'occupait de ces mesures
importantes, il paraissait toujours n'avoir d'au-

tre soin que celui du plaisir. Assidu à faire sa cour
aux deux Doria, il sut en imposer non-seulement à
la candeur de l'oncle, mais encore à la finesse du
neveu, que ses propres intrigues rendaient plus disposé à se défier de celles d'autrui. Tout était prêt;
il ne restait qu'à frapper le coup. Fiesque délibéra
plusieurs fois avec ses confidents sur les moyens d'assurer le succès de leur complot. D'abord on proposa
de massacrer les Doria et leurs principaux partisans
pendant la célébration de la grand'messe à la cathédrale; mais comme André n'y assistait guère à cause
de son âge avancé, ce projet fut abandonné. Ensuite
on convint que Fiesque inviterait chez lui l'oncle et
le neveu avec tous leurs amis déjà proscrits par les
conjurés, et qu'il serait aisé de s'en défaire sans risque, ni résistance; mais Giannetino ayant été obligé
d'aller hors de la ville, le jour même qu'ils avaient
choisi, il fallut encore changer de mesures. Enfin
ils résolurent de tenter à force ouverte ce que la
ruse ne pouvait effectuer, et fixèrent la nuit du deux
au trois de janvier pour l'exécution de leur entreprise. Le moment était favorable: le doge de l'année précédente devait, selon la coutume, quitter sa
charge le premier de ce mois, et son successeur ne
pouvait pas être élu avant le quatre. La république,
pendant cet intervalle, étant dans une sorte d'anar-
chie, Fiesque pouvait, avec plus de facilité, s'emparer de cette dignité vacante.

Le jour fixé pour la conjuration, Fiesque employa la matinée à visiter ses amis, et il montra
partout le même enjouement et la même liberté
d'esprit qu'à l'ordinaire. Le soir, il fit sa cour aux
Doria, toujours avec le même air d'empressement

et de respect, mais épiant leur contenance avec l'attention qu'exigeait un moment si critique : il fut assez heureux pour les trouver dans une profonde sécurité, et sans le moindre soupçon de l'orage qui se formait depuis longtemps et qu'il allait faire éclater sur leur tête.

De leur palais, il courut au sien qui était isolé au milieu d'une grande cour, fermée de hautes murailles. Les portes en avaient été ouvertes dès le matin, et l'on avait permis à tout le monde sans distinction d'y entrer, mais on avait posté des gardes pour empêcher d'en sortir. Cependant Verrina et le petit nombre des confidents de la conspiration, qui avaient conduit par pelotons au palais les vassaux de Fiesque et les troupes de ses galères, les dispersèrent sans bruit dans toute la ville. Ensuite au nom de leur patron, ils invitèrent à un festin les principaux citoyens qui étaient mécontents de l'administration des Doria, et qui montraient, avec du penchant pour une révolution, le courage de la tenter. La plupart de ceux qui remplissaient le palais, ignoraient pourquoi on les y avait rassemblés ; le reste étonné de voir, au lieu des préparatifs d'un festin, une cour pleine d'hommes armés, et des appartements munis d'instruments de guerre, se regardaient les uns les autres avec une curiosité mêlée d'impatience et de terreur.

Au milieu de cette incertitude où flottaient les esprits, Fiesque parut avec un air de gaieté et de confiance ; il adressa la parole aux personnes les plus distinguées, et leur dit qu'il ne les avait point fait appeler aux plaisirs d'une fête, mais à partager la gloire d'une grande action, dont le fruit serait la li-

berté, suivie d'un renom immortel. En même temps
il leur mit devant les yeux l'autorité aussi excessive
qu'intolérable du vieux Doria, laquelle tendait tous
les jours à s'accroître et à se perpétuer par l'ambition de Giannetino et par la faveur déclarée de l'Empereur pour une famille bien plus dévouée à ce
prince étranger qu'à la patrie. Mais il est en votre
pouvoir, continua-t-il, de renverser cette injuste
domination. Massacrons les tyrans; mes mesures
sont prises, mes associés sont en grand nombre; je
puis au besoin compter sur des alliés et des protecteurs. J'ai tout prévu, et nos tyrans dorment dans
la sécurité. Un insolent mépris pour leurs concitoyens a banni de leur esprit la défiance et cette timidité qui d'ordinaire rend les coupables clairvoyants, et les met en garde contre la vengeance
qu'ils méritent. Ils sentiront le coup avant qu'ils
voient le bras levé sur eux. Allons, par un effort généreux que n'accompagne presque aucun danger,
allons délivrer notre patrie. Ce discours prononcé
avec cet enthousiasme irrésistible qui anime l'âme
lorsqu'elle est échauffée par de grands objets, fit sur
l'assemblée l'impression la plus vive. Les vassaux
de Fiesque, toujours prêts à marcher à ses ordres,
lui répondirent par un murmure d'applaudissements.
Beaucoup de gens, dont la fortune était ruinée, en-
trevirent l'espoir de la rétablir dans la licence et le
tumulte d'un soulèvement. Mais ceux que leur rang
ou leur vertu élevait au-dessus des autres, n'osèrent
montrer toute la surprise et l'horreur que leur inspirait un attentat si atroce; chacun craignant que
son voisin ne fût dans le secret de la conspiration, ne
voyait autour de soi que des hommes prêts, au moin-

dre signal de leur chef, à se porter aux plus grands excès. Tous applaudirent donc ou feignirent d'applaudir.

Dès qu'il eut ainsi disposé et encouragé ses complices, avant de leur donner ses derniers ordres, il courut à l'appartement de sa femme. Cette dame, de l'illustre maison de Cibo, avait inspiré à son mari la plus vive passion, et sa vertu l'en rendait aussi digne que sa beauté. Le bruit des gens armés qui remplissaient la cour et le palais, étant déjà parvenu à ses oreilles, elle vit qu'il se tramait quelque complot périlleux, et elle trembla pour les jours de son époux. Il la trouve plongée dans les alarmes et la consternation ; il se hâte de lui avouer un dessein qu'il ne pouvait plus lui tenir caché. L'approche de tant d'horreurs et de dangers achève de la troubler; elle prévoit la fatale issue de ce dessein, et s'efforce par ses larmes, par ses prières et son désespoir, d'en détourner son mari. Fiesque, après avoir tenté vainement de la calmer et de lui inspirer toute sa confiance, rompit promptement une entrevue où l'avait imprudemment entraîné un excès de tendresse, mais qui ne put ébranler sa résolution. « Adieu, lui cria-t-il en la quittant; ou vous ne me reverrez jamais, ou demain tout dans Gênes sera soumis à votre pouvoir. »

Il donna ensuite ses ordres aux conjurés. Les uns devaient s'emparer à force ouverte de toutes les portes de la ville; d'autres des principales rues ou des forteresses. Fiesque se réserva l'attaque du port, où étaient les galères de Doria, comme le poste le plus important et le plus périlleux. Il était alors minuit, et les citoyens dormaient dans une

tranquille sécurité, lorsque cette nombreuse troupe
de conjurés bien armés, se mit en mouvement pour
exécuter son plan. Ils s'emparèrent sans résistance
de quelques portes, et forcèrent les autres après un
combat furieux avec les gardes. Verrina employa
une des galères qui étaient destinées contre les Turcs,
à bloquer l'entrée de la Darsène, ou du petit port
qui contenait la flotte de Doria. Cette précaution
ôtant aux habitants tout moyen de s'échapper, Fiesque tenta de monter dans les galères de la république par la rive où elles étaient amarrées : sans armes, sans agrès, et n'ayant à bord que des forçats
enchaînés à la rame, elles n'étaient pas en état de
résister. Bientôt le trouble et le tumulte se répandi-
rent dans la ville ; on entendait crier dans toutes les
rues : *Fiesque* et *liberté*. A ce mot si chéri, la populace prit les armes et se joignit aux conjurés. Les
nobles et les partisans de l'aristocratie, saisis d'étonnement et de frayeur, fermèrent les portes de leurs
maisons et ne songèrent qu'à se garantir du pillage.
A la fin, le bruit de ce désordre parvient au palais
de Doria. Giannetino saute à l'instant de son lit, et
s'imaginant qu'il n'était question que de quelque
mutinerie de la part des matelots, il sort avec quelques personnes et marche vers le port. Comme il
devait passer par la porte Saint-Thomas, les conjurés, qui s'en étaient emparés, se jetèrent sur lui
avec fureur et le massacrèrent sur la place, au moment qu'il y parut. Le vieux Doria eût sans doute
éprouvé le même sort, si Jérôme de Fiesque avait
attaqué subitement son palais, suivant le plan du
comte de Lavagne son frère ; mais dans la crainte
que le pillage ne frustrât son avarice d'un riche

butin, il défendit à ses gens de s'avancer. André, instruit de la mort de son neveu, et du danger qu'il courait lui-même, monta promptement à cheval, et se déroba par la fuite à ses ennemis. Cependant quelques sénateurs eurent le courage de s'assembler dans le palais de la république. D'abord quelques-uns osèrent tenter de rallier les soldats dispersés et d'attaquer un corps des conjurés ; mais se voyant repoussés avec perte, ils prirent le parti de négocier avec un ennemi auquel ils ne pouvaient résister. En conséquence, on envoya des députés à Fiesque pour savoir de lui quelles étaient ses prétentions, ou plutôt pour se soumettre à toutes les conditions qu'il lui plairait de prescrire.

Mais déjà ce chef des conjurés n'était plus. A l'instant même où, après s'être emparé de la flotte, il était prêt à revenir joindre ses compagnons victorieux, un bruit extraordinaire se fit entendre à bord de la galère amirale. Dans cette alarme, craignant que les forçats ne rompissent leurs chaînes pour accabler ses gens, il y courut ; mais la planche sur laquelle il passait avec précipitation du rivage au vaisseau s'étant renversée, il tomba dans la mer. Le poids de son armure le fit couler à fond. Il périt au moment même où il allait jouir du succès de son ambition. Verrina fut le premier qui s'aperçut de ce funeste accident. Il en prévit à l'instant toutes les conséquences, et n'en avertit qu'un petit nombre de conjurés. Au milieu des ténèbres et de la confusion de la nuit, il ne leur était pas difficile de tenir ce secret caché, jusqu'à ce qu'un traité avec les sénateurs eût mis la ville en leur pouvoir. Mais tout leur espoir fut bientôt détruit par l'imprudence de

Jérôme de Fiesque. Les députés chargés des propositions du sénat, lui ayant demandé où était le comte
de Lavagne, il leur répondit avec une vanité puérile : « C'est moi qui le suis maintenant, et c'est avec
» moi que vous devez traiter. » Ce peu de mots
éclairant tout à la fois et ses amis et ses ennemis,
fit sur les uns et les autres l'impression qu'on en
devait attendre. Les députés, encouragés par cet
événement, le seul qui pût tourner la révolution
à leur avantage, changèrent de ton avec une présence d'esprit admirable, et réglèrent leurs demandes sur la faveur des circonstances. Mais tandis qu'ils
cherchaient à prolonger la négociation, les autres
magistrats s'occupaient à rassembler leurs partisans
pour en former un corps qui pût défendre le palais
du sénat. D'un autre côté, les conjurés, consternés de la mort d'un homme qui était leur espoir et
leur idole, n'ayant aucune confiance dans Jérôme
qui n'avait que l'étourderie et la présomption de la
jeunesse, perdirent courage, et les armes leur tombèrent des mains. Ainsi le secret si profond et si
surprenant qui jusqu'alors avait contribué au succès de la conspiration, fut la principale cause qui
la fit échouer. Le chef était mort : la plupart de
ceux qu'il faisait agir ne connaissaient ni les confidents de son dessein, ni le but où il aspirait. Aucun
d'entre eux n'avait assez d'autorité ou de talents
pour prendre la place de Fiesque, et pour achever
son ouvrage. Privé de l'esprit qui l'animait, le corps
entier resta sans force, sans mouvement. Plusieurs
des conjurés se retirèrent dans leurs maisons, espérant que les ténèbres de la nuit qui couvraient leur
crime, auraient caché leur personne ; d'autres cher-

chèrent leur sûreté dans une prompte retraite : enfin, avant qu'il fût jour, tous s'enfuirent avec précipitation d'une ville, qui, peu d'heures auparavant, était prête à les recevoir pour maîtres.

Dès le matin suivant, tout fut tranquille dans Gênes. On n'y vit pas un ennemi : à peine y parut-il
quelque trace du désordre de la nuit. Cette conspiration avait causé plus de tumulte que de carnage,
et la surprise avait mieux servi les conjurés que la
force. Vers le soir, André Doria rentra dans la ville
aux acclamations de joie des habitants, qui coururent au-devant de lui. Quoiqu'il eût encore l'esprit
rempli du trouble et du danger de la nuit précédente ; quoiqu'il eût sous les yeux le corps sanglant
de son neveu ; telles furent sa modération et sa magnanimité, que le décret porté par le sénat contre les
conspirateurs, n'excéda point les bornes de la juste
sévérité qu'exigeait le maintien du gouvernement, et
que rien n'y fut dicté par le ressentiment ni par l'a-
nimosité de la vengeance.

Doria envoya immédiatement à Charles un ambassadeur chargé de l'informer des détails de cet
événement et de lui demander des secours pour
attaquer Montobbio, forteresse considérable dans
les domaines héréditaires de la maison de Fiesque,
où Jérôme s'était renfermé. L'Empereur ne fut pas
moins alarmé qu'étonné d'une entreprise si extraordinaire. Il ne pouvait croire que les conjurés ne fussent pas soutenus par quelque puissance étrangère ;
ce qui le toucha davantage, fut d'entendre dire que
le roi de France favorisait cette tentative ; ses soupçons n'avaient cependant aucun fondement. Dès
lors il craignit que cette étincelle ne rallumât l'en-

brasement qui avait causé tant de ravages en Italie. Dans cette situation, il suspendit ses opérations en Allemagne; c'eût été en effet une imprudence de sa part que de marcher en personne contre l'électeur, sans avoir quelque certitude qu'il ne se préparait pas en Italie une révolution qui l'empêcherait de tenir la campagne en Saxe avec des forces suffisantes.

FIN DU LIVRE HUITIÈME.

LIVRE NEUVIÈME.

SOMMAIRE.

François Ier est jaloux de la puissance de l'Empereur. — Ses négociations pour former une ligue contre Charles. — Alarmes de
l'Empereur. — Mort de François. — Son caractère. — Sa rivalité avec Charles. — L'Empereur marche contre l'électeur de
Saxe. — Bataille de Muhlberg. — L'électeur est fait prisonnier.
— Siége de Wittemberg. — Traité de Charles avec l'électeur.
— Négociation avec le landgrave. — Perfidie de Charles à son
égard. — Exactions rigoureuses de l'Empereur en Allemagne.
— Sévérité de Ferdinand à l'égard de la Bohème. — Diète d'Augsbourg. — Le concile général est transféré de Trente à Bologne.
— L'Empereur s'empare de Plaisance. — Il proteste contre le
concile de Bologne. — L'Empereur présente un système religieux pour servir de règle de foi en Allemagne. — La diète est
forcée d'approuver ce système, appelé l'*Intérim*. — L'Empereur emploie les moyens les plus rigoureux pour faire exécuter
l'*Intérim*. — Voyage de Philippe, fils de Charles, dans les Pays-
Bas.

(1547) La crainte que l'Empereur avait conçue
des dispositions de guerre du roi de France n'était
pas fondée sur des soupçons imaginaires et frivoles.
François Ier avait vu avec douleur les progrès rapides des armes de l'Empereur, et il craignait que
son rival n'atteignît un degré de puissance qui le
mettrait en état de donner la loi au reste de l'Europe. Pour combattre l'accroissement du pouvoir de
Charles-Quint, le roi de France se lia avec les chefs
de la ligue allemande; il sollicita Soliman de re-

prendre les hostilités en Hongrie, il cherchait à effrayer le Pape en lui montrant le pouvoir impérial dominant en Italie; il négocia avec le Danemark et avec les ministres qui gouvernaient l'Angleterre au nom d'Édouard VI. L'Empereur pénétra toutes ces intrigues, et fut vivement alarmé de la ligue redoutable que son infatigable rival semblait sur le point de soulever contre lui; toutefois il se rassurait en considérant l'affaiblissement progressif de la santé de François.

Ce bonheur singulier, qui a distingué Charles et sa famille d'une manière si remarquable que certains historiens l'ont appelé l'étoile de la maison d'Autriche, ne se démentit pas en cette occasion. François I.ᵉʳ mourut à Rambouillet, le dernier jour du mois de mars, dans la cinquante-troisième année de son âge, et la vingt-troisième de son règne. Pendant vingt-huit ans de ce règne, une animosité déclarée divisa ce prince et l'Empereur et enveloppa non-seulement leurs propres états, mais encore la plus grande partie de l'Europe, dans des guerres, soutenues avec un acharnement plus violent et plus durable qu'aucune de celles qui s'étaient faites dans les temps antérieurs. Plusieurs circonstances y contribuaient : la rivalité de ces princes était fondée sur une opposition d'intérêts, excitée par la jalousie personnelle, et envenimée par des insultes réciproques. En même temps, si l'un des deux paraissait avoir quelque avantage propre à lui donner la supériorité, cet avantage se trouvait balancé par quelque circonstance favorable à l'autre. Les domaines de l'Empereur étaient plus étendus; ceux du roi de France étaient plus réunis. François gouvernait son royaume avec une autorité absolue : Charles n'avait qu'un pouvoir limité, mais il y suppléait par son adresse. Les troupes du premier avaient plus d'audace et d'impétuosité : celles du second étaient plus patientes et mieux disciplinées. Il y avait dans les talents des deux monarques autant de différence que dans les avantages respectifs dont ils jouissaient, et cette différence ne contribua pas peu à prolonger leurs querelles. François prenait une résolution avec célérité, la soutenait d'abord avec chaleur, et en poursuivait l'exécution avec audace et activité : mais il manquait de la persévérance nécessaire pour surmonter les difficultés, et souvent il abandonnait ses projets ou se relâchait dans l'exécution, soit par impatience, soit par légèreté. Charles délibérait froidement et se décidait lentement; mais lorsqu'une fois il avait arrêté son plan, il le suivait avec une obstination inflexible, et ni le danger ni les obstacles ne pouvaient le détourner dans l'exécution. L'influence de leurs caractères sur leurs entreprises dut mettre une égale différence dans les succès. François, par son impétueuse activité, déconcerta souvent les plans de l'Empereur les mieux concertés. Charles, en suivant ses vues avec sang-froid, mais avec fermeté, arrêta souvent son rival dans sa carrière rapide, et repoussa ses plus vigoureux efforts. Le premier, à l'ouverture d'une guerre ou d'une campagne, fondait sur son ennemi avec la violence d'un torrent, et entraînait tout ce qui se trouvait devant lui : le second, attendant pour agir que les forces de son rival commençassent à diminuer, recouvrait à la fin tout ce qu'il avait perdu, et faisait souvent de nouvelles acquisitions. Le roi de France forma différents projets de conquêtes : mais, quelque brillants que fussent les commencements de ses entreprises, la fin en fut rarement heureuse : plusieurs des entreprises de l'Empereur, qu'on jugeait impraticables et désespérées, se terminèrent avec le plus grand succès. François se laissait éblouir de l'éclat d'un projet ; Charles n'était séduit que par la perspective des avantages qu'il pouvait en recueillir. Le degré de leur mérite et de leur réputation respective n'a cependant été encore fixé ni par un examen scrupuleux de leurs talents pour le gouvernement, ni par la considération impartiale de la grandeur et du succès de leurs entreprises : François est un de ces princes dont la renommée est au-dessus de leur génie et de leurs actions ; et cette préférence est l'effet de plusieurs circonstances réunies. La supériorité que donna à Charles la victoire de Pavie, et qu'il conserva dès lors jusqu'à la fin de son règne, était si manifeste que les efforts de François, pour affaiblir la puissance énorme et toujours croissante de son rival, furent jugés par la plupart des autres états, non-seulement avec la partialité qu'inspirent naturellement ceux qui soutiennent avec courage un combat inégal, mais même avec la faveur que méritait celui qui attaquait un ennemi commun, et tâchait de réprimer le pouvoir d'un souverain également formidable à tous les autres. D'ailleurs la réputation des princes, surtout aux yeux de leurs contemporains, dépend autant de leurs qualités personnelles que de leurs talents pour le gouvernement. François commit des fautes graves et multipliées, et dans sa conduite politique, et dans son administration inté-

rieure ; mais il fut humain, bienfaisant, généreux ;
il avait de la dignité sans orgueil, de l'affabilité
sans bassesse, et de la politesse sans fausseté ; il était
aimé et respecté de tous ceux qui approchaient de
sa personne, et tout homme de mérite avait accès
auprès de lui. Séduits par les qualités de l'homme,
ses sujets oublièrent les défauts du monarque ; ils
l'admiraient comme le gentilhomme le plus accom-
pli de son royaume, et ils se soumirent sans murmure à des actes d'administration vigoureuse, qu'ils
n'auraient pas pardonnés à un prince moins aimable.
Il semble cependant que cette admiration aurait dû
n'être que momentanée et mourir avec les courtisans de ce monarque ; l'illusion qui naissait de ses
vertus privées a dû se dissiper, et la postérité devrait
juger sa conduite publique avec son impartialité ordinaire ; mais cet effet naturel a été contrebalancé par
une autre circonstance, et le nom de François a passé
à la postérité avec une gloire dont le temps n'a fait
qu'augmenter l'éclat. Avant son règne les sciences
et les arts avaient fait peu de progrès en France ; à
peine commençaient-ils à franchir les limites de
l'Italie, où ils venaient de renaître et qui avait été,
jusqu'alors, leur unique séjour. François les prit
sous sa protection ; il voulut égaler Léon X par l'ardeur et la magnificence avec lesquelles il encouragea
les lettres. Il appela les savants à sa cour ; il con-
versa familièrement avec eux, il les employa dans
les affaires, il les éleva aux dignités et il les honora
de sa confiance. Les gens de lettres ne sont pas
moins flattés d'être traités avec la distinction qu'ils
croient mériter, que disposés à se plaindre lorsqu'on
leur refuse les égards qui leur sont dus ; ils crurent

qu'ils ne pouvaient porter trop loin leur reconnaissance pour un protecteur si généreux ; et célébrè-
rent, à l'envi, ses vertus et ses talents. Les écrivains
postérieurs adoptèrent ces éloges, et y ajoutèrent
encore. Le titre de père des lettres qu'on avait donné
à François, a rendu sa mémoire sacrée chez les historiens ; ils semblent avoir regardé comme une sorte
d'impiété de relever ses faiblesses et de censurer ses
défauts. Ainsi François, avec moins de talents et de
succès que Charles, jouit peut-être d'une réputation
plus brillante ; et les vertus personnelles dont il était
doué, lui ont mérité plus d'admiration et d'éloges
que n'en ont inspiré le vaste génie et les artifices
heureux d'un rival plus habile, mais moins aimable.

La mort du roi de France produisit un changement considérable dans l'état de l'Europe. L'Empereur, vieilli dans l'art du gouvernement, n'avait plus
pour rivaux que de jeunes monarques peu dignes
d'entrer en lice avec celui qui avait lutté si longtemps, et presque toujours heureusement, avec des
princes tels que Henri VIII et François Ier. Cette
mort délivra Charles de toute inquiétude, et il
se trouva heureux de pouvoir commencer avec succès, contre l'électeur de Saxe, les opérations qu'il
avait été obligé de suspendre jusqu'alors. Il savait
que les talents de Henri II, qui venait de monter
sur le trône de France, étaient bien inférieurs à
ceux de son père ; il prévit que ce nouveau monarque serait, pendant quelque temps, trop occupé à
renvoyer les anciens ministres, qu'il haïssait, et à
satisfaire les désirs ambitieux de ses propres favoris,
pour qu'on eût quelque chose à craindre, soit de

ses efforts personnels, soit de quelque confédération formée par ce prince sans expérience.

Comme il était difficile de prévoir combien durerait cet intervalle de sécurité, Charles se détermina à en profiter sur-le-champ; dès qu'il eut appris la mort de François, il se mit en marche d'Egra, sur les frontières de Bohème; mais le départ des troupes du Pape, joint à la retraite des Flamands, avait tellement affaibli son armée, qu'il ne put rassembler que seize mille hommes. Ce fut avec des forces si peu considérables, qu'il commença une expédition dont l'événement devait fixer le degré d'autorité dont il jouirait dorénavant en Allemagne. L'électeur avait d'ailleurs perdu l'avantage du nombre, en divisant ses troupes, et en les cantonnant en différentes villes de la Saxe.

L'Empereur entra en Saxe par la frontière méridionale, et attaqua Altorf sur l'Elster. On vit bientôt combien la manœuvre de l'électeur était insensée; car les troupes, qui se trouvaient dans cette ville, se rendirent sans résistance, et celles qu'on avait envoyées dans les autres places entre Altorf et l'Elbe, suivirent cet exemple ou s'enfuirent à l'approche des Impériaux. Charles ne laissa pas aux Saxons le temps de se remettre de la terreur panique dont ils paraissaient être frappés, et il marcha en avant sans perdre un seul moment. L'électeur, qui avait établi son quartier-général à Meissen, flottait dans l'état d'indécision et d'incertitude qui lui était naturel; il se montrait même plus indécis, à proportion que le danger paraissait plus urgent et exigeait des résolutions plus promptes. Quelquefois il semblait déterminé à défendre les bords de l'Elbe, et à tenter le sort d'une bataille, dès que les détachements qu'il avait appelés à lui, seraient à portée de le joindre. D'autres fois, regardant ce parti comme téméraire et trop périlleux, il paraissait adopter les avis plus prudents de ceux qui lui conseillaient de tâcher de traîner la guerre en longueur, en se retirant sous les fortifications de Wittemberg, où les Impériaux ne pourraient l'attaquer sans un désavantage sensible, tandis qu'il y attendrait en sûreté les secours qui devaient lui arriver du Meklembourg, de la Poméranie et des villes protestantes de la Baltique. Sans s'arrêter avec décision à l'un ou à l'autre de ces deux plans, il rompit le pont de Meissen, et marcha le long de la rive orientale de l'Elbe, jusqu'à Muhlberg. Là, il délibéra de nouveau, et après avoir hésité longtemps il s'en tint à un de ces partis mitoyens, qui sont toujours agréables aux âmes faibles, et incapables de résolution et de fermeté. Il laissa un détachement à Muhlberg pour s'opposer aux Impériaux, s'ils tentaient de passer la rivière en cet endroit; et, s'avançant à quelques milles de là avec son armée, il y campa, en attendant l'événement, sur lequel il se proposait de régler ses démarches ultérieures.

Cependant Charles, qui marchait toujours sans s'arrêter, arriva le 23 d'avril, au soir, sur les bords de l'Elbe, vis-à-vis de Muhlberg. La rivière avait, en cet endroit, trente pas de largeur et plus de quatre pieds de profondeur: son courant était rapide, et le bord que les Saxons occupaient était plus élevé que celui où il se trouvait. Ces obstacles cependant n'arrêtèrent point l'Empereur; il assembla ses officiers-généraux, et, sans demander leur avis, il leur communiqua la résolution où il était de tenter, le lendemain, au matin, le passage de la rivière, et d'attaquer l'ennemi partout où il pourrait le rencontrer. Tous ses généraux ne purent s'empêcher de témoigner l'étonnement que leur inspirait une résolution si hardie; le duc d'Albe, quoique naturellement audacieux et bouillant, et Maurice de Saxe, quoique impatient d'accabler l'électeur, son rival, firent eux-mêmes des représentations très-vives contre ce parti; mais Charles, se fiant davantage à son propre jugement ou à sa fortune, n'eut point égard à leurs raisons, et donna les ordres nécessaires pour l'exécution de son plan.

Dès le point du jour, un corps d'infanterie espagnole et italienne marcha vers la rivière, et commença à faire un feu continuel sur l'ennemi. Les longs et pesants mousquets, dont on se servait alors, faisaient beaucoup de ravage sur la rive opposée; plusieurs soldats impériaux, emportés par une ardeur guerrière, et voulant s'approcher plus près de l'ennemi, entrèrent dans la rivière, et s'y avançant jusqu'à la hauteur de la poitrine, ils tiraient avec une direction plus sûre et avec plus d'effet. Sous la protection de ce feu de mousqueterie, on commença à établir un pont de bateaux pour l'infanterie; un paysan ayant proposé de faire passer la cavalerie par un gué qu'il connaissait, elle se mit aussi en mouvement; les Saxons, qui étaient postés à Mulhberg, tâchèrent de troubler ces opérations par le feu assez vif d'une batterie qu'ils avaient élevée; mais comme les terrains bas des bords de l'Elbe étaient couverts d'un brouillard épais, ils ne pouvaient pas diriger leurs coups avec assez de justesse, et ils ne firent pas beaucoup de mal aux Impériaux. Les Saxons, au contraire, fort maltraités par le feu des Espagnols et des Italiens, brûlèrent quelques bateaux qui avaient été rassemblés près du village, et se préparèrent à faire retraite. Les Impériaux s'étant aperçus de ce dessein, dix soldats Espagnols se dépouillèrent sur-le-champ, et, prenant leurs épées entre leurs dents, se jetèrent à la nage, traversèrent la rivière, mirent en fuite quelques Saxons qui voulurent les arrêter, et sauvèrent des flammes autant de bateaux qu'il leur en fallait pour achever le pont : cette action si hardie et si heureuse anima le courage de leurs compagnons, et jeta l'épouvante parmi leurs ennemis.

En même temps, chaque cavalier prenant en croupe un fantassin, tous commencèrent à entrer dans la rivière : la cavalerie légère marchait à la tête suivie par les gendarmes que l'Empereur conduisait en personne, monté sur un beau cheval, vêtu d'un habit superbe, et tenant une javeline à la main. Ce corps nombreux de cavaliers, s'agitant à travers une grande rivière, où, suivant la direction de son guide, il était obligé de suivre différents détours : marchant quelquefois sur un terrain solide, et quelquefois se mettant à la nage, présentait, au reste de l'armée qu'il laissait sur le rivage, un spectacle également intéressant et magnifique. Le courage de cette troupe surmonta à la fin tous les obstacles : personne n'osait montrer un sentiment de crainte, lorsque l'Empereur partageait tous les dangers avec le dernier de ses soldats. Dès que Charles eut atteint la rive opposée, sans attendre le reste de son infanterie, il marcha aux Saxons à la tête des troupes qui avaient passé la rivière avec lui : celles-ci encouragées encore par le succès de leur entreprise, et méprisant un ennemi qui n'avait osé les attaquer lorsqu'il pouvait le faire avec tant d'avantage, ne tinrent aucun compte de la supériorité du nombre, et marchèrent au combat comme à une victoire certaine.

Pendant toutes ces opérations, qui nécessairement durent consumer beaucoup de temps, l'électeur resta dans son camp, sans faire aucun mouvement : il ne voulait pas même croire que l'Empereur eût passé la rivière et pût être si près de lui, aveuglement si extraordinaire, que les historiens les mieux instruits l'imputent à la perfidie de ses généraux qui l'avaient trompé par de faux avis. Lorsque les témoignages réunis de plusieurs témoins oculaires l'eurent enfin convaincu de sa fatale méprise, il donna ses ordres pour se retirer vers Wittemberg ; mais une armée allemande, embarrassée comme de coutume par ses bagages et son artillerie, ne pouvait se mettre en mouvement avec beaucoup de célérité. A peine avait-elle commencé sa marche, que les troupes légères de l'ennemi se firent apercevoir, et l'électeur vit qu'il ne pouvait éviter une bataille. Comme il avait autant de bravoure dans l'action que d'indécision dans le conseil, il fit ses dispositions pour le combat avec la plus grande présence d'esprit et beaucoup de prudence : il profita d'une grande forêt pour couvrir ses ailes, de manière à ne pas craindre d'être enveloppé par la cavalerie ennemie, beaucoup plus nombreuse que la sienne. L'Empereur de son côté rangeait ses troupes en bataille à mesure qu'elles avançaient, et parcourant les rangs à cheval, il exhortait ses soldats, en peu de mots, mais en termes énergiques, à faire leur devoir. Les deux armées étaient animées par des sentiments bien différents. Le ciel, qui jusqu'à ce moment avait été sombre et couvert de nuages, s'étant éclairci tout à coup, cette circonstance fit sur les deux partis opposés une impression analogue à la disposition des esprits. Les Saxons surpris et découragés se virent avec peine exposés aux regards de leurs ennemis; les Impériaux, assurés que les troupes protestantes ne pouvaient plus leur échapper, se réjouirent du retour du soleil, comme d'un présage certain de la victoire. Le combat n'aurait été ni long ni douteux, si le courage des Saxons n'eût été ranimé et soutenu par la bravoure personnelle de l'électeur, et par l'activité qu'il déploya, dès le moment que l'approche de l'ennemi lui eut fait regarder un engagement général comme inévitable. Ils repoussèrent d'abord la cavalerie légère hongroise, qui commença l'attaque, et reçurent avec beaucoup de vigueur les gendarmes qui s'avancèrent ensuite à la charge; mais, comme ceux-ci étaient la fleur de l'armée impériale, et qu'ils combattaient sous les yeux de l'Empereur, les Saxons furent obligés de plier; les troupes légères des Impériaux se ralliant en même temps, et tombant sur leurs flancs, la déroute devint bientôt générale. Un petit corps de soldats choisis que l'électeur commandait en personne, continuait encore de se défendre, et tâchait de sauver son souverain en se retirant dans la forêt. Mais cette troupe ayant été enveloppée de tous côtés, l'électeur qui était blessé au visage et épuisé de fatigue, et qui voyait l'inutilité d'une plus longue résistance, se rendit prisonnier. Il fut conduit sur-le-champ vers l'Empereur, qui, revenant alors de la poursuite des fuyards, jouissait, au milieu du champ de bataille, de la vue de tout son succès, et recevait les compliments de ses officiers, sur la victoire complète qu'il venait de remporter par sa valeur et sa prudence. L'électeur, dans la situation malheureuse et humiliante où il était réduit, montra un maintien également noble et décent; il se présenta à son vainqueur sans prendre un air d'orgueil ou d'humeur qui n'aurait pas convenu à un captif; mais il ne s'abaissa non plus à aucune marque de soumission, indigne du rang élevé qu'il tenait parmi les princes d'Allemagne. « Le hasard de la guerre, » dit-il, « m'a fait votre prisonnier, très-gracieux » Empereur, et j'espère d'être traité... » Ici, Charles l'interrompit brusquement : « On me reconnaît donc » enfin pour Empereur? lui dit-il. Charles de Gand » était le seul titre que vous m'aviez donné jusqu'ici. » Vous serez traité comme vous le méritez. » Après ces mots, il tourna le dos à l'électeur d'un air très-fier, et le quitta. À ce traitement cruel, le roi des Romains ajouta, en son propre nom, des reproches accompagnés d'expressions moins généreuses encore et plus insultantes. L'électeur ne fit point de réponse, et d'un air calme et tranquille, sans montrer ni abattement ni surprise, il suivit les soldats espagnols désignés pour le garder.

Cette victoire décisive ne coûta aux Impériaux que cinquante hommes; douze cents Saxons y perdirent la vie, surtout dans la déroute, et il y en eut un plus grand nombre encore de prisonniers. Un corps de quatre cents hommes, vint à bout de s'échapper et arriva à Wittemberg avec le prince électoral, qui avait été blessé aussi dans l'action.

L'Empereur resta deux jours sur le champ de bataille, en partie pour rafraîchir son armée, en partie pour recevoir les députés des villes voisines, qui s'empressèrent de mériter sa protection en se soumettant à ses volontés ; après quoi il marcha à Wittemberg, dans le dessein de terminer tout d'un coup la guerre, en s'emparant de cette place. L'infortuné électeur fut emmené comme en triomphe, et exposé partout, dans l'état d'un captif, aux yeux de ses propres sujets. Ce spectacle affligeait tous ceux qui aimaient et honoraient ce prince ; mais un si sensible outrage ne put abattre la fierté de son âme, ni même troubler son sang-froid et sa tranquillité ordinaire.

Wittemberg était alors la résidence de la branche électorale de la famille de Saxe ; c'était une des plus fortes villes de l'Allemagne, très-difficile à prendre, si elle était bien défendue. L'Empereur y marcha avec la plus grande célérité, espérant trouver ses habitants dans la consternation et prêts à se rendre dès qu'il se présenterait devant leurs murs. Mais Sibille de Clèves, femme de l'électeur, qui joignait beaucoup de talents à une grande vertu, anima les habitants à une défense courageuse, et adressa à l'Empereur une réponse pleine de fierté, en l'avertissant d'avoir pour l'électeur tous les égards qui étaient dus à son rang, parce qu'elle était déterminée à traiter Albert de Brandebourg, qui était toujours prisonnier, comme l'électeur serait traité.

Charles n'avait pas le matériel nécessaire pour entreprendre un siège régulier ; Maurice s'engagea à fournir l'artillerie et les provisions nécessaires, mais il ne put le faire, et Charles chercha un expédient plus prompt pour se rendre maître de la ville. Il résolut d'alarmer la tendresse de l'épouse et des enfants de l'électeur, en les avertissant que si Wittemberg ne se rendait pas, l'électeur paierait de sa tête leur obstination, et il fit faire aussitôt le procès à son prisonnier. Le conseil de guerre, réuni d'une manière irrégulière et illégale, condamna l'électeur à être décapité; celui-ci montra dans cette circonstance une fermeté héroïque. Mais sa famille ne montra pas la même force, et, vaincu enfin par les larmes et les sollicitations des siens, l'électeur consentit à signer un traité par lequel il résignait la dignité électorale entre les mains de l'Empereur, et livrait les places de Wittemberg et de Gotha, et s'engageait à rester, pendant sa vie, prisonnier de l'Empereur. Maurice fut mis immédiatement en possession de l'électorat.

Le landgrave, beau-père de Maurice, était toujours en armes, et quoiqu'il restât alors le seul défenseur de la cause protestante, cet ennemi n'était ni faible, ni méprisable. Maurice et l'électeur de Brandebourg se portèrent pour médiateurs entre ce prince et Charles, qui exigea les conditions les plus rigoureuses. Il voulait que le landgrave se soumît entièrement aux décrets de la chambre impériale, livrât sa personne et ses états, et se mît entièrement à sa discrétion. Le landgrave n'osa pas courir les chances d'une lutte avec un adversaire si redoutable, et il se soumit, bien qu'avec une extrême répugnance. Sur les assurances verbales données par l'Empereur à Maurice et à l'électeur de Brandebourg, le landgrave fit taire sa défiance, et se rendit au camp impérial. Au moment où il allait subir l'humiliation de faire sa soumission publique à l'Empereur, on lui présenta à signer une copie des articles qu'il avait déjà acceptés; mais on avait ajouté des conditions nouvelles qui n'avaient pas été d'abord stipulées. Cette fraude excita très-vivement son indignation, et ce ne fut pas sans peine que Maurice et l'électeur de Brandebourg levèrent cet obstacle. La cérémonie s'acheva enfin, et l'Empereur y montra une contenance dure et hautaine. Le soir même, le landgrave reçut ordre de rester prisonnier chez le duc d'Albe, sous la garde de soldats espagnols. Cette nouvelle excita chez ce malheureux prince un profond étonnement, qui fit immédiatement place à la plus violente fureur. Maurice et l'électeur de Brandebourg, qui sentaient que cette fourberie les déshonorait, adressèrent à l'Empereur les sollicitations les plus pressantes; mais le monarque resta fier et inflexible, et les deux princes furent obligés de quitter la cour, en laissant dans les fers un ami auquel ils avaient, sur leur honneur, garanti la liberté.

Le landgrave et l'électeur furent traînés à la suite de l'Empereur, qui, dans chaque lieu qu'il visitait, les donnait en spectacle, renouvelant ainsi leur opprobre et son triomphe. Réunissant l'oppression à l'opprobre, l'Empereur exerçait sur l'Allemagne les droits les plus rigoureux d'un conquérant; il enlevait l'artillerie des villes et des princes, levait des sommes considérables, et commettait toute espèce d'exactions.

Tandis que Charles donnait la loi aux Allemands,

comme à un peuple vaincu. Ferdinand traitait ses
sujets en Bohême avec encore plus de rigueur. Irrités de ce qu'il avait voulu étendre les prérogatives
royales, et excités d'ailleurs par la doctrine des réformateurs que Jean Hus avait répandue dans leur
pays, les Hongrois s'étaient révoltés et avaient levé
une armée de trente mille hommes. La soumission de
l'électeur de Saxe et l'approche de Ferdinand à la
tête d'une armée impériale les déterminèrent à se
soumettre; mais leurs prières et leurs larmes n'eurent
aucune influence sur leur roi, qui leur imposa une
nouvelle forme de gouvernement, les désarma, et
punit de mort les chefs principaux du mouvement.

L'Empereur avait convoqué à Augsbourg une diète
pour terminer définitivement les controverses de
religion qui depuis si longtemps troublaient l'Empire. Il avait entouré cette assemblée de ses troupes,
de manière à la tenir sous sa dépendance. Charles
commença par engager les membres de la diète à
reconnaître l'autorité du concile général qui avait
été réuni à Trente. Cette assemblée venait d'être
transférée à Bologne, parce qu'une maladie qui
s'était déclarée à Trente avait quelque chose de pes-
tilentiel. Quelques membres du concile dévoués
à Charles étaient restés à Trente, et l'Empereur
lui-même avait insisté pour que le concile retournât
dans cette ville, mais Paul n'avait eu aucun égard à
sa demande. Cette circonstance donna un nouvel
aliment aux mécontentements élevés entre l'Empereur et le Pape, et qui devinrent encore plus vifs,
lorsqu'après le meurtre de Farnèse, les troupes impériales se furent emparées de Plaisance.

(1548.) Ce fut à ce moment que la diète d'Augsbourg, se conformant aux ordres de l'Empereur, sollicita le Pape d'enjoindre aux prélats qui s'étaient retirés à Bologne de retourner à Trente et d'y reprendre leurs délibérations. Paul consulta les docteurs qui étaient à Bologne, lesquels déclarèrent que le concile ne pouvait pas, sans manquer à sa dignité, retourner à Trente, à moins que les prélats qui, en y restant, avaient montré un esprit de schisme, ne se rendissent auparavant à Bologne, pour s'y réunir avec leurs frères. L'Empereur, à qui cette réponse fut communiquée, envoya à Bologne deux jurisconsultes, qui, en présence des légats, protestèrent que la translation du concile dans cette ville s'était faite sans nécessité et sur des prétextes faux ou frivoles; que tant qu'il continuerait d'y tenir ses séances, il ne devait être regardé que comme un conventicule illégal et schismatique; que par conséquent toutes ses décisions devaient être regardées comme nulles et sans validité. Quelques jours après, l'ambassadeur impérial, résidant à Rome, renouvela cette protestation en présence du souverain pontife, dans les termes les moins mesurés et les moins respectueux.

L'Empereur fit connaître à la diète l'inutilité de ses démarches, et en même temps il lui annonça qu'il avait employé quelques théologiens distingués par leurs talents et leurs lumières à préparer un système de doctrine auquel les peuples seraient tenus de se conformer, jusqu'à ce qu'on pût convoquer un concile tel qu'on le désirait, projet absurde et injurieux à l'Église. Ce système avait été composé par Pflug, Helding et Agricola; les deux premiers étaient deux dignitaires de l'Église romaine, estimés par leur caractère pacifique et conciliateur ; le dernier était un théologien protestant. Les articles, qui avaient été présentés à la diète de Ratisbonne en 1541, dans la vue de concilier les partis opposés, servirent de modèle au nouveau système, mais les protestants y étaient moins ménagés. On leur cédait seulement sur deux points : il était permis à ceux des ecclésiastiques qui s'étaient mariés et qui ne voudraient pas se séparer de leurs femmes, d'exercer toutes les fonctions de leur ministère sacré ; et les provinces, qui avaient été accoutumées à recevoir le pain et le vin dans le sacrement de l'Eucharistie, pouvaient conserver le privilége de communier ainsi sous les deux espèces ; mais on déclarait que ces articles étaient des concessions faites uniquement pour un temps, afin d'avoir la paix, et par égard pour la faiblesse et les préjugés des peuples.

Ce système de doctrine fut connu dans la suite sous le nom d'*Interim*, parce qu'il contenait des reglements provisoires qui ne devaient avoir de force que jusqu'à la réunion d'un autre concile général. L'Empereur le présenta à la diète, en déclarant l'intention où il était de le faire observer. A peine eut-il fini sa lecture, que l'archevêque de Mayence, président de l'assemblée, se leva, et déclara au nom de la diète, qu'elle acceptait le nouveau système, et qu'elle était résolue de s'y conformer en tout point. Personne n'eut le courage de contredire ce que l'archevêque venait d'avancer, et l'Empereur, ayant reçu cette déclaration comme une ratification entière et légale de l'*interim*, se prépara à en maintenir l'exécution comme d'un décret de l'empire.

Immédiatement après la dissolution de la diète, l'Empereur fit publier l'*Interim* en allemand et en latin. Cet écrit eut le sort ordinaire de tous les plans de conciliation. les deux opinions le repoussèrent également. Le Pape, éclairé par sa profonde expérience, prévit qu'un système que tous les partis attaquaient et qu'aucun ne défendait, ne pouvait pas être de longue durée, et qu'il n'aurait pas besoin d'interposer ses propres forces pour en accélérer la chute.

L'Empereur, amoureux de son plan, voulut le faire rigoureusement exécuter; mais il ne trouva pas partout la même condescendance que chez l'électeur palatin, l'électeur de Brandebourg et Maurice de Saxe. La fermeté de l'électeur de Saxe ne se démentit pas en cette occasion; l'Empereur lui ayant proposé de lui rendre la liberté s'il voulait accéder à l'*Interim*, le prisonnier répondit qu'il n'abandonnerait pas à la fin de ses jours une cause pour laquelle il avait déjà tant souffert; le landgrave, au contraire, écrivit à l'Empereur pour lui proposer d'approuver l'*Interim*; mais l'Empereur, qui savait que son exemple serait sans influence, méprisa son offre, et le fit resserrer plus rigoureusement.

Les villes impériales montrèrent aussi beaucoup de résistance, et il fallut soumettre par la force Strasbourg, Constance, Brême, Magdebourg et plusieurs autres places moins considérables.

Cependant Charles, satisfait d'avoir ainsi fait fléchir sous son autorité le caractère peu traitable des Allemands, partit pour les Pays-Bas, emmenant avec lui ses deux prisonniers, l'électeur de Saxe et le landgrave de Hesse. Avant d'arriver à Bruxelles, il apprit que les légats du Pape, à Bologne, avaient dissous le concile par une prorogation indéfinie, et que les prélats qui s'étaient assemblés dans cette ville, étaient retournés chacun dans sa patrie.

Charles aimait à passer d'une partie de ses états dans une autre; mais ce goût particulier n'était pas le seul motif de son voyage en Flandre; il voulait y recevoir son fils unique qui était alors dans sa vingt et unième année, et qu'il y avait appelé, non-seulement pour le faire reconnaître par les états des Pays-Bas comme son héritier présomptif, mais encore pour faciliter l'exécution d'un grand projet dont on développera bientôt l'objet et l'issue.

Philippe, ayant laissé le gouvernement de l'Espagne entre les mains de Maximilien, fils aîné de Ferdinand, s'embarqua pour l'Italie, suivi d'un nombreux cortège de noblesse espagnole. Il débarqua à Gènes; de là il alla à Milan, et, passant ensuite par l'Allemagne, il arriva à la cour impériale à Bruxelles. Philippe fut reçu avec une pompe extraordinaire par toutes les villes des Pays-Bas où il passa: des fêtes, des tournois, des spectacles publics de toute espèce furent exécutés avec cette magnificence extrême que les nations commerçantes aiment à déployer dans toutes les occasions où elles s'écartent de leurs maximes ordinaires d'économie. Mais au milieu des jeux et des fêtes, Philippe laissa voir, d'une manière remarquable, la sévérité naturelle de son caractère, et une partialité pour les Espagnols qui révolta les Flamands, et fut la source de cette antipathie qui devint par la suite si funeste à la monarchie espagnole.

Charles fut retenu longtemps dans les Pays-Bas

par une violente attaque de goutte. Il ne se relâcha cependant pas dans ses efforts pour l'exécution de l'*Interim*. Strasbourg et Constance, qui avaient pris les armes, furent réduits à se soumettre, à perdre leurs privilèges de villes libres et à recevoir garnison autrichienne. Magdebourg, Brême, Hambourg et Lubeck furent les seules villes impériales considérables qui ne se soumirent pas à la volonté de Charles.

FIN DU LIVRE NEUVIÈME.

LIVRE DIXIÈME.

SOMMAIRE.

Mort de Paul III. — Élection de Jules III. — Diète tenue à Augsbourg. — Desseins de Maurice de Saxe contre l'Empereur. — Sa protestation contre le Concile. — Projet de Charles pour faire passer la couronne impériale sur la tête de son fils Philippe. — Il est obligé d'y renoncer. — L'Empereur veut s'emparer de Parme, et Farnèse appelle le roi de France à son secours. — Hostilités en Italie. — Henri II proteste contre le second concile de Trente. — Siége de Magdebourg. — Conduite de Maurice en cette circonstance. — Son habileté à tromper l'Empereur et ses ministres. — Révolution en Hongrie. — Maurice sollicite l'appui du roi de France. — Son traité avec ce monarque. — Les princes allemands demandent encore une fois instamment la liberté du Landgrave. — Maurice entre en campagne contre l'Empereur. — Étonnement et embarras de Charles. — Succès de Maurice. — L'Empereur quitte précipitamment Inspruck. — Le concile de Trente se dissout. — Négociations pour la paix. — Traité de Passau.

(1550) Charles s'occupait avec une constance infatigable à vaincre l'obstination des protestants; mais les effets de sa fermeté étaient contre-balancés par ceux du Pape, qui voyait tous les jours d'un plus mauvais œil ses entreprises réitérées sur la juridiction ecclésiastique. Voyant aussi que l'Empereur persistait à conserver Plaisance, le pontife révoqua la cession qu'il avait faite de Parme et de Plaisance à la famille Farnèse, et déclara ces deux villes réunies au saint Siége. Il espérait par ce moyen obtenir la restitution de Plaisance, et assurer la conservation de Parme, qui deviendrait ainsi partie du patrimoine de l'Église. La mort vint interrompre ses projets, et termina sa carrière dans la seizième année de son pontificat, et la quatre-vingt-deuxième de son âge. Le cardinal del Monte fut élu à sa place, et prit le nom de Jules III. Le premier usage qu'il fit de son pouvoir fut de restituer Parme à Octave Farnèse. Il renvoya ensuite à une congrégation de cardinaux l'examen des mesures à prendre, pour rendre la paix à l'Église, et, sur leur avis, il envoya des nonces à la cour impériale et à celle de France, pour déclarer qu'il avait l'intention de convoquer un concile général à Trente.

Cependant l'Empereur avait convoqué une nouvelle diète à Augsbourg, dans la vue de donner plus d'activité à l'exécution de l'*Intérim*, et de faire signer à cette assemblée un acte plus authentique pour reconnaître la juridiction du concile, avec une promesse positive de se conformer à ses décrets. Il aurait obtenu sans difficulté tout ce qu'il désirait, si Maurice de Saxe n'avait pas commencé à montrer de nouvelles intentions, et à prendre un rôle très-différent de celui qu'il avait joué jusqu'alors. Ce prince devait sa haute position à l'étroite liaison qu'il avait entretenue avec l'Empereur, mais il n'en comprenait pas moins que la puissance envahissante de son protecteur devait effrayer l'Allemagne, et que, si on lui laissait faire encore quelques pas, Charles serait aussi absolu dans l'Empire qu'en Espagne. Étant devenu le prince le plus puissant de l'Empire, il avait aussi l'ambition de se faire le chef politique du protestantisme, et d'ailleurs il avait été profondément blessé par la perfidie dont l'Empereur avait usé à son égard, en retenant prisonnier le Landgrave. La politique, l'ambition et le ressentiment, déterminèrent donc Maurice à se tourner contre le souverain qui avait été son protecteur, et dont il avait semblé jusqu'alors l'ami le plus dévoué ; toutefois il cacha ses desseins avec la plus grande prudence, jusqu'à ce qu'il trouvât l'occasion de les faire éclater.

Maurice avait trouvé le moyen d'établir l'*Intérim* dans ses états, sans exercer de violence et par des voies de persuasion, et tout en protestant de toutes ses forces de son attachement à la religion réformée. En même temps, et pour ne pas inspirer de défiance à l'Empereur, il marchait contre les habitants de Magdebourg, qui avaient refusé de se soumettre à l'*Intérim*. Cette démarche ayant éloigné de lui les protestants, il crut devoir, pour les ramener, protester à la diète d'Augsbourg contre le concile de Trente ; ses ambassadeurs déclarèrent donc que leur maître ne reconnaîtrait l'autorité de ce concile qu'à des conditions tellement favorables que personne n'aurait osé les proposer à l'Empereur. Ce prince n'en fut cependant pas offensé, et Maurice eut l'art de rester dans ses bonnes grâces, malgré cette démonstration que tout le monde trouva pleine de hardiesse. En même temps, la diète décidait que les forces de l'Empire seraient employées à réduire Magdebourg, et demandait que le commandement en fût donné à Maurice ; l'Empereur y consentit très-volontiers, et Maurice accepta cette mission avec empressement.

(1551) Dans ces entrefaites, Jules avait convoqué le concile de Trente pour le premier mai ; malgré le soin qu'il avait eu d'exprimer dans sa bulle

ses droits à la direction des opérations du concile,
et malgré la répugnance que les protestants témoi-
gnaient à reconnaître de tels priviléges au Pape,
l'influence de l'Empereur détermina tous les princes
et les états de l'Empire à envoyer leurs représentants à Trente.

Pendant la durée de la diète d'Augsbourg, on fit
de nouvelles démarches auprès de l'Empereur pour
obtenir la liberté du Landgrave; Maurice et l'électeur de Brandebourg firent de nouveaux efforts dans
le même but, mais ce fut toujours en vain ; l'Empereur, par un acte public de sa volonté, annula
la promesse authentique que ces deux princes
avaient faite de se remettre eux-mêmes entre les
mains des jeunes princes de Hesse, si on attentait
à la liberté de leur père, et le Landgrave ayant tenté
de s'évader, fut transféré dans la citadelle de Mé-
chlin, où il fut gardé plus étroitement que jamais.

La même diète fut occupée d'une affaire qui intéressait encore de plus près l'Empereur, et qui excita également une alarme universelle parmi les
princes de l'Empire. Les succès des armes impériales avaient donné un nouvel essor à l'ambition dé-
mesurée de Charles, et il ne se proposait rien moins
que d'établir dans toute l'Allemagne l'uniformité
de religion et de rendre despotique l'autorité impériale. Il s'occupait déjà en outre de perpétuer dans
sa famille les acquisitions importantes qu'il allait
faire, en transmettant à la fois à son fils l'Empire
d'Allemagne, les royaumes d'Espagne et les états
d'Italie et des Pays-Bas. C'était dans ce but qu'il
avait fait venir son fils d'Espagne, et il ne craignit
pas de proposer à Ferdinand de céder à son neveu

le titre de roi des Romains, qui semblait lui assurer la succession à l'Empire. Mais l'Empereur rencontra chez son frère une opposition insurmontable, et qu'aucune promesse ne put fléchir. Charles songea alors à s'adresser aux électeurs, espérant les amener à révoquer le choix qu'il leur avait dicté lui-même autrefois, ou au moins à nommer Philippe second roi des Romains, en le désignant pour succéder immédiatement à son oncle. Mais il échoua encore de ce côté: le caractère hautain et sévère de Philippe avait choqué les électeurs, effrayés d'ailleurs de mettre un prince si puissant à la tête de l'Empire. L'Empereur dut donc renoncer à la réalisation d'un projet qu'il mûrissait depuis longtemps, et il renvoya Philippe en Espagne, pour l'en rappeler lorsqu'un nouveau plan d'ambition rendrait sa présence nécessaire.

La guerre semblait sur le point de se rallumer en Italie. Octave Farnèse, se voyant menacé par Gonzague, gouverneur de Milan, qui se disposait à s'emparer de Parme par l'ordre de l'Empereur, eut recours au roi de France. Henri II, qui venait de terminer heureusement la guerre avec l'Angleterre, conclut aussitôt une alliance avec lui. Le Pape, effrayé de voir la guerre si près de son territoire, avait ordonné à Octave de se désister de son traité avec la France, et sur son refus, il envoya contre lui des forces soutenues par celles que lui fournit Charles. Ainsi les Impériaux et les Français se retrouvèrent en présence en Italie, les premiers comme protecteurs du saint Siége, et les seconds comme alliés d'Octave. Cette campagne ne produisit pas d'évé-

nements remarquables, mais les Impériaux furent
obligés d'abandonner le siége de Parme.

Le mouvement et les alarmes de la guerre empêchèrent d'abord la réunion du concile, qui s'a-
journa au premier de septembre. Il s'y rendit à cette
époque environ soixante prélats, pour la plupart de
l'état ecclésiastique ou d'Espagne, et un petit nombre d'Allemands. Dès les premières séances, un
ambassadeur du roi de France se présenta et fit
quelques remontrances respectueuses aux Pères du
concile de la part du roi, son maître. Le concile
n'en procéda pas moins à l'examen des points importants qui lui étaient soumis. En attendant ses décisions, l'Empereur faisait les plus grands efforts
pour établir l'autorité et la juridiction du concile.
Il chassa de la ville d'Augsbourg les prédicateurs
protestants, et vint ensuite s'établir à Inspruck,
d'où il pouvait facilement observer ce qui se passait
à Trente, en Allemagne, et sur le territoire de
Parme.

Cependant, le siége de Magdebourg se poursuivait avec des succès alternatifs. Maurice de Saxe
avait pris le commandement des assiégeants, et se
faisait un mérite auprès de l'Empereur de son zèle
à exécuter ses décrets. Mais les approches de la place
se faisaient lentement ; la garnison troublait les assiégeants par de fréquentes sorties, elle détruisait à
mesure leurs ouvrages et enlevait des soldats dans les
postes avancés. Les bourgeois de Magdebourg, animés par les discours de leurs pasteurs, et les soldats de la garnison, encouragés par l'exemple de
leurs officiers, supportaient sans murmurer toutes
les fatigues du siége et se défendaient toujours avec

le même zèle qu'ils avaient montré d'abord : d'un autre côté, les soldats des assiégeants se relâchaient au contraire de leur ardeur, et murmuraient de tout ce qu'ils étaient obligés de souffrir dans un service qui leur déplaisait; ils se soulevèrent même plusieurs fois en demandant ce qui leur était dû de leur solde, qu'on n'avait pu leur payer depuis quelque temps, parce que les Allemands ne contribuaient qu'avec répugnance aux dépenses de cette guerre. Maurice avait d'ailleurs des motifs particuliers et qu'il n'osait pas encore avouer, pour ne pas pousser le siège avec vigueur; il aimait encore mieux rester à la tête d'une armée, exposé à toutes les imputations auxquelles la lenteur de ses opérations donnait lieu, que de précipiter une conquête qui, en ajoutant quelque chose à sa gloire, l'aurait mis dans la nécessité de licencier ses troupes.

Cependant les habitants commençaient à souffrir les horreurs de la disette; Maurice, se voyant dans l'impossibilité de prolonger davantage le siège, sans donner à l'Empereur des soupçons qui auraient déconcerté toutes ses mesures, conclut à la fin un traité de capitulation avec la ville, aux conditions suivantes : Que les habitants imploreraient avec soumission la clémence de l'Empereur; qu'à l'avenir ils ne prendraient point les armes, et n'entreraient dans aucune alliance contre la maison d'Autriche; qu'ils reconnaîtraient l'autorité de la chambre impériale; qu'ils se conformeraient aux décrets de la diète d'Augsbourg sur la religion, que les nouvelles fortifications, qui avaient été ajoutées à la place, seraient démolies; qu'ils paieraient une amende de cinquante mille couronnes, qu'ils livreraient à l'Empereur douze pièces d'artillerie; enfin, qu'ils donneraient la liberté sans rançon au duc de Mecklembourg et à tous les autres prisonniers. Le lendemain, la garnison sortit de la ville, et Maurice en prit possession avec toute la pompe militaire.

Avant que les articles de la capitulation fussent entièrement convenus, Maurice avait eu plusieurs conférences avec Albert, comte de Mansfeldt, qui avait le principal commandement à Magdebourg, et avec le comte Heideck, officier qui avait servi avec beaucoup de distinction dans les troupes de la ligue de Smalkalde, que l'Empereur avait proscrit à cause de son zèle pour la cause protestante, et que Maurice avait secrètement engagé à son service et admis dans sa confiance la plus intime. Il leur communiqua un plan, qui depuis longtemps occupait son esprit, et dont le but était de procurer la liberté au Land-grave, son beau-père; de rétablir les priviléges du corps germanique, et de mettre des bornes aux dangereuses usurpations de la puissance impériale. Après les avoir consultés sur les mesures qu'il serait nécessaire de prendre pour assurer le succès d'une entreprise si périlleuse, il donna à Mansfeldt des assurances secrètes que les fortifications de Magdebourg ne seraient point détruites, et que les habitants ne seraient ni troublés dans l'exercice de leur religion, ni privés d'aucune de leurs anciennes immunités. Afin d'engager plus sûrement Maurice, par son propre intérêt, à remplir ces promesses, le sénat de Magdebourg l'élut pour son burgrave; dignité qui avait anciennement appartenu à la maison électorale de Saxe, et qui lui donnait une juridiction très-étendue, tant dans la ville que dans le territoire.

Ainsi les bourgeois de Magdebourg, après avoir soutenu un siége d'une année entière, après avoir combattu pour leur liberté civile et religieuse avec une intrépidité que toute l'Europe admira, furent enfin assez heureux pour conclure un traité qui les laissa dans un meilleur état que ceux de leurs compatriotes, qui, par timidité et par défaut d'esprit patriotique, s'étaient soumis si bassement à l'Empereur. Mais tandis qu'une grande partie de l'Allemagne applaudissait au courage des Magdebourgeois, et se réjouissait de les voir échappés à la destruction dont ils avaient été menacés, tout le monde admira l'habileté de Maurice dans la conduite de sa négociation avec eux, et l'adresse avec laquelle il avait su tourner chaque événement à son avantage. On voyait avec étonnement qu'après avoir fait éprouver aux habitants de Magdebourg, pendant plusieurs mois, toutes les horreurs de la guerre, il était à la fin, par une élection volontaire, revêtu de l'autorité suprême dans cette même ville qu'il venait d'assiéger, et qu'après avoir été si longtemps l'objet de leurs déclamations et de leurs satires, comme apostat et ennemi de la religion qu'il professait, ces mêmes habitants paraissaient mettre une confiance sans bornes dans son zèle et dans sa bienveillance. En même temps les articles publics du traité de capitulation étaient si exactement conformes à ceux que l'Empereur lui-même avait accordés aux autres villes protestantes, et Maurice sut si bien faire valoir le mérite d'avoir réduit une place qui s'était défendue avec tant d'opiniâtreté, que Charles, loin de soupçonner ni fraude ni collusion dans les conditions du traité, le ratifia sans hésiter, et releva les Magdebourgeois de la sentence de ban qui avait été prononcée contre eux.

La seule difficulté qui pouvait encore embarrasser Maurice, c'était de tenir rassemblées les vieilles troupes qui avaient servi sous lui, et celles qui avaient été employées à la défense de la place. Il imagina, pour y réussir, un expédient d'une adresse singulière. Ses projets contre l'Empereur n'étaient pas encore assez mûrs pour qu'il osât les faire connaître et travailler ouvertement à les mettre en exécution. L'hiver qui approchait ne lui permettait pas d'entrer sur-le-champ en campagne. Il craignait de donner une alarme prématurée à l'Empereur, en retenant à sa solde un corps si considérable jusqu'à ce que le temps des opérations militaires fût revenu avec le printemps. Dès que Magdebourg lui eut ouvert ses portes, il permit à ses soldats saxons de retourner chez eux; comme c'étaient ses sujets, il était bien sûr de leur faire reprendre les armes et de les rassembler quand il en aurait besoin; il paya, en même temps, une partie de ce qui était dû aux troupes mercenaires qui avaient suivi ses étendards, aussi bien qu'aux soldats qui avaient servi dans la garnison; et après les avoir relevés de leur serment de fidélité, il les licencia. Mais au moment où il leur donna leur congé, Georges, duc de Mecklembourg, offrit de reprendre ces mêmes troupes à son service, et de se rendre caution pour le paiement de ce qui leur était encore dû. Ces aventuriers, accoutumés à changer souvent de maître, acceptèrent sans peine sa proposition; ainsi les mêmes troupes restèrent unies et prêtes à marcher partout où Maurice les appellerait; tandis que l'Empereur, trompé par

cet artifice, et imaginant que le duc de Mecklembourg ne les avait engagées que pour soutenir, par
la force des armes, ses prétentions sur une partie
des états de son frère, vit tout cet arrangement d'un
œil très-indifférent. Pour mieux tromper l'Empereur, Maurice affecta un grand empressement à re-
connaitre le concile de Trente et à y envoyer des
ambassadeurs.

De grandes difficultés s'étaient élevées relativement aux sûretés qu'exigeaient les docteurs protestants pour se rendre à Trente; l'Empereur leur
avait accordé des sauf-conduits, mais ils voulaient
en recevoir du concile lui-même, et des négociations sans fin s'ouvrirent à ce sujet. L'Empereur
voulut intervenir pour concilier les partis, et il se
trouva entraîné dans un inextricable dédale d'intrigues et de pourparlers. Tandis que Charles était
ainsi occupé, Maurice avait le loisir de laisser mûrir
son plan et d'achever ses préparatifs.

Mais, avant de raconter ses tentatives, il est
nécessaire de parler d'une révolution nouvelle qui
s'accomplit en Hongrie. En privant le jeune roi de
Hongrie de ses domaines, Soliman avait accordé à
ce prince la Transylvanie, dont il avait confié le
gouvernement à la reine et à Martinuzzi, évêque
de Waradin. Celui-ci se lia secrètement avec Ferdinand, et le décida à faire marcher une armée à
la conquête de la Hongrie. Les troupes du roi des
Romains ne trouvèrent pas de résistance, et Martinuzzi détermina la reine Isabelle à lui abandonner
la Transylvanie, lui promettant, au nom de ce
prince, une compensation suffisante. Ferdinand se
vit donc maître de ce pays, et prouva sa reconnais-

sance à Martinuzzi en le laissant gouverneur de la Transilvanie, en le nommant Évêque de Gran, et en obtenant pour lui du Pape la promesse qu'il serait fait cardinal. Cependant Ferdinand ne tarda pas à concevoir des soupçons sur la sincérité de Martinuzzi, et, se croyant faussement trahi par lui, il le fit assassiner par des conjurés. Cet acte de cruauté et d'ingratitude souleva contre lui la noblesse hongroise, et encouragea les Turcs à faire de nouveaux efforts pour reconquérir la Hongrie; ainsi le crime que Ferdinand avait ordonné, au lieu de consolider sa puissance en Hongrie, la compromit gravement.

Maurice, sur le point de commencer les hostilités contre l'Empereur, sollicita la protection de Henri II, et celui-ci s'empressa de conclure un traité qui lui donnerait l'occasion de satisfaire la haine héréditaire qu'il portait à Charles. Les tentatives de Maurice auprès du roi d'Angleterre, Édouard VI, furent moins heureuses; mais l'appui de la France suffisait pour le faire procéder avec confiance, mais avec une égale circonspection, à l'exécution de son plan. Il jugea qu'il était nécessaire de faire une nouvelle démarche auprès de l'Empereur pour obtenir la liberté du Landgrave; il envoya donc à Inspruck, en son nom et en celui de l'électeur de Brandebourg, une ambassade solennelle chargée de faire valoir toutes les considérations favorables à cet infortuné prisonnier. Les autres princes allemands, le roi de Danemark, les ducs de Bavière et de Lunebourg, le roi des Romains lui-même joignirent leurs instances aux siennes; mais l'Empereur, inébranlable dans sa résolution, éluda la demande, et répondit qu'il ferait connaître ses intentions à Maurice lui-même, qui était attendu à Inspruck.

(1552) Le temps d'agir approchait : Maurice avait envoyé secrètement à Paris Albert de Brandebourg, pour y confirmer sa confédération avec Henri, et pour hâter la marche de l'armée française. Il avait pourvu à la sûreté de la Saxe, et tenait ses troupes de la Thuringe prêtes à marcher au premier signal. Charles restait à Inspruck dans la plus parfaite tranquillité, occupé à surveiller le concile de Trente, et affligé d'une violente attaque de goutte. Son premier ministre, Granvelle, évêque d'Arras, méprisait si fort les talents politiques des Allemands qu'il ne fit aucune attention aux avis qu'on lui donna des intrigues secrètes et des projets dangereux de Maurice. Granvelle était d'ailleurs la dupe de ses propres finesses : il avait en effet corrompu deux ministres de Maurice, qui lui faisaient connaître toutes les actions de leur maître. Maurice, qui avait découvert cette trahison, la fit servir au succès de ses projets : il feignit en effet d'avoir une confiance complète en ces deux ministres, et ne leur révélait cependant que ce qu'il voulait faire connaître à l'Empereur. Ainsi l'espionnage dont il était l'objet servait à mieux tromper ceux qu'il se préparait à attaquer.

Enfin les préparatifs de Maurice se trouvèrent achevés, et il jouit du plaisir de voir que ses intrigues et ses projets étaient encore ignorés ; mais quoiqu'il fût près de commencer les hostilités, il ne voulut pas encore jeter le masque qu'il avait gardé jusqu'alors, et, par une nouvelle ruse, il sut encore tromper ses ennemis quelques jours de plus. Il annonça qu'il allait faire le voyage d'Inspruck dont il avait si souvent parlé, et il prit, pour l'y accompagner, un des deux ministres que Granvelle avait corrompus. Après avoir fait quelques postes, il feignit d'être fatigué du voyage, et dépêcha à Inspruck son perfide ministre, en le chargeant de faire à l'Empereur des excuses sur ce délai, et de l'assurer qu'il arriverait à la cour dans peu de jours. Cet espion ne fut pas plutôt parti que Maurice monta à cheval, vola vers la Thuringe, y joignit son armée composée de vingt mille hommes d'infanterie et de cinq mille de cavalerie, et la mit sur-le-champ en mouvement.

Il publia en même temps un manifeste contenant les raisons qu'il avait pour prendre les armes. Il allégua trois motifs : 1° de défendre la religion protestante menacée d'une destruction prochaine; 2° de maintenir la constitution et les lois de l'Empire, et de préserver l'Allemagne de la domination d'un monarque absolu; 3° de délivrer le landgrave de Hesse des horreurs d'une longue et injuste captivité.

Le roi de France publia aussi un manifeste en son propre nom; Henri déclarait qu'il allait prendre les armes pour rétablir l'ancienne constitution de l'Empire, pour délivrer quelques-uns de ses princes de la servitude, et pour assurer les privilèges et l'indépendance de tous les membres du corps germanique; il prenait, dans ce manifeste, le titre de *protecteur des libertés de l'Allemagne et de ses princes captifs*. Maurice avait alors un rôle tout nouveau à jouer, mais son génie flexible était fait pour se plier à toutes les situations; dès le moment où il prit les armes, il se montra aussi hardi et aussi entreprenant à la tête de son armée qu'il avait été circonspect et rusé dans le cabinet. Il s'avança par des marches rapides vers la haute Allemagne. Toutes les villes qui se trouvèrent sur sa route lui ouvrirent leurs portes. Il rétablit dans leurs offices les magistrats que l'Empereur avait destitués, et remit en possession des églises les ministres protestants qui en avaient été chassés. Il dirigea sa marche vers Augsbourg: la garnison impériale qui y était, n'étant pas assez forte pour tenter de se défendre, se retira avec précipitation, et Maurice prit possession de cette grande ville, où il fit les mêmes changements que dans celles où il avait déjà passé.

Il n'y a point de termes pour exprimer l'étonnement et la consternation qui saisirent l'Empereur, lorsqu'il apprit ces événements inattendus. Il voyait un grand nombre de princes d'Allemagne armés contre lui, et le reste prêt à les joindre ou faisant des vœux pour leur succès; il voyait un monarque puissant s'unir étroitement à eux, et seconder leurs opérations, commandant en personne une armée formidable; tandis que, par une négligence et une crédulité qui l'exposaient à la fois au mépris public et au plus grand danger, il ne se trouvait en état de prendre aucune mesure efficace, ni pour réprimer ses sujets rebelles, ni pour repousser l'invasion d'un ennemi étranger.

Il mit toutes ses espérances dans la négociation, seule ressource de ceux qui sentent leur faiblesse; mais, craignant de compromettre sa dignité en faisant les premières avances à des sujets rebelles, il évita cet inconvénient en employant la médiation de son frère Ferdinand. Maurice, plein de confiance dans ses talents, et ne doutant pas qu'il ne sût tirer parti de cette négociation, espéra que, par une apparence de facilité à écouter les premières ouvertures d'accommodement, il pourrait amuser l'Empereur et lui faire ralentir l'activité des préparatifs qu'il commençait à faire pour se mettre en défense; il consentit sans difficulté à une entrevue avec Ferdinand dans la ville de Lentz en Autriche, où il se rendit sur-le-champ, après avoir laissé son armée continuer sa marche sous les ordres du duc de Mecklembourg.

Le roi de France exécuta fidèlement tout ce qu'il avait promis à ses alliés: il entra de bonne heure en campagne avec une armée nombreuse et bien payée, et marchant droit en Lorraine, Toul et Verdun lui ouvrirent leurs portes sans résistance. Ses troupes se présentèrent ensuite devant Metz; le connétable de Montmorency, ayant obtenu la permission d'y passer avec un petit détachement pour sa garde, y introduisit autant de troupes qu'il en fallait pour en imposer à la garnison, et, par ce stratagème, les Français se rendirent maîtres de cette ville sans répandre de sang. Henri fit avec beaucoup de pompe son entrée dans toutes ces places: il obligea les habitants de lui prêter serment d'obéissance, et réunit à sa couronne ces acquisitions importantes. Après avoir laissé une forte garnison dans Metz, il s'avança vers l'Alsace pour tenter de nouvelles conquêtes, que les premiers succès de ses armes semblaient lui promettre.

La conférence de Lentz ne produisit aucun accommodement. Maurice, en consentant à cette en-

trevue, n'avait vraisemblablement d'autre objet que
de tromper l'Empereur; car il fit en faveur de ses
confédérés et du roi de France leur allié, des demandes qui ne pouvaient pas être acceptées par un
prince trop fier pour se soumettre ainsi sur-le-champ
aux conditions que lui dictait un ennemi. Encouragé
par cette apparente disposition à la paix, Ferdinand
proposa une seconde entrevue pour le 26 mai, et
demanda qu'il y eût une trève qui commencerait
ce même jour et durerait jusqu'au 10 de juin, afin
de laisser le temps de concilier tous les points con-
testés.

Dans ces entrefaites, Maurice rejoignit, le neuf
mai, son armée qui s'était avancée jusqu'à Gun-
delfingen. Il mit ses troupes en mouvement le
lendemain matin; et comme il lui restait encore
seize jours pour agir, avant le commencement de
la trève, il résolut de tenter, dans cet intervalle,
une entreprise dont le succès pourrait être assez décisif pour rendre inutiles les négociations de Passau
et pour le mettre en état d'imposer les conditions
qu'il jugerait à propos. Maurice marcha droit à Inspruck, et s'avança avec le mouvement le plus rapide qu'on pût donner à un corps de troupes si considérable. Il arriva le dix-huit à Fiessen, poste très-
important à l'entrée du Tirol, où il trouva un corps
de huit cents hommes bien retranchés, que l'Empereur y avait placés pour s'opposer aux progrès des
confédérés. Maurice attaqua ces huit cents hommes
avec tant de violence et d'impétuosité qu'ils abandonnèrent leurs lignes avec précipitation, et que,
se repliant sur un second corps posté près de Ruten,
ils lui communiquèrent la terreur panique dont ils

étaient saisis, de sorte que tous ensemble prirent la fuite après une faible résistance.

Maurice, transporté de ce succès, qui surpassait toutes ses espérances, marcha à Ehrenberg, château situé sur un rocher très-haut et escarpé qui dominait le seul passage qu'il y eût à travers les montagnes. Comme ce fort s'était déjà rendu aux protestants, au commencement de la guerre de Smalkalde, parce que la garnison était alors trop faible pour le défendre, l'Empereur, qui en connaissait l'importance, avait eu soin d'y jeter un corps de troupes suffisant pour repousser les efforts de la plus grande armée. Mais un berger, poursuivant une chèvre qui s'était écartée du troupeau, découvrit un sentier inconnu par lequel on pouvait monter au sommet du rocher. Il vint en donner avis à Maurice; un petit détachement de soldats choisis, ayant à leur tête Georges de Mecklembourg, furent à l'instant commandés pour suivre ce guide. Ils se mirent en marche le soir, et, ayant grimpé par un sentier escarpé, avec autant de peine que de danger, ils atteignirent enfin le sommet sans être aperçus; Maurice ayant commencé l'assaut à l'un des côtés du château, ils parurent tout à coup de l'autre côté, au moment et au signal convenu, et se disposèrent à escalader les murs, qui étaient faibles en cet endroit, parce qu'on l'avait cru jusqu'alors inaccessible. La garnison, saisie de frayeur en se voyant attaquée par un côté où elle se croyait à l'abri de tout danger, mit bas les armes sur-le-champ. Ainsi Maurice, presque sans verser de sang, et, ce qui lui était plus important encore, sans perdre de temps, se trouva maître d'une place dont la réduction aurait pu le retarder longtemps, et aurait demandé les plus grands efforts de valeur et d'habileté.

Maurice n'était alors qu'à deux jours de marche d'Inspruck, et sans perdre un seul moment il y fit marcher son infanterie: la cavalerie ne pouvant être d'aucune utilité dans ce pays montagneux, il la laissa à Fiessen pour garder l'entrée du défilé. Il se proposait d'avancer avec assez de rapidité pour devancer les nouvelles de la perte d'Ehrenberg, et pour surprendre l'Empereur avec toute sa suite, dans une ville ouverte, et incapable de se défendre. Mais à peine ses troupes commençaient-elles à se mettre en mouvement qu'un bataillon de mercenaires se mutina, déclarant qu'ils ne marcheraient qu'après avoir reçu la gratification qui leur était due, suivant l'usage de ce temps-là, pour avoir pris une place d'assaut. Ce ne fut qu'avec beaucoup de peine et de dangers, et aux dépens d'un temps précieux, que Maurice vint à bout d'apaiser cette révolte et d'engager ses soldats à le suivre vers une ville où ils trouveraient un riche butin, qui les récompenserait de tous leurs services.

L'Empereur ne dut sa sûreté qu'au délai occasionné par cet accident imprévu. Il n'apprit que vers la nuit le danger qui le menaçait, et, voyant que rien ne pouvait le sauver que la fuite la plus prompte, il quitta sur-le-champ Inspruck; malgré l'obscurité de la nuit et la violence de la pluie qui tombait alors, et quoiqu'il fût si fort affaibli par les douleurs de la goutte, qu'il ne pouvait souffrir d'autre mouvement que celui d'une litière, il voyagea à la lumière des flambeaux, prenant sa route à travers les Alpes, par des sentiers presque impraticables. Ses courtisans et ses domestiques le suivaient avec la même précipitation, quelques-uns sur les chevaux qu'ils avaient pu se procurer à la hâte, un grand nombre à pied, et tous dans le plus grand désordre. Ce fut dans ce misérable équipage, bien différent de la pompe dont on avait vu le conquérant de l'Allemagne constamment environné pendant les cinq années précédentes, que Charles arriva, avec sa suite découragée et abattue de fatigue, à Villach dans la Carinthie; et à peine se crut-il en sûreté dans ce lieu inconnu et inaccessible.

Maurice entra à Inspruck, quelques heures après que l'Empereur et les siens en étaient sortis; désespéré de voir échapper sa proie au moment où il était près de la saisir, il la poursuivit jusqu'à quelques milles de distance; mais, regardant comme impossible d'atteindre des fuyards à qui la crainte donnait des ailes, il revint dans la ville, et livra au pillage tous les bagages de l'Empereur et de ses ministres; il défendit en même temps de toucher à tout ce qui appartenait au roi des Romains; soit qu'il eût formé quelque liaison d'amitié avec ce prince, soit qu'il voulût le faire croire. Maurice avait calculé le temps de ses opérations avec tant de justesse, qu'il ne restait plus alors que trois jours jusqu'au commencement de la trève convenue; il partit sur-le-champ pour aller trouver Ferdinand à Passau, au jour qui avait été fixé.

Avant de sortir d'Inspruck, Charles mit en liberté l'électeur de Saxe qu'il avait dépouillé de son électorat et qu'il traînait depuis cinq ans à sa suite;

il espérait peut-être d'embarrasser Maurice en relâchant un rival qui pourrait lui disputer son titre et ses états : ou peut-être sentait-il l'indécence de retenir ce prince prisonnier, tandis qu'il courait lui-même le risque d'être privé de sa liberté. Mais l'électeur ne voyant d'autre moyen de s'échapper que celui que prenait l'Empereur, et frémissant à la seule idée de tomber entre les mains d'un parent qu'il regardait avec raison comme l'auteur de toutes ses infortunes, prit le parti d'accompagner Charles dans sa fuite, et d'attendre la décision de son sort de la négociation qui devait s'entamer.

Ce ne fut pas le seul effet que produisirent les opérations de Maurice. On ne fut pas plutôt informé à Trente qu'il avait pris les armes, qu'une consternation générale s'empara des Pères du concile. Les prélats allemands retournèrent chez eux sur-le-champ, dans la vue de pourvoir à la sûreté de leurs propres domaines. Les autres avaient une extrême impatience de se retirer aussi ; et le légat, qui jusqu'alors avait résisté à tous les efforts des ambassadeurs impériaux qui voulaient faire admettre au concile les théologiens protestants, saisit avec joie cette occasion de dissoudre une assemblée qui lui avait paru si difficile à gouverner. Une congrégation, qui se tint le vingt-huit avril, rendit un décret pour proroger le concile pendant deux ans, et pour le convoquer de nouveau à l'expiration de ce terme, si la paix était alors rétablie en Europe. Cette prorogation s'étendit jusqu'à dix ans ; mais les opérations du concile, lorsqu'il se rassembla en 1562, n'appartiennent pas au période qu'embrasse cette histoire.

Tandis que Maurice était occupé à négocier à Lentz, avec le roi des Romains, ou à faire la guerre à l'Empereur dans le Tirol, le roi de France s'était avancé en Alsace jusqu'à Strasbourg. Il demanda au sénat la permission de traverser la ville, espérant qu'à l'aide du même stratagème qui lui avait réussi à Metz, il pourrait se rendre maître de la place et se frayer, par le Rhin, un passage dans le cœur de l'Allemagne ; mais les Strasbourgeois, instruits par la crédulité et le malheur de leurs voisins, fermèrent leurs portes, et ayant rassemblé une garnison de cinq mille hommes, ils réparèrent leurs fortifications, rasèrent les maisons qui étaient dans leurs faubourgs, et parurent déterminés à se défendre jusqu'à la dernière extrémité. Ils envoyèrent en même temps au roi une députation des bourgeois les plus respectables, pour le prier de n'exercer aucune hostilité contre eux. Les électeurs de Trèves et de Cologne, le duc de Clèves et d'autres princes du voisinage, se joignirent à eux pour conjurer Henri de ne pas oublier le titre qu'il avait pris si généreusement, et de ne pas se rendre l'oppresseur de l'Allemagne dont il s'était annoncé comme le libérateur. Les Cantons Suisses les secondèrent aussi avec zèle, et sollicitèrent Henri d'épargner une ville, qui depuis longtemps était liée avec leur république par l'amitié et par des traités.

Quelque puissante que fût cette intercession réunie, elle n'aurait pu déterminer Henri à renoncer à une conquête si importante, s'il avait été en état de se l'assurer. Mais il voulut du moins se faire, auprès de ses alliés, un mérite de cette retraite qu'il ne pouvait éviter, et il témoigna aux Suisses qu'il ne prenait cette résolution que par déférence pour leurs sollicitations. Il ordonna ensuite de mener boire dans le Rhin tous les chevaux de son armée, pour prouver qu'il avait poussé jusque-là ses conquêtes, et il reprit la route de Champagne.

Cependant Maurice rejoignit Ferdinand à Passau, le 26 mai; le duc de Bavière, les évêques de Saltzbourg et d'Aichstadt, les représentants des électeurs et des villes libres assistaient à ces conférences en qualité de médiateurs. Maurice, après avoir énuméré tous les actes de despotisme auxquels l'Empereur s'était porté contrairement à la constitution de l'Empire, demanda que le landgrave de Hesse fût mis en liberté, qu'on fît droit sur les griefs des confédérés relativement à l'administration civile de l'Empire, et que les protestants eussent l'exercice public et tranquille de leur religion. Ferdinand montrant une grande répugnance à accepter ces conditions, les médiateurs écrivirent en commun à l'Empereur, pour le conjurer de délivrer l'Allemagne des calamités d'une guerre civile; en même temps ils obtinrent de Maurice une prolongation de la trève.

Cette requête fut présentée à l'Empereur par l'unanimité des princes et des états allemands; le monarque avait lui-même de puissants motifs pour désirer la paix; il était complétement hors d'état de soutenir la guerre, son trésor était épuisé, ses troupes licenciées, et les Espagnols ne voulaient plus lui fournir aucuns subsides. Ferdinand s'employait aussi avec beaucoup de zèle à faire conclure la paix, car il n'était pas fâché de voir poser des limites au pouvoir de son frère, et il craignait, d'un

autre côté, que les Turcs n'envahissent son territoire, pendant qu'il était occupé sur un autre
point.

Le caractère inflexible de l'Empereur rendit
d'abord inutiles toutes les considérations qu'on fit
valoir auprès de lui pour le déterminer à un accommodement, et il commença par refuser nettement
les concessions qu'on lui demandait. Maurice, qui
connaissait l'habitude de l'Empereur de gagner du
temps en négociant, sans écouter les prières de
Ferdinand quitte brusquement Passau, et va mettre
le siége devant Francfort-sur-le-Mein. La vigueur
avec laquelle Maurice fit ses approches contre la
place fit enfin plier l'opiniâtreté de l'Empereur, et
il finit par promettre d'accorder tout ce qu'on
demanderait pour la sûreté des confédérés. Malgré
la position favorable de ses affaires, Maurice comprenait la nécessité de faire la paix; il sentait la
difficulté de maintenir dans l'union et dans l'obéissance les éléments qui composaient le corps des
confédérés; il craignait les efforts que pourrait
tenter dans la Saxe l'Électeur que Charles avait
mis en liberté, et il savait que le Landgrave pouvait
être mis à mort par le prince inflexible qui avait
déjà exercé tant de cruautés à son égard. Maurice
délibéra sur tous ces objets avec les alliés, et ils
se décidèrent à adopter les conditions offertes par
l'Empereur, quoiqu'elles fussent moins avanta-
geuses que celles qu'ils avaient proposées d'abord.
Il retourna à Passau, et signa le traité dont les
principaux articles étaient que le Landgrave serait
rendu à la liberté, qu'une diète serait réunie dans
six mois pour chercher les moyens de prévenir les

querelles de religion et que, jusqu'à cette époque, les protestants auraient le libre exercice de leur religion ; enfin qu'aucun des confédérés ne pourrait être recherché pour ce qui s'était passé pendant le cours de la guerre. Tel fut le fameux traité de Passau, qui établit l'hérésie sur une base plus solide en Allemagne, et qui fit évanouir toutes les espérances que Charles avait conçues de rendre l'autorité impériale absolue et héréditaire dans sa famille.

On s'occupa fort peu, dans les négociations, des intérêts du roi de France. Henri éprouva en cette occasion le traitement auquel doit s'attendre tout prince qui prête son nom et ses secours aux auteurs d'une guerre civile. Mais, quelque indignation que lui inspirât la trahison de ses alliés, il sentit qu'il était de ses intérêts d'être en bonne intelligence avec le corps germanique, et, loin de se venger de quelqu'un de ceux dont il avait à se plaindre, il renvoya à Maurice et aux confédérés les otages qu'il en avait reçus, et il continua de montrer toujours les mêmes dispositions et d'affecter le même zèle pour le maintien de l'ancienne constitution et de la liberté de l'Empire.

FIN DU LIVRE DIXIÈME.

LIVRE ONZIÈME.

SOMMAIRE.

Maurice marche en Hongrie contre les Turcs. — Le landgrave de Hesse et l'électeur de Saxe recouvrent la liberté. — L'Empereur se dispose à attaquer la France. — Siège de Metz. — Ruine de l'armée impériale et générosité des vainqueurs. — Révolte de Sienne. — Descente des Turcs sur les côtes d'Italie. — Violences commises par Albert de Brandebourg. — Il est vaincu par Maurice de Saxe. — Mort de ce dernier. — Mort d'Albert. — Guerre dans les Pays-Bas. — Mauvais état des affaires de l'Empereur. — Mariage de Philippe et de Marie, reine d'Angleterre. — Les Français s'emparent de Mariembourg. — Bataille de Renti. — Guerre d'Italie. — Bataille de Marciano. — Belle défense de Sienne par Montluc. — Conspiration pour livrer Metz aux Impériaux. — Diète d'Augsbourg. — Paix de la religion. — Marcel II élu Pape. — Sa mort. — Paul IV lui succède. — Ses projets contre l'Empereur. — Son traité avec la France. — Abdication de l'Empereur. — On conclut une trève. Elle est presque aussitôt rompue en Italie.

Dès que le traité de Passau fut signé, Maurice, pour remplir les engagements qu'il avait contractés avec Ferdinand, marcha vers la Hongrie à la tête de trente mille hommes ; mais les forces supérieures des Turcs et d'autres circonstances l'empêchèrent de rien exécuter qui fût digne de sa renommée ou avantageux au roi des Romains.

Le landgrave de Hesse, rendu à la liberté, devint le plus timide et le plus circonspect des

princes de l'Empire, comme il en avait été le plus
hardi et le plus entreprenant. L'électeur de Saxe
obtint aussi sa liberté, et se retira dans cette partie
de son territoire qui lui avait été réservée, lorsque
Maurice s'était emparé de son électorat.

Cependant la perte de Metz, de Toul et de
Verdun affligeait vivement l'Empereur. Ces places
allaient maintenant élever une barrière formidable
entre l'Empire et la France, du côté par où il
avait toujours envahi facilement ce royaume. Il
regardait leur possession comme nécessaire à sa
puissance et à son honneur, et il résolut de tenter
de les reconquérir. Charles réunit donc une puissante armée, sous le prétexte de marcher en
Hongrie, mais les Français avaient trop appris à
leurs dépens à se défier de ses artifices, pour ne
pas épier avec soin tous ses mouvements. Henri
devina bientôt le véritable objet de ces grands préparatifs, et résolut de défendre ses importantes
conquêtes avec autant de vigueur qu'on pourrait
en mettre pour les lui arracher. Prévoyant que
tout le poids de la guerre tomberait d'abord sur
Metz, et que du destin de cette ville dépendrait
celui de Toul et de Verdun, il nomma, pour y
commander, durant le siège, François de Lorraine,
duc de Guise, que la gloire et la sûreté de son
propre pays engageaient à bien défendre cette place.
On ne pouvait mieux choisir; le duc accepta cette
mission avec empressement, et le désir de se distinguer attira sous ses drapeaux une foule de gentilshommes et même des princes du sang. Un
courage moins résolu que celui du duc eût reculé
devant la difficulté de défendre une ville étendue,

avec de grands faubourgs, des murailles faibles et sans fortifications, des fossés étroits, et de vieilles tours au lieu de bastions, trop éloignées entre elles pour défendre le mur qui les séparait. Tous ces défauts furent réparés aussi bien que le temps le permit; les faubourgs furent rasés, sans même épargner les monastères et les églises. Les tombeaux des rois enterrés dans ces lieux saints, les vases sacrés et les reliques furent transportés dans la ville et accompagnés d'une procession à la tête de laquelle le duc marchait la tête nue et une torche à la main. On abattit les maisons trop voisines des murs à l'intérieur, on élargit les fossés; le duc lui-même travailla de ses propres mains aux fortifications, les officiers et les volontaires suivirent son exemple, et les soldats, voyant leurs chefs partager leurs travaux, supportaient gaîment les plus rudes fatigues. Les citoyens eux-mêmes ne mirent pas moins d'ardeur que les soldats à seconder le général.

Cependant, l'Empereur après avoir rassemblé toutes ses forces, continua de marcher sur Metz, et donna le commandement des opérations au duc d'Albe, secondé par le marquis de Marignan. Ses généraux lui représentèrent vainement que la saison était trop avancée pour commencer une pareille entreprise, il ordonna qu'on investît la ville. Tous les yeux se tournaient alors sur Albert de Brandebourg, seul chef protestant qui n'eût pas mis bas les armes après le traité de Passau, et qui tenait la campagne à la tête de vingt mille hommes, pillant indistinctement tous les pays qu'il traversait. Ce chef sans principes hésitait entre Henri et Charles, décidé à passer du côté où on lui offrirait les plus grands avantages: tout à coup, il tomba sur un corps français, commandé par le duc d'Aumale, frère de Guise, le défit, fit le prince prisonnier, et joignit l'Empereur devant Metz: en considération de ce service, Charles lui pardonna le passé, et lui garantit la possession des territoires qu'il avait usurpés pendant la guerre.

Le duc de Guise, quoique profondément affligé du malheur de son frère, ne ralentit rien de sa vigueur à défendre la ville. Il fatiguait les assiégeants par de fréquentes sorties, où ses officiers étaient si jaloux de se distinguer, que toute son autorité pouvait à peine contenir l'impétuosité de leur courage. Il se vit même obligé plus d'une fois de fermer les portes de la ville et d'en cacher les clefs pour empêcher les princes du sang et la haute noblesse d'aller insulter l'ennemi. Les Impériaux, de leur côté, attaquaient la place par différents endroits à la fois. Mais l'art des sièges n'était pas encore parvenu à ce degré de perfection où il fut porté vers la fin du seizième siècle dans la longue guerre des Pays-Bas. Après des travaux sans relâche de plusieurs semaines, à peine les assiégeants pouvaient-ils se flatter d'avoir fait quelques progrès. Les brèches que leur artillerie avait faites durant le jour, se trouvaient réparées pendant la nuit, ou de nouvelles fortifications, s'élevant soudain sur les ruines des anciennes, les menaçaient de fatigues et de périls nouveaux. L'Empereur, outré de cette opiniâtre résistance, quitta Thionville où la goutte l'avait retenu jusqu'alors, et, tout malade qu'il était encore, il se rendit en litière à son camp, afin d'animer les soldats par sa présence. En effet on pressa le siége, et l'on redoubla d'efforts à son arrivée.

Mais la rigueur de la saison se faisant déjà sentir, le camp était tantôt inondé de pluie, tantôt couvert de neige. Les vivres y devenaient d'autant plus rares, qu'un corps de cavalerie française rôdant aux environs, interceptait les convois, ou du moins en troublait et en retardait l'arrivée. Les maladies commencèrent à gagner les soldats, surtout les Italiens et les Espagnols, peu accoutumés à des temps si rudes. Il en mourut beaucoup, et plusieurs furent hors d'état de servir. Cependant les brèches paraissant praticables, l'Empereur résolut de hasarder un assaut général. Ce fut encore contre l'avis de ses meilleurs officiers, qui se récriaient sur l'imprudence d'attaquer avec des troupes affaiblies et découragées une garnison nombreuse commandée par tout ce qu'il y avait de plus brave dans la noblesse française. Le duc de Guise, jugeant du dessein des ennemis par le mouvement extraordinaire qu'il remarquait dans leur camp, disposa toutes ses troupes à les recevoir. Elles parurent aussitôt sur les murs et sur les brèches avec une contenance si assurée, et si bien disposées à repousser les assaillants, que ceux-ci, au lieu d'avancer au signal de la charge, demeurèrent immobiles, dans le silence et l'abattement. L'Empereur, qui s'aperçut du découragement de son armée, se retira brusquement dans sa tente, et se plaignit de se voir trahi par des soldats qui méritaient à peine le nom d'hommes.

Quoique vivement affligé et humilié de cet affront, Charles n'abandonna point le siége; mais, se contentant de changer son plan d'attaque, il fit cesser le feu de l'artillerie, résolu d'employer la sape, dont la voie était plus lente, mais plus sûre. Cependant la pluie et la neige continuant de tomber, ceux qu'on avait chargés de ce travail enduraient des fatigues incroyables : le duc de Guise, aussi habile que brave, éventait et faisait manquer toutes les mines. Charles sentit qu'il était impossible de combattre plus longtemps et contre les rigueurs de la saison, et contre des ennemis qu'on ne pouvait vaincre ni par force, ni par adresse. Il voyait d'ailleurs ses troupes en proie à une maladie contagieuse, qui lui enlevait chaque jour un grand nombre d'officiers et de soldats ; enfin obligé de céder aux sollicitations de ses généraux qui le conjuraient de sauver les restes de son armée par une prompte retraite : « La fortune, dit-il, est comme toutes » les femmes : elle accorde ses faveurs à la jeunesse, » et dédaigne les cheveux blancs. »

Aussitôt il donna des ordres pour lever le siége, qui lui avait coûté cinquante-six jours de travaux, pendant lesquels il avait perdu plus de trente mille hommes, tant par les maladies que par le fer des ennemis. A peine le duc de Guise se fut aperçu du dessein des Impériaux, qu'il prit de promptes mesures, afin de les inquiéter dans leur retraite. Plusieurs corps de cavalerie et d'infanterie furent détachés pour harceler leur arrière-garde, et pour enlever les traîneurs. La marche de l'armée se fit dans un tel désordre, qu'on pouvait l'attaquer sans risque et lui tuer beaucoup de monde. Mais, au moment où les Français sortaient de la ville, le spectacle le plus affreux changea toute leur furie en sentiments de compassion. Le camp des Impé-

riaux était couvert de malades, de blessés, de morts
et de mourants. On voyait toutes les routes jonchées
de malheureux qui, ayant fait de vains efforts pour
s'échapper, étaient retombés de faiblesse et péris-
saient faute de secours. Ils reçurent de leurs ennemis tous les bons offices que leurs amis ne pouvaient
leur rendre. Le duc envoya des vivres pour ceux
qui étaient tourmentés de la faim; il chargea des chi-
rurgiens de prendre soin des malades et des blessés.
Les uns furent conduits dans les villages d'alentour,
et les autres, hors d'état d'être transportés si loin,
furent mis dans les hôpitaux de la ville, préparés
pour ses soldats. À mesure qu'ils se rétablissaient
il les renvoyait chez eux sous une bonne escorte,
avec de l'argent pour les frais de leur voyage. Ces
actes d'humanité, si rares dans un siècle où la
guerre se faisait avec plus d'acharnement et de férocité que de nos jours, mirent le comble à la réputation que le duc de Guise avait si bien méritée
dans la glorieuse défense de Metz, et les vaincus
eux-mêmes exaltèrent ce héros, à l'envi de ses
compatriotes.

Cette année fut la plus malheureuse du règne de
l'Empereur; il essuya encore d'autres pertes en Italie.
Pour emprunter deux cent mille écus à Côme de Médicis, il fut obligé de lui céder la communauté de
Piombino; en même temps, son ambition éprouvait
un coup sensible dans la perte de Sienne, par suite
d'une révolte occasionnée par l'orgueil et la dureté
de don Pierre de Mendoza. Les côtes de la Calabre
étaient au même instant ravagées par une flotte
turque qui devait se joindre à une flotte française
pour s'emparer de Naples, mais les vaisseaux fran-

çais n'ayant pas paru, les bâtiments turcs retournèrent à Constantinople.

(1553) Charles accoutumé à une longue suite de prospérités, ressentit vivement ses revers, et se retira de Metz dans les Pays-Bas. Tourmenté par les douleurs de la goutte, il devint chagrin, d'un accès difficile et souvent incapable d'application; cependant, il méditait toujours les moyens de se venger de la France, et ce besoin devint sa plus forte passion.

Cependant, l'ambition inquiète d'Albert de Brandebourg excita cette année de grands troubles en Allemagne. Secrètement favorisé par l'Empereur qui voulait opposer un rival à Maurice, il avait réorganisé son armée, et continuait de mettre à contribution les cantons catholiques. Ceux-ci portèrent plainte à la chambre impériale qui condamna Albert: une ligue se forma contre lui pour faire exécuter cette sentence, et Maurice fut mis à la tête des forces qu'elle avait. Les deux armées, fortes chacune de vingt-quatre mille hommes, se rencontrèrent à Sieverhausen, dans le duché de Lunebourg. Le combat se livra le 9 juillet, et fut des plus acharnés: la victoire fut longtemps incertaine, mais enfin la cavalerie de Maurice détermina la victoire en sa faveur. Albert perdit quatre mille hommes, son camp, son bagage et son artillerie, mais cet avantage fut chèrement acheté par la mort de plusieurs princes tués dans l'armée victorieuse, et surtout par celle de Maurice qui, chargeant à la tête de ses cavaliers, reçut dans le ventre une balle de pistolet, et mourut de cette blessure, deux jours après la bataille, dans la trente-deuxième année de son âge.

Albert, que son courage impétueux et sa prodigalité rendaient l'idole d'un ramas d'aventuriers qui s'étaient attachés à la fortune, eut bientôt rassemblé ses forces dispersées, et renouvela ses déprédations avec plus de fureur que jamais. Mais Henri de Brunswick, s'étant mis à la tête de l'armée des alliés, le défit de nouveau et le poursuivit jusqu'à ce qu'il se réfugiât en France, où il mourut dans l'indigence et le désespoir.

Telle fut la fin déplorable d'Albert de Brandebourg, fondateur de la monarchie prussienne: il avait été grand-maître de l'ordre Teutonique; après avoir renversé tous les privilèges de son ordre, il s'attribua la meilleure partie du trésor des chevaliers, et s'empara de cette partie de la Prusse, qui appartenait à son ordre. Il se prêta volontiers aux leçons de libertinage de Luther; âgé de 69 ans, ce lubrique vieillard, violant la chasteté religieuse qu'il avait vouée solennellement, épousa Dorothée de Holstein. C'est ainsi qu'à la faveur des grands dont il favorisait la cupidité et les passions, le protestantisme s'enracinait en Allemagne pour y perpétuer et entretenir la haine de la religion catholique qui s'est souvent manifestée d'une manière particulière, surtout dans les successeurs d'Albert de Brandebourg.

Tandis que tout ceci se passait en Allemagne, la guerre se faisait avec vigueur dans les Pays-Bas. Thérouanne et Hesdin avaient été emportés par les Impériaux. Henri fut très-sensible à la perte de ces deux villes, et s'avança à la tête d'une puissante armée; Charles quitta Bruxelles où il s'était depuis long-temps enfermé; mais les pluies continuelles empêchèrent les deux monarques de faire aucune entreprise qui fût digne d'eux. Les Français se soutinrent en Toscane, et s'emparèrent d'une partie de l'île de Corse, qui alors appartenait aux Génois. Les affaires de la maison d'Autriche ne prirent pas une meilleure face dans la Hongrie. Isabelle s'étant présentée aux nobles mécontents du meurtre de Martinuzzi, reconquit son ancien royaume, tandis que les troupes de Ferdinand, étant mal payées, refusaient de se battre contre les Turcs. Si Ferdinand avait eu des forces et de l'argent à sa disposition, le moment eût cependant été favorable pour reconquérir la Transylvanie et les autres provinces occupées par les Turcs, car Soliman, occupé à la guerre contre les Turcs et aux intrigues intérieures qui naissaient de la rivalité de Roxelane, son épouse, et de Mustapha, son fils, avait cessé de porter son attention et de diriger ses efforts vers la Hongrie.

Cependant Charles s'occupait avec ardeur d'un nouveau dessein qu'il avait formé pour l'agrandissement de sa famille. Édouard VI, roi d'Angleterre, était attaqué d'une maladie de langueur qui laissait peu d'espoir de conserver sa vie; l'Empereur n'en fut pas plutôt instruit, qu'il imagina de joindre l'Angleterre à ses autres royaumes, par le mariage de Philippe, son fils, avec Marie, héritière de la couronne d'Édouard. Bien que cette princesse, âgée de trente-huit ans, eût onze ans de plus que Philippe, ce prince consentit sans hésiter à ce mariage. Dès que le trône fut vacant, Charles envoya à Londres une pompeuse ambassade, pour féliciter la nouvelle reine, et lui offrir la main de son fils. Marie accueillit favorablement cette proposition, mais la nation anglaise, craignant la fierté castillane, ne montra pas les mêmes dispositions, et la chambre des communes présenta une requête très-forte contre cette alliance.

(1554) Marie n'eut égard à aucune observation, et le traité qui réglait les conditions de cette union fut conclu entre elle et Charles-Quint. Une révolte éclata, mais elle fut promptement comprimée; Philippe débarqua en Angleterre, et célébra ses noces avec la plus grande pompe. Aussitôt après, Marie s'empressa de rétablir la religion catholique dans ses états; l'Angleterre parut généralement s'applaudir d'être redevenue catholique; elle le serait probablement encore, si la reine Marie n'était pas morte sans postérité.

Cependant le roi de France avait vu avec une vive inquiétude un mariage qui devait accroître le crédit et les forces d'un ennemi déjà trop redoutable. N'ayant pu empêcher cette alliance, il conserva soigneusement la paix avec l'Angleterre, et résolut de pousser vigoureusement la guerre en Italie et dans les Pays-Bas, afin d'amener l'Empereur à un traité de paix, avant qu'il eût eu le temps de tirer des forces d'Angleterre. La campagne s'ouvrit par la prise de Marienbourg, que les Français enlevèrent en six jours; ils prirent ensuite Bouvines, Dinant, puis pénétrèrent dans l'Artois. Philibert de Savoie eut le talent de les forcer à la retraite, par le manque de vivres, et ils vinrent alors investir la ville de Renti. L'Empereur s'avança en personne pour dégager cette place, et il y parvint, bien que ses troupes eussent été repoussées dans leur attaque. Les Impériaux se précipitèrent alors dans la Picardie qu'ils mirent à feu et à sang.

Les affaires des Français allaient au plus mal en Italie. Côme de Médicis, voulant les chasser de Sienne, confia le commandement des forces qu'il avait réunies à Medecino, marquis de Marignan, l'un des meilleurs capitaines de l'époque; Henri II prit pour son général Strozzi, réfugié florentin, animé contre les Médicis par une ancienne haine de famille. Ce choix ne fut pas heureux pour la France; Strozzi, emporté par son ressentiment, agit sans circonspection. Tout l'avantage était pour lui s'il eût traîné la guerre en longueur, mais son impatience compromit tout, et fit mettre les Français en déroute, auprès de Mariano. Medecino, vainqueur, amena ses troupes devant Sienne, sans crainte de voir ses opérations traversées. Mais Montluc, qui commandait la garnison française, secondé par les habitants de la ville, fit une résistance héroïque. Cependant, le siège ayant été converti en blocus, et toutes les ressources des habitants se trouvant épuisées, ils furent obligés de se rendre, et Medecino leur accorda les conditions les plus favorables qu'ils pussent attendre; malheureusement Côme et l'Empereur ne se crurent pas liés par cette capitulation, et traitèrent les Siennois en peuple conquis.

[1555.] L'Empereur avait nommé le duc d'Albe son généralissime en Italie, en lui donnant les pouvoirs les plus étendus. Ses succès ne répondirent pas d'abord à sa puissance et à ses efforts. Il se trouva opposé au maréchal de Brissac, qui commandait avec habileté des troupes françaises valeureuses et accoutumées à faire la guerre dans ce pays. Le duc d'Albe, après s'être vanté avec son arrogance ordinaire de chasser les Français d'Italie en quelques semaines, ne put pas même conserver entières les possessions dont son maître lui avait confié la défense.

Charles, ne pouvant rien entreprendre de considérable, fut sur le point de voir réussir un stratagème hardi, dont le succès aurait pu lui valoir plusieurs victoires. Le père Léonard, gardien d'un couvent de Franciscains à Metz, avait montré un grand zèle pour la cause française, et avait ainsi capté la confiance du duc de Guise, et par suite celle de Villevielle, qui avait pris le commandement de la place. Il abusa de la faculté qu'on lui laissait de correspondre au dehors de la ville avec qui il voulait, pour proposer aux généraux de l'Empereur de s'emparer de Metz par surprise. Il convint avec eux qu'il introduirait dans son couvent un certain nombre de soldats impériaux, sous divers déguisements, et qu'à un moment fixé ils mettraient le feu dans la ville et attaqueraient la garnison, au même moment que des troupes parties de Thionville viendraient tenter l'escalade. Cependant Villevielle eut quelque éveil de cette conspiration, le jour même que le complot devait éclater; il surprit les soldats cachés dans le couvent, et arrêta le gardien; il alla ensuite s'embusquer, il surprit les troupes de Thionville qui marchaient sur Metz, et les tailla en pièces.

L'Allemagne jouissait d'un calme profond, et Ferdinand avait ouvert la diète d'Augsbourg, en pressant cette assemblée de prendre des mesures définitives pour terminer les dissensions que les controverses religieuses avaient occasionnées, Ferdinand, à qui l'Empereur laissait le soin de gouver-

ner l'Empire depuis le traité de Passau, avait le plus
grand intérêt à se concilier la confiance des princes
allemands, et à maintenir la paix entre eux, car
d'un côté il avait besoin de leurs suffrages pour parvenir à la dignité impériale malgré les vues secrètes
de son frère, et de l'autre, il aurait voulu les réunir
contre les Turcs qui menaçaient la Hongrie. Il fit
donc les plus grands efforts pour concilier les esprits,
et parvint à faire adopter par les deux partis une
convention aux termes de laquelle chaque province
demeurait libre de suivre sans aucun trouble la religion catholique ou le système protestant, et personne ne devait plus tenter de terminer les disputes
de religion que par les voies pacifiques et persuasi-
ves des conférences. On reconnut à la puissance civile le droit d'établir dans chaque état le culte et la
doctrine qu'elle jugerait convenables, et aux sujets
le droit de se retirer avec leurs effets dans un autre
état, s'ils ne voulaient pas se conformer à la religion
adoptée par leur prince. Tel fut le fameux recès qui
établit la paix religieuse en Allemagne, et servit de
lien d'union entre les états qui suivent une doctrine
différente.

Pendant la tenue de cette diète, le pape Jules III
était mort, et Marcel Cervino, cardinal de Sainte-
Croix, avait été élu Pape. A l'exemple d'Adrien, il
ne changea point de nom, il se fit appeler Marcel II;
avec des intentions aussi pures que celles d'Adrien,
il le surpassait dans la science du gouvernement.
Mais ce respectable pontife ne parut qu'un instant
sur la chaire de St. Pierre. La rigoureuse clôture du
conclave avait commencé à altérer sa santé, et la fatigue des longues cérémonies de son exaltation

épuisa tellement sa faible constitution, qu'il tomba malade le douzième jour après son élection, et mourut le vingtième. On lui donna pour successeur Jean Pierre Caraffe, doyen du sacré collége, et d'une illustre famille du royaume de Naples. Par respect pour la mémoire de Paul III, qui l'avait fait cardinal, Caraffe prit le nom de Paul IV. Ce pontife, d'une science et d'une érudition rares, avait passé la plus grande partie de sa vie dans la retraite la plus austère, dans l'ordre des Théatins qu'il avait fondé. Son caractère semblait sévère, il montra une vigueur qui ne tenait rien de son age qui était alors de plus de quatre-vingts ans. Il déploya une grande pompe à la cérémonie de son couronnement, et crut devoir s'entourer de l'appareil ordinaire à un prince puissant. Il fit venir auprès de lui ses deux neveux, fils du comte de Montorio, son frère : l'aîné fut nommé gouverneur de Rome ; le cadet fut créé cardinal, puis légat de Bologne. Le nouveau Pape regardait Charles-Quint comme le plus grand ennemi de l'indépendance des états d'Italie : ses neveux n'eurent donc pas de peine à le déterminer à rechercher l'alliance et l'amitié du roi de France. L'issue de la diète d'Augsbourg, qui assurait aux protestants une tolérance sans bornes, devait encore jeter de la froideur entre le chef de l'Église et l'Empereur. Le cardinal de Lorraine, qui vint à Rome de la part du roi de France, réussit donc facilement à conclure avec le Pape un traité d'alliance offensive et défensive, aux termes duquel les deux princes devaient unir leurs forces pour attaquer la Toscane et le royaume de Naples.

Mais pendant la négociation de ce traité, les

alarmes qui en étaient le prétexte cessèrent tout à coup par un événement qui devait en rendre les mesures superflues. Ce fut la résignation que fit l'Empereur de ses états héréditaires à Philippe son fils, et sa résolution de renoncer pour jamais aux soins du monde et de passer le reste de ses jours dans la retraite et la solitude. On n'a pas besoin de profondes réflexions ni d'un grand discernement pour sentir que la royauté n'est pas exempte de soucis et de peines, et que la plupart des hommes élevés au trone achètent chèrement cette prééminence qu'on leur envie, par les inquiétudes, la satiété et les dégoûts qui en sont inséparables. Mais descendre du rang suprême à un état de subordination, et renoncer au pouvoir pour chercher le bonheur, c'est un effort qui n'en paraît pas moins au-dessus de l'esprit humain. L'histoire offre cependant plus d'un exemple de princes qui ont quitté le trône pour finir leur vie dans la retraite ; mais ce furent ou des hommes faibles qui se repentirent promptement d'une détermination prise à la légère, ou d'illustres malheureux qui, dépouillés du sceptre par un rival, ne tombèrent qu'à regret dans une condition privée. Dioclétien est peut-être le seul monarque digne de régner, qui ait abdiqué l'Empire en philosophe, et passé de longues années dans une retraite volontaire, sans jeter en arrière un coup d'œil ou un soupir de regret, vers la grandeur et le pouvoir qu'il avait abandonnés.

L'abdication de Charles étonna toute l'Europe. Ses contemporains ainsi que les historiens de son siècle s'épuisèrent en conjectures pour en deviner les motifs. En effet on ne pouvait guère s'attendre à une résolution si singulière de la part d'un monarque dont la passion favorite avait toujours été l'amour de la domination, et qui, n'ayant encore que cinquante-six ans, était précisément dans l'âge où l'ambition, moins distraite et plus forte, poursuit son objet avec le plus d'ardeur. Beaucoup d'auteurs ont imputé cette démarche à des causes frivoles et bizarres qui ne peuvent influer sur le cœur humain; d'autres l'ont regardée comme le résultat de quelque profond mystère de politique. Mais des historiens plus pénétrants et mieux informés ont pensé qu'il était inutile de recourir à des caprices singuliers, ou à des secrets d'état, quand des raisons simples et sensibles pouvaient expliquer la conduite de l'Empereur. Charles avait été attaqué de la goutte dès sa jeunesse, et, malgré les soins des plus habiles médecins, la violence de ce mal croissant à mesure qu'il avançait en âge, les accès en devenaient chaque année plus fréquents et plus insupportables. Ses souffrances, en détruisant la vigueur de son tempérament, avaient altéré les facultés de son âme. Incapable, dans ses attaques de goutte, de vaquer aux affaires, et n'ayant que des moments de relâche qui ne lui laissaient que de courts intervalles d'application sérieuse, il passait le reste du temps à des jeux ou des amusements propres à reposer son esprit affaibli et comme épuisé par ses douloureuses infirmités. Dans cet état, le courant des affaires de ses royaumes était un fardeau trop pénible pour lui; encore moins pouvait-il poursuivre l'exécution des vastes projets qu'il avait formés dans la vigueur de l'âge, ou soutenir ce grand système politique, dont la chaîne embrassait toutes les nations de l'Europe et les intérêts compliqués de tant de cours différentes. Accoutumé depuis longtemps à porter ses regards vigilants sur toutes les branches de l'administration, et à décider lui seul de toutes les opérations, il voyait avec chagrin que le progrès de ses infirmités le forçait de remettre à ses ministres la conduite des affaires ; aussi ne manquait-il pas d'attribuer les malheurs ou les accidents qui lui survenaient, quels qu'ils fussent, à l'impossibilité où il était de gouverner par lui-même. Il se plaignait du sort, qui sur le déclin de sa vie lui opposait un rival dans la vigueur de l'âge, maître de concerter et d'exécuter par lui-même ses projets, tandis qu'il se voyait réduit à se reposer sur d'autres du soin de ses desseins et de ses intérêts. Surpris avant l'âge par les incommodités de la vieillesse, il crut qu'il devait en homme sage, dérober sa faiblesse aux regards du public, et que ce serait exposer sa gloire et trahir sa renommée que de s'obstiner à ne point quitter les rênes du gouvernement, qu'il ne pouvait plus tenir avec fermeté ni manier avec adresse.

Mais plusieurs raisons avaient jusqu'alors empêché l'Empereur de suivre son projet, quoiqu'il s'en fût occupé depuis plusieurs années et qu'il l'eût communiqué à ses sœurs, les reines douairières de France et de Hongrie, qui l'approuvèrent, et qui lui offrirent même de l'accompagner dans le lieu de sa retraite. Il ne pouvait se résoudre à charger Philippe du gouvernement de ses états, avant qu'il eût l'âge et l'expérience nécessaires pour soutenir un si pesant fardeau. Mais comme ce prince avait atteint sa vingt-huitième année, et qu'habitué de bonne heure au travail, il y montrait autant d'inclination que de talent, on aurait pu attribuer à la prévention de la tendresse paternelle le parti qu'aurait pris Charles de résigner dès lors à son fils un trône qu'il voulait quitter. Sa mère apportait un obstacle plus réel à son abdication. Quoique cette princesse vécût renfermée, depuis près de cinquante ans, dans le même état d'égarement d'esprit où l'avait jetée la mort de son mari, elle était toujours censée gouverner l'Espagne conjointement avec l'Empereur. Son nom était inséré dans toutes les ordonnances à côté de celui de son fils, et ses sujets avaient un si grand attachement pour elle, qu'ils se seraient fait scrupule de reconnaître Philippe pour leur souverain, à moins qu'elle n'eût consenti à l'associer au trône. Mais dans l'état où elle était, comment obtenir ce consentement? Sa mort même, qui arriva dans cette année, leva toutes les difficultés, en laissant Charles seul maître de la couronne d'Espagne, et libre d'en disposer en faveur de son fils. La guerre contre la France pouvait encore retarder cette abdication. Il devait souhaiter de terminer toutes les hostilités, pour remettre ses états en pleine paix, avant de quitter le trône. Mais comme Henri ne se montrait disposé à aucun accommodement, et qu'il avait même reçu des propositions de paix justes et raisonnables, d'un ton qui annonçait un dessein formé de continuer la guerre, Charles sentit qu'il serait inutile d'attendre plus longtemps un événement trop incertain.

Ainsi, dès qu'il crut avoir trouvé le moment favorable pour l'exécution de son grand dessein, il voulut y mettre toute la solennité convenable à l'importance de cet événement, et signaler son dern...

acte de souveraineté par un éclat qui laissât une profonde impression dans l'âme de ses sujets et de son successeur. Il rappela donc Philippe de l'Angleterre, où le caractère chagrin de la reine, qui s'aigrissait encore de se voir sans postérité, le rendait très-malheureux, tandis que d'un autre côté la jalousie des Anglais ne lui laissait aucune espérance de pouvoir les gouverner un jour. Après avoir convoqué les états des Pays-Bas à Bruxelles pour le 25 d'octobre, l'Empereur vint y siéger pour la dernière fois sur son trône, ayant à l'un de ses côtés son fils, à l'autre sa sœur, reine de Hongrie et régente des Pays-Bas, et derrière lui un cortége brillant de grands d'Espagne et de princes de l'Empire. Le président du conseil de Flandre expliqua en peu de mots l'intention du souverain, dans la convocation extraordinaire de cette assemblée. Il lut ensuite l'acte de résignation par lequel l'Empereur abandonnait à Philippe son fils tous ses domaines, sa juridiction et son autorité dans les Pays-Bas, déchargeant ses sujets de l'obéissance qu'ils lui devaient pour la transporter à Philippe son légitime héritier, afin qu'ils le servissent avec le zèle et la fidélité qu'ils lui avaient toujours montrés à lui-même, depuis tant d'années qu'il les gouvernait.

Alors Charles, s'appuyant sur l'épaule du prince d'Orange, à cause de sa faiblesse, se leva de son siége, et s'adressa lui-même à l'assemblée, tenant un papier à la main pour soulager sa mémoire : il rappela avec dignité, mais sans ostentation, tout ce qu'il avait entrepris et fait de grand, depuis le commencement de son règne. Il dit que dès l'âge de dix-sept ans, s'étant dévoué tout entier au soin du gouvernement, il n'avait donné que peu de temps au repos, encore moins aux plaisirs; que, soit en temps de paix, soit pour faire la guerre, il avait passé neuf fois en Allemagne, six fois en Espagne, quatre fois en France, sept fois en Italie, dix fois dans les Pays-Bas, deux fois en Angleterre, autant en Afrique, et qu'il avait traversé onze fois la mer; que, tant que sa santé lui avait permis de remplir ses devoirs et que ses forces avaient pu suffire au pénible gouvernement de ses vastes états, jamais il n'avait craint le travail, ni ne s'était plaint de la fatigue; mais que sa vigueur, épuisée par les crises douloureuses d'une maladie incurable, et ses infirmités qui croissaient de jour en jour, l'avertissaient de quitter le monde; qu'il n'était pas assez jaloux de régner pour vouloir tenir le sceptre d'une main débile, quand il ne pouvait plus protéger ses sujets, ni veiller à leur bonheur; qu'au lieu d'un souverain succombant sous le mal, et qui n'avait qu'un reste de vie, il leur donnait un prince qui joignait à la force de la jeunesse l'expérience et la maturité qu'amènent les années; que si, durant le cours d'une longue administration, il avait commis quelque faute, ou si dans l'embarras et sous le fardeau des grandes affaires qui absorbaient toute son attention, il avait fait injustice à quelqu'un de ses sujets, il leur en demandait pardon; qu'il conserverait à jamais une vive reconnaissance de leur fidélité et de leur attachement; que ce souvenir le suivrait dans sa retraite comme sa plus douce consolation et comme la plus flatteuse récompense de tous ses travaux, et que ses derniers vœux ne demanderaient au Tout-Puissant que la prospérité de ses peuples.

Ensuite se tournant vers Philippe, qui s'était
jeté à genoux et baisait la main de son père : « Si
« je ne vous laissais, dit-il, que par ma mort ce ri-
« che héritage que j'ai si fort accru, vous devriez
« quelque tribut à ma mémoire ; mais, lorsque je
« vous résigne ce que j'aurais pu conserver encore,
« j'ai droit d'attendre de vous la plus grande recon-
« naissance. Je vous en dispense cependant, et je
« regarderai votre amour pour vos sujets et vos soins
« pour les rendre heureux, comme les plus fortes
« preuves de votre reconnaissance. C'est à vous à
« justifier la marque extraordinaire que je vous donne
« aujourd'hui de mon affection paternelle, et à vous
« montrer digne de la confiance que je mets en vous.
« Conservez un respect inviolable pour la religion ;
« maintenez la foi catholique dans sa pureté ; que les
« lois de votre pays vous soient sacrées ; n'attentez
« ni aux droits, ni aux priviléges de vos sujets ; et si
« jamais il vient un temps où vous désiriez de jouir,
« comme moi, de la tranquillité d'une vie privée,
« puissiez-vous avoir un fils qui mérite par ses ver-
« tus que vous lui résigniez le sceptre avec autant
« de satisfaction que j'en goûte à vous le céder ! »

Dès que Charles eut fini ce discours, il se jeta
sur son siége, près de tomber en faiblesse de la fatigue d'un si grand effort. Pendant qu'il parlait, tout
l'auditoire fondait en larmes, les uns d'admiration
pour sa grandeur d'âme, les autres attendris par les
vives expressions de son amour pour son fils et pour
ses peuples, tous avec un profond regret de perdre
un souverain qui avait toujours distingué son pays
natal par des marques de bienveillance particulière.

Philippe, qui était encore aux pieds de son père,

se releva, et d'une voix basse et soumise lui rendit grâce du don qu'il recevait de sa bonté sans exemple; puis, s'adressant à l'assemblée, et lui témoignant du regret de ne pouvoir parler le flamand avec assez de facilité pour exprimer dans une occasion si intéressante tout ce qu'il croyait devoir à ses fidèles sujets des Pays-Bas, il pria qu'on permît à Granvelle, évêque d'Arras, de parler en son nom. Granvelle, dans un assez long discours, vanta le zèle de Philippe pour le bien de ses sujets, la résolution où il était de consacrer tout son temps et ses talents à faire leur bonheur, et à imiter l'exemple de son père, en traitant les Flamands avec des égards distingués. Maës, homme de loi fort éloquent, répondit au nom des états, par des protestations de fidélité et d'attachement pour leur nouveau souverain.

Alors Marie, reine douairière de Hongrie, résigna la régence dont elle avait été chargée par son frère, pendant l'espace de vingt-cinq ans. Le jour suivant, Philippe, en présence des états, fit le serment accoutumé de maintenir les droits et les priviléges de ses sujets; et tous les membres de l'assemblée, soit en leur propre nom, soit au nom de ceux qu'ils représentaient, lui jurèrent obéissance.

Quelques semaines après, dans une assemblée aussi solennelle, Charles résigna à son fils les couronnes d'Espagne avec tous les territoires qui en dépendaient, soit dans l'ancien ou dans le nouveau monde. De tant de vastes possessions, il ne se réserva qu'une pension annuelle de cent mille écus pour les charges de sa maison et pour des œuvres de bienfaisance et de charité.

Il avait choisi l'Espagne pour le lieu de sa résidence, se flattant que le bon air et la chaleur du climat calmeraient sa goutte, que l'humidité et les rudes hivers des Pays-Bas avaient beaucoup augmentée. Il était d'autant plus impatient de s'embarquer, qu'il sentait l'impossibilité de se débarrasser entièrement des affaires, tandis qu'il demeurerait à Bruxelles. Mais ses médecins lui représentèrent si fortement le danger qu'il y aurait à se mettre en mer dans la saison la plus froide et la plus orageuse de l'année, qu'il consentit, quoiqu'à regret, à différer son voyage de quelques mois.

Il eut la satisfaction, avant de partir des Pays-Bas, de faire une démarche heureuse pour entamer sa paix avec la France. C'est un événement qu'il désirait avec ardeur, pour la sûreté de son fils, et pour avoir la gloire, en quittant le monde, de rendre à l'Europe une tranquillité dont il l'avait si longtemps privée. Des conférences qui avaient pour but des échanges de prisonniers firent naître le projet de conclure une longue trêve, pendant laquelle chacun garderait sa position. Henri n'aurait pas hésité un instant à accepter une trêve qui le laissait possesseur de riches conquêtes; mais ses engagements avec le Pape ne le laissaient pas maître d'accepter cet arrangement. Il ratifia cependant la trêve, mais le pape lui envoya aussitôt son neveu qui lui rappela ses promesses, et le roi, ébranlé, se montra disposé à recommencer la guerre. Aussitôt le Pape commença à montrer ses dispositions hostiles. Alors le duc d'Albe entra sur les états de l'Église avec une armée de douze mille hommes, et s'empara de plusieurs places. Le souverain pontife, effrayé de ses progrès, entama des négociations, et l'on conclut une trève, d'abord de dix jours, ensuite de quarante : mais Paul, assuré que le duc d'Albe n'avait pas envie d'en venir à un accommodement parfait, et animé par l'espérance de recevoir bientôt les troupes françaises qui marchaient à son secours, ne s'appliqua plus qu'à faire un bon usage du temps jusqu'à la fin de la trève.

FIN DU LIVRE ONZIÈME

LIVRE DOUZIÈME.

SOMMAIRE.

Charles tente encore vainement de changer l'ordre de la succession à la dignité impériale. — Il part pour l'Espagne. — Le monastère de Saint-Just. — Le duc de Guise conduit l'armée française en Italie. — Ses opérations. — Hostilités dans les Pays-Bas. — Siège de Saint-Quentin. — Défaite des Français. — Belle défense de Coligny. — L'armée française est rappelée d'Italie. — Le duc de Guise prend le commandement de l'armée française. — Il emporte Calais, Guines et Ham. — Ferdinand élu Empereur. — Mariage du Dauphin de France avec la reine d'Écosse. — Bataille de Gravelines. — Négociations pour la paix. — Mort de Charles-Quint. — Ses amusements dans la retraite. — Ses occupations sérieuses. — Son caractère. — Mort de Marie, reine d'Angleterre. — Conduite d'Élisabeth. — La paix est conclue à Cateau-Cambrésis. — La paix est rétablie en Europe. — Mort de Henri II — Mort de Paul IV.

Tandis que ces opérations occupaient le Pape et Philippe, et fixaient toute leur attention, l'Empereur se débarrassa enfin des liens qui l'attachaient encore à ce monde, et partit pour se rendre au lieu de sa retraite. Il avait jusqu'alors conservé la dignité impériale; ce n'était pas qu'il ne fût disposé à y renoncer. Il n'avait cherché par ce délai, qu'à gagner quelques mois pour essayer par une nouvelle tentative d'exécuter le projet qu'il avait formé en faveur de son fils et dont le succès lui tenait fort à cœur. Mais Ferdinand, qui s'était montré inflexible à cet égard, lors même que les sollicitations de l'Empereur étaient appuyées de toute l'autorité qui accompagne le pouvoir suprême, reçut avec plus d'indifférence et plus de dédain encore les ouvertures que lui faisait son frère après l'abaissement volontaire où il s'était réduit. Charles rougit lui-même d'avoir eu la faiblesse d'imaginer qu'il pourrait, dans son état actuel, obtenir ce qu'il avait auparavant tenté sans succès, et il renonça enfin à ce chimérique projet. Il abandonna alors le gouvernement de l'Empire; et ayant transféré à son frère, le roi des Romains, tous ses droits de souveraineté sur le corps Germanique, il signa pour cet effet un acte revêtu de toutes les formalités qu'exigeait une démarche de cette nature. Il remit cet acte entre les mains de Guillaume, prince d'Orange, et l'autorisa à le présenter au collège des électeurs.

Il ne restait plus d'obstacle qui pût différer le départ de Charles pour la retraite après laquelle il soupirait. Tout ayant été préparé depuis quelque temps pour son voyage, il partit pour Zuitbourg en Zélande, où le rendez-vous de la flotte était indiqué. Il dirigea sa route par Gand : il s'y arrêta quelques jours, et s'y livra à cette douce et tendre mélancolie que tous les hommes, dans le déclin de l'âge, éprouvent en se retrouvant dans le lieu de leur naissance, et en revoyant les lieux et les objets qui les ont intéressés dans leur jeunesse. Charles poursuivit enfin sa route, accompagné de Philippe son fils, de l'archiduchesse sa fille, de ses sœurs, les reines douairières de France et de Hongrie, de Maximilien son gendre, et d'une suite nombreuse de gentilshommes Flamands. Avant de s'embarquer, il prit congé de tout son cortége, en donnant à chacun des témoignages de son estime et de son affection. Il embrassa Philippe avec toute la tendresse d'un père qui voit son fils pour la dernière fois, et mit à la voile le 17 de septembre sous le convoi d'une flotte considérable, composée de vaisseaux espagnols, flamands et anglais.

Son voyage fut heureux et agréable, et il arriva à Laredo dans la Biscaye, le onzième jour après son départ de Zeelande. Dès qu'il fut débarqué, il se prosterna sur le rivage, et se regardant déjà comme mort au monde, il baisa la terre en disant : « O mère commune des hommes, je suis sorti nu du sein de ma mère, je rentrerai nu dans ton sein. » De Laredo, il se rendit à Burgos, tantôt porté par ses gens dans une chaise, tantôt traîné dans une litière, n'avançant qu'avec beaucoup de peine, et souffrant à chaque pas des douleurs aiguës. Quelques nobles Espagnols se rendirent à Burgos pour lui faire leur cour; mais ils étaient en petit nombre, et leurs hommages furent très-froids. Charles s'en aperçut, et sentit, pour la première fois, qu'il n'était plus souverain. Charles renvoya un grand nombre de ses domestiques, dont le service lui devenait inutile ou à charge dans sa retraite, et il passa à Valladolid. Il y fit des adieux fort tendres à ses deux sœurs; mais il ne voulut pas leur permettre de l'accompagner dans sa solitude, quoiqu'elles l'en conjurassent les larmes aux yeux, pour avoir, disaient-elles, la consolation de contribuer par leurs soins à soulager ses souffrances, et surtout pour en recueillir de l'instruction et de l'avantage, en se joignant à lui dans les pieux exercices aux-

quels il voulait consacrer les derniers jours de sa
vie.

De Valladolid, il continua sa route vers Plaisance
dans l'Estramadure. Il avait autrefois passé par cette
ville, et avait été singulièrement frappé de la belle
situation du monastère de Saint-Just, appartenant à
l'ordre de saint Jérôme, et éloigné de quelques
milles de Plaisance ; il avait même dit à quelques
personnes de sa suite que c'était un lieu où Dioclétien aurait aimé à se retirer. Cette impression s'é-
tait gravée si profondément dans son esprit, qu'il
se décida à faire du couvent de Saint-Just le séjour
de sa retraite. Ce couvent était situé dans une vallée peu étendue, arrosée par un petit ruisseau, en-
vironnée de collines et ombragée d'arbres élevés et
touffus. Par la nature du sol et par la température
du climat, c'était la situation la plus salubre et la
plus délicieuse de l'Espagne. Quelques mois avant
son abdication, Charles y avait envoyé un archi-
tecte pour faire construire dans le monastère un
appartement à son usage. Mais il ordonna expressément que le goût de ce nouveau bâtiment fût pro-
portionné, non à son ancienne dignité, mais à l'état
simple qu'il voulait embrasser. On construisit seulement six chambres, dont quatre avaient la forme
de cellules de moines, avec des murailles toutes
nues ; les deux autres, de vingt pieds en carré,
étaient tapissées d'une étoffe brune et meublées de
la manière la plus simple. Ce petit bâtiment, de
niveau avec le terrain, avait d'un côté une porte sur
un jardin dont Charles avait donné lui-même le
plan ; et il l'avait rempli de différentes plantes qu'il
voulait cultiver de ses propres mains. Il y avait de

l'autre côté une communication avec la chapelle du
couvent, dans laquelle il se proposait de faire ses
exercices de dévotion. Ce fut dans cette humble retraite, à peine suffisante pour loger commodément
un simple particulier, que Charles entra, accompagné seulement de douze domestiques. Il y ense-
velit dans la solitude et le silence sa grandeur, son
ambition et tous ces vastes projets qui, pendant
la moitié d'un siècle, avaient rempli l'Europe d'a-
larmes et d'agitation, et inspiré successivement à
tous les peuples la terreur de ses armes et la crainte
de se voir subjugués par sa puissance.

(1557) Le duc de Guise, qui avait constamment
engagé le roi de France à continuer la guerre, eut,
comme il l'espérait, le commandement de l'armée
destinée à marcher au secours du Pape, et qui
était composée de vingt mille hommes des meilleures troupes qu'il y eût au service de France.
Cette armée passa les Alpes dans une saison rigoureuse, et s'avança vers Rome, sans trouver aucune
opposition de la part des Espagnols qui se conten-
taient de couvrir les frontières du royaume de Naples. Le duc de Guise entra à Rome au milieu d'une
pompe triomphale, mais il n'y trouva pas les préparatifs de guerre aussi avancés qu'il l'avait espéré.
Quoiqu'il s'aperçût que le poids de la guerre allait
retomber tout entier sur lui, il ne laissa pas de s'a-
vancer vers Naples, et ouvrit la campagne par le
siège de Civitella, qu'il fut obligé de lever au bout
de trois semaines. Il alla ensuite présenter la bataille
au duc d'Albe, qui la refusa constamment. Réduit
à l'impossibilité de rien tenter d'important, par l'affaiblissement de son armée, et par la faiblesse des

secours que lui fournissait le Pape, le duc de Guise supplia bientôt le roi de France de rappeler son armée.

Tandis que les Français épuisaient inutilement leurs ressources en Italie, Philippe résolut de donner une vigoureuse impulsion à la guerre dans les Pays-Bas. Après avoir, par l'ascendant qu'il exerçait sur sa femme, déterminé les Anglais à déclarer la guerre à la France, il donna le commandement de ses troupes au duc de Savoie qui, trompant les Français par une marche habile, vint inopinément investir Saint-Quentin. Quelques jours auraient suffi au duc de Savoie pour se rendre maître de Saint-Quentin, si l'amiral de Coligny, qui croyait son honneur intéressé à tâcher de conserver à son pays une place de cette importance, située dans la province dont il avait le gouvernement, n'eût pris la courageuse résolution de s'y jeter lui-même avec tout ce qu'il pût rassembler de troupes; en effet, quoiqu'une partie de son détachement eût été intercepté, il passa à travers l'armée ennemie et entra dans la ville.

Le duc de Savoie, ayant été joint par les Anglais sous les ordres du comte de Pembroke, continuait le siége avec la plus grande vivacité. Une armée si nombreuse et si bien pourvue de tout, poussait ses attaques avec un grand avantage contre une garnison trop faible pour oser même tenter de troubler ou de retarder par des sorties les opérations des assiégeants. L'amiral, qui ne pouvait se dissimuler le danger pressant qui menaçait la ville, et l'impossibilité où il était de la défendre longtemps, en donna avis au connétable de Montmorency, son oncle, qui commandait l'armée française, et il lui indiqua en même temps un moyen de donner du secours aux assiégés. Le connétable, qui sentit l'importance de sauver une place, dont la perte ouvrirait aux ennemis un passage dans le cœur du royaume, et qui désirait de tirer son neveu de la situation périlleuse où son zèle pour le bien public l'avait engagé, prit la résolution de tenter ce que Coligny lui proposait, quelque danger qu'il y vît. Dans ce dessein, il s'avança de la Fère à Saint-Quentin, à la tête de son armée, qui n'était pas de la moitié si nombreuse que celle des Espagnols; il donna le commandement d'un corps de troupes d'élite à d'Andelot, frère de Coligny, et colonel général de l'infanterie française, et lui ordonna de pénétrer jusqu'à la ville par un chemin que l'amiral avait représenté comme très-praticable, tandis que lui-même, à la tête du gros de l'armée, attaquerait le camp des ennemis par un autre côté, et tâcherait d'y attirer toute leur attention. D'Andelot exécuta sa commission avec beaucoup plus de courage que de prudence; ses soldats se précipitèrent avec une impétuosité aveugle sur l'ennemi; quoiqu'ils eussent renversé le premier corps de troupes qui s'opposa à leur passage, la confusion se mit bientôt dans leurs rangs, et de nouvelles troupes étant venues fondre sur eux et les environner de toutes parts, la plupart furent taillés en pièces; mais d'Andelot, avec environ cinq cents des plus hardis et des plus heureux, parvint à pénétrer dans la ville.

Cependant le connétable fut obligé, pour l'exécution de son plan, d'avancer si près du camp des assiégeants, qu'il lui fut impossible de se retirer avec sûreté, devant un ennemi qui lui était si fort supé-

rieur en nombre. Le duc de Savoie aperçut bientôt
la faute de Montmorency ; et avec les talents et la
présence d'esprit d'un grand capitaine, il se disposa
à en profiter. Il rangea promptement son armée en
ordre de bataille, et épiant le moment où les Français commenceraient à défiler vers la Fère, il détacha toute sa cavalerie sous les ordres du comte
d'Egmont, pour tomber sur leur arrière-garde,
tandis qu'il s'avancerait lui-même à la tête de l'infanterie pour soutenir l'attaque. Les Français se retirèrent d'abord dans le meilleur ordre et faisant
bonne contenance ; mais lorsqu'ils virent d'Egmont
avancer sur eux avec un corps formidable de cavalerie dont il leur était impossible de soutenir le
choc, la vue d'un danger si pressant, jointe au peu
de confiance que leur inspirait leur général, dont
l'imprudence était alors sentie du dernier des soldats, répandit une consternation générale dans l'armée : les Français commencèrent peu à peu à précipiter leurs pas, et les troupes de l'arrière-garde
pressèrent si vivement celles qui les précédaient,
que bientôt leur marche eut plutôt l'air d'une fuite
que d'une retraite. D'Egmont, observant ce désordre, les chargea avec la plus grande impétuosité,
et dans un instant toute la gendarmerie, qui faisait
alors l'orgueil et la force des armées françaises,
plia et s'enfuit avec précipitation. Cependant l'infanterie que le connétable, par sa présence et son
autorité, retenait attachée à ses drapeaux, continuait sa retraite en assez bon ordre ; mais d'Egmont, ayant fait avancer quelques pièces de canon
qu'il dirigea sur le centre de cette infanterie, y
porta le désordre et la confusion ; la cavalerie re-

nouvelant alors son attaque, rompit les rangs, et la déroute devint universelle. Environ quatre mille Français restèrent sur le champ de bataille, et dans ce nombre on compta le duc d'Enghien, prince du sang, et six cents gentilshommes. Le connétable, voyant qu'il n'y avait plus d'espérance de ramener la fortune, résolut de ne pas survivre à un désastre si funeste et causé par son imprudence ; il se précipita dans le plus épais des bataillons ennemis pour y périr l'épée à la main ; il reçut une blessure dangereuse : épuisé par la perte de son sang, il fut entouré de quelques officiers flamands dont il était connu ; ils le garantirent de la fureur des soldats, et l'obligèrent de se rendre. Les ducs de Montpensier et de Longueville, le maréchal de Saint-André, plusieurs officiers de distinction, trois cents gentilshommes et près de quatre mille soldats furent aussi faits prisonniers. Tous les drapeaux de l'infanterie, toutes les munitions de guerre et toute l'artillerie, excepté deux pièces de canon, tombèrent entre les mains des vainqueurs qui ne perdirent pas plus de quatre-vingts hommes.

Cette bataille, non moins fatale à la France que les anciennes victoires de Crécy et d'Azincourt, qui furent remportées par les Anglais sur le même terrain, ressemblait encore à celles-ci par la promptitude de la déroute, par l'imprudence du général, par le grand nombre des officiers de distinction tués ou faits prisonniers, par la perte légère que firent les vainqueurs, et par la consternation qu'elle répandit dans toute la France. Plusieurs habitants de Paris, aussi effrayés que si l'ennemi eût été aux portes de la ville, se retirèrent avec précipitation dans l'intérieur du royaume. Le roi tâcha, par ses exhortations et sa présence, de consoler et de ranimer ceux qui restaient; et s'occupant lui-même avec la plus grande activité à faire réparer les fortifications délabrées de la ville, il se prépara à la défendre contre l'attaque à laquelle il s'attendait. Heureusement pour la France, la timidité de Philippe et la courageuse défense de l'amiral de Coligny concoururent non-seulement à mettre la capitale à l'abri du danger dont elle était menacée, mais encore à donner aux Français un court intervalle, pendant lequel ils eurent le temps de se remettre de la frayeur et de l'abattement où les avait jetés un coup aussi funeste qu'inattendu : Henri en profita pour veiller à la sûreté de son royaume, par des mesures vigoureuses et dignes du souverain d'une nation belliqueuse et puissante.

Immédiatement après la bataille, Philippe se rendit au camp sous Saint-Quentin, et y fut reçu avec tout l'éclat d'un triomphe militaire. Les transports de joie que fit naître en lui ce succès, qui jetait un si grand lustre sur le commencement de son règne, furent tels, qu'ils adoucirent pour quelque temps son caractère hautain et sévère, et mirent dans ses manières une politesse qui ne lui était pas naturelle. Le duc de Savoie s'étant approché de lui et voulant se mettre à ses genoux pour lui baiser les mains, Philippe le prit dans ses bras, et le serrant avec tendresse : « C'est à moi, lui dit-il, à baiser plutôt vos mains, qui ont remporté une victoire si glorieuse, et qui nous coûte si peu de sang. »

Dès que les réjouissances et les félicitations sur l'arrivée de Philippe furent terminées, on tint un conseil de guerre où l'on délibéra sur ce qu'il y avait à faire pour tirer de la victoire le plus grand avantage. Le duc de Savoie, secondé des plus habiles officiers qui s'étaient formés sous Charles V, opina pour abandonner sur-le-champ le siége de Saint-Quentin, dont la réduction n'était pas un objet digne d'occuper l'armée, et pour aller mettre le siége devant Paris : il disait qu'il n'y avait ni corps de troupes qui pût s'opposer à leur marche, ni ville forte qui pût la retarder; qu'ils pouvaient profiter de l'étonnement et de la terreur que la déroute de l'armée française avait inspirés au peuple, pour arriver sans obstacle jusqu'à la capitale et la prendre sans résistance. Philippe, moins hardi ou plus prudent que ses généraux, préféra un avantage modéré, mais certain, à une expédition plus brillante, mais d'un succès plus douteux. Il représenta à son conseil les ressources immenses d'un royaume aussi puissant que la France; le courage et l'esprit belliqueux de la noblesse française, et son attachement à ses rois; l'avantage prodigieux qu'il y avait à faire la guerre dans son propre pays, et la ruine inévitable à laquelle ils s'exposeraient en s'enfonçant témérairement dans un pays ennemi avant de s'être assuré avec le leur une communication qui pût faciliter et protéger leur retraite, si un événement malheureux les forçait de retourner en arrière. D'après ces différentes considérations, il fut d'avis de continuer le siége de Saint-Quentin, et ses généraux déférèrent d'autant plus volontiers à son sentiment, qu'ils ne doutaient pas qu'on ne fût maître de la ville en peu de jours; ils regardèrent ce délai comme une perte de temps de peu de conséquence pour l'exécution de leur plan, et facile à réparer par un redoublement d'activité.

Le mauvais état des fortifications, joint au petit nombre des troupes qui composaient la garnison, et qui ne pouvaient plus espérer de secours ni de renfort, semblait justifier le calcul des généraux de Philippe; mais en faisant ce calcul, ils n'avaient pas assez fait d'attention au caractère de l'amiral de Coligny qui commandait dans la place. Un courage indomptable et tranquille au milieu des plus grands dangers, une imagination féconde en ressources, un génie qui semblait s'élever et prendre une nouvelle force à chaque revers, le talent de subjuguer les esprits et l'art de conserver son ascendant sur eux, même dans les circonstances les plus délicates et les plus fâcheuses, telles étaient les qualités qui distinguaient Coligny et le mettaient au dessus de tous les généraux de son siècle. Il s'occupa avec toute l'activité dont il était capable, à chercher des moyens de prolonger le siège et d'empêcher son ennemi de former aucune entreprise plus dangereuse à la France. En effet, il défendit la place avec tant de persévérance et d'habileté, il sut inspirer à la garnison tant de patience et de courage, que le siège, quoique poussé avec la plus grande vigueur par les Espagnols, les Flamands et les Anglais réunis, dont l'ardeur était encore excitée par la jalousie nationale, dura cependant dix-sept jours. La ville fut enfin prise d'assaut; et Coligny, accablé par le nombre, fut fait prisonnier sur la brèche. Cependant le roi avait pris les mesures les plus actives pour la défense de son royaume, et Philippe, craignant l'enthousiasme dont tous les Français étaient

animés, se borna, pendant le reste de la campagne,
aux sièges de Ham et du Catelet, dont il se rendit
bientôt maître.

(1558) Le duc de Guise ayant été rappelé en
France avec son armée, le Pape se vit obligé de
faire la paix avec Philippe, et il obtint de ce prince
des conditions plus favorables qu'il ne pouvait en
espérer dans l'état actuel des affaires. Guise fut
reçu en France comme le sauveur du pays, et se
mettant aussitôt à la tête de l'armée au milieu de
l'hiver, il trompa Philippe qui croyait que l'effort
des Français se porterait sur Saint-Quentin, et alla
investir Calais, qui était toujours resté entre les
mains des Anglais depuis la bataille de Crécy, c'est-
à-dire depuis 210 ans. En huit jours il enleva cette
place qui passait pour inexpugnable, et que les
Anglais croyaient si bien défendue par sa position,
surtout pendant l'hiver, qu'ils n'y laissaient qu'une
garnison insuffisante. Immédiatement après, il s'empara de Guines et de Ham. Cette brillante expédition donna à toute l'Europe la plus haute idée des
ressources de la France, et exalta au plus haut
point le ressentiment des Anglais contre leur reine
et ses ministres, qui avaient jeté le pays dans une
querelle où il n'était pas intéressé, et lui avaient fait
perdre, par leur imprudence, la plus précieuse de
ses possessions hors de l'Angleterre.

Cependant le collége des électeurs réuni à Francfort avait reçu communication de l'abdication de
Charles-Quint, il avait déclaré Ferdinand son légitime successeur; le nouvel empereur envoya un
ambassadeur au Pape. Celui-ci improuva d'une
manière si dure la démission faite de l'empire par

Charles en faveur de Ferdinand sans la participation du saint Siége que le nouvel empereur et tous ses successeurs à son exemple ne sont plus allés à Rome pour s'y faire couronner.

Henri faisait ses préparatifs pour la prochaine campagne, et en même temps négociait avec les Écossais; il ne put les déterminer à prendre les armes contre l'Angleterre, mais il conclut le mariage du Dauphin son fils avec la jeune reine d'Écosse qui lui avait été fiancée en 1548. Cette union fut célébrée avec toute la pompe qui convenait au rang des époux et à la magnificence de la cour la plus brillante de l'Europe. Ainsi, dans l'espace de quelques mois, Henri eut la gloire de recouvrer une possession importante qui avait anciennement appartenu à sa couronne et d'y réunir l'acquisition d'un grand royaume.

Le duc de Guise, mis de nouveau à la tête de l'armée avec des pouvoirs illimités, s'empara de Thionville, après un siége de trois semaines. En même temps, le maréchal de Termes, prenait Dunkerque d'assaut, et allait prendre Newport, lorsque le comte d'Egmont vint, à la tête d'une armée supérieure, le forcer à la retraite; d'Egmont atteignit près de Gravelines l'armée française qui marchait lentement, embarrassée du butin qu'elle avait fait à Dunkerque; une bataille eut lieu, et les Français se défendaient avec avantage, lorsqu'une escadre anglaise, remontant la rivière d'Aa, vint les foudroyer de sa grosse artillerie. Les Français furent complétement mis en déroute, et ceux qui ne furent pas tués restèrent prisonniers avec leur général.

Le duc de Guise marcha aussitôt contre l'armée

victorieuse avec toutes les forces qu'il put réunir,
et l'espoir de ses compatriotes se fixa de nouveau
sur lui, comme sur le seul général dont les armes
eussent toujours été victorieuses ; mais les deux rois
étaient également disposés à faire la paix. Henri
chargea Montmorency, qui était toujours prisonnier, de saisir la première occasion pour négocier
un traité définitif entre la France et l'Espagne. Le
duc de Savoie était aussi disposé à favoriser un arrangement de cette nature, et il détermina Philippe
à envoyer Montmorency sur sa parole auprès de
Henri pour avancer la négociation qui fut aussitôt
entamée. L'abbaye de Cercamp fut choisie pour le
lieu de réunion des plénipotentiaires, et une suspension d'armes interrompit toutes les opérations
militaires.

Tandis que ces mesures préliminaires préparaient
la conclusion d'un traité qui rendit la tranquillité à
toute l'Europe, Charles-Quint, dont l'ambition y
avait porté si longtemps le trouble, termina sa carrière dans le monastère de Saint-Just. Charles, en
entrant dans cette retraite, s'était soumis à un
genre de vie qui aurait convenu à un simple gentilhomme d'une fortune modique. Sa table était servie
avec propreté, mais avec simplicité ; il n'avait qu'un
petit nombre de domestiques, et il vivait familièrement avec eux. Il avait absolument aboli, pour le
service de sa personne, toute espèce d'étiquette et
de cérémonie gênante, comme incompatibles avec
l'aisance et le repos où il voulait couler le reste de
ses jours. La douceur du climat, jointe à l'éloigne-
ment des affaires et des soins du gouvernement,
avait calmé sensiblement la violence de sa goutte

et suspendu les douleurs aiguës dont il avait été si longtemps tourmenté; de sorte que, dans cette humble solitude, il goûta peut-être une satisfaction plus pure et plus parfaite que toutes ses grandeurs ne lui en avaient jamais procuré. Les pensées et les vues ambitieuses qui l'avaient si longtemps occupé et agité, étaient entièrement effacées de son esprit; loin de reprendre aucune part aux événements politiques de l'Europe, il n'avait pas même la curiosité de s'en informer; il semblait voir cette scène tumultueuse qu'il avait quittée, avec tout le mépris et l'indifférence d'un homme qui en avait reconnu la frivolité, et qui jouissait du plaisir de s'être dégagé de ses liens.

D'autres amusements et d'autres objets l'occupèrent dans sa retraite. Quelquefois il cultivait de ses propres mains les plantes de son jardin : quelquefois, suivi d'un seul domestique à pied, il allait se promener dans un bois voisin, monté sur un petit cheval, le seul qu'il eût conservé. Souvent ses infirmités le retenaient dans son appartement, et le privaient de ces récréations actives; alors il recevait la visite de quelques gentils-hommes qui avaient leurs habitations près du couvent, et il les admettait familièrement à sa table; ou bien il s'occupait à faire quelque ouvrage curieux de mécanique et à étudier les principes de cette science, pour laquelle il avait toujours montré beaucoup de goût et de disposition. Il avait même engagé Turriano, un des plus ingénieux mécaniciens de son siècle, à l'accompagner dans sa solitude; il travaillait avec lui à construire des modèles des machines les plus utiles, et à faire des expériences sur leurs propriétés espectives ; et il n'était pas rare que les idées du monarque servissent à perfectionner les inventions de l'artiste. Il se délassait quelquefois à des ouvrages de mécanique purement curieux et singuliers ; il faisait des figures, qui, au moyen de ressorts intérieurs, imitaient les mouvements et les gestes humains, au grand étonnement des moines. Il prenait un plaisir particulier à construire des horloges et des montres.

Quelles que fussent les autres occupations qui remplissaient le reste de son temps, il en réservait constamment une grande partie pour des exercices de piété. Soir et matin, il assistait régulièrement au service divin dans la chapelle du monastère. Il prenait beaucoup de plaisir à lire des livres de dévotion, particulièrement les ouvrages de saint Augustin et de saint Bernard : et il avait des conversations fréquentes sur des sujets de religion avec son confesseur et avec le prieur du couvent.

Le genre de vie que Charles avait embrassé, était digne d'un homme parfaitement dégagé de tous les soins de ce monde, et préparé à passer dans l'autre : la première année de sa retraite s'écoula ou dans des amusements innocents qui adoucissaient ses peines, et délassaient son esprit fatigué par une longue et excessive application aux affaires, ou dans des occupations pieuses qu'il regardait comme essentielles pour se disposer à un autre état. Mais environ six mois avant sa mort, la goutte qui lui avait laissé un intervalle plus long que de coutume, reparut avec un surcroît de violence. Son tempérament épuisé eut à peine assez de force pour soutenir une si forte secousse, qui affaiblit son âme ainsi que son corps. Il perdit le goût de toute espèce d'amusements, et tâcha d'assujettir sa vie à toute l'austérité de la règle monastique. Il ne désirait plus d'autre société que celle des moines, et passait presque tout son temps à chanter avec eux les hymnes du missel. Pour expier ses péchés, il se donnait en secret la discipline avec une rigueur si excessive, qu'après sa mort on trouva le fouet de cordes dont il se servait, teint de son sang. Ce n'était pas encore assez de ces actes de mortification qui, quoique sévères, n'étaient pas sans exemple. L'inquiétude, la défiance et la crainte, troublaient de plus en plus son esprit, et diminuant à ses yeux le mérite de ce qu'il avait fait, le portaient à chercher quelque acte de piété extraordinaire et nouveau, qui pût signaler son zèle et attirer sur lui la faveur du ciel. L'idée à laquelle il s'arrêta, est une des plus bizarres et des plus étranges. Il résolut de célébrer ses propres obsèques avant sa mort. En conséquence, il se fit élever un tombeau dans la chapelle du couvent. Ses domestiques y allèrent en procession funéraire, tenant des cierges noirs dans leurs mains; et lui-même il suivait enveloppé d'un linceul. On l'étendit dans un cercueil avec beaucoup de solennité. On chanta l'office des morts; Charles joignait sa voix aux prières qu'on récita pour le repos de son ame, et mêlait ses larmes avec celles que répandaient les assistants, comme s'ils avaient célébré de véritables funérailles. La cérémonie se termina par jeter, suivant l'usage, de l'eau bénite sur le cercueil, et tout le monde s'étant retiré, les portes de la chapelle furent fermées. Charles sortit alors du cercueil, et se retira dans son appartement, plein des idées lugubres que cette solennité ne pouvait manquer d'inspirer.

Soit que la longueur de la cérémonie l'eût fatigué,
soit que cette image de mort eût fait sur son esprit
une impression trop forte, il fut saisi de la fièvre le
lendemain. Son corps exténué ne put résister à la
violence de l'accès, et il expira le vingt-un de septembre, âgé de cinquante-huit ans, six mois et
vingt-cinq jours.

Comme Charles fut par son rang et sa dignité, le
premier souverain de son siècle, le rôle qu'il joua
fut aussi le plus brillant, soit que l'on considère la
grandeur, la variété ou le succès de ses entreprises.
Ce n'est qu'en observant avec attention sa conduite,
non en consultant les louanges exagérées des Espagnols ou les critiques partiales des Français, qu'on
peut se former une juste idée du génie et des talents de ce prince. Il avait des qualités particulières,
qui marquent fortement son caractère, et qui non-
seulement le distinguent des autres princes ses contemporains, mais encore expliquent cette supériorité qu'il conserva si longtemps sur eux. Dans tous
les plans qu'il concerta, il porta toujours une prudence et une réserve qu'il tenait de la nature autant
que de l'habitude. Né avec des talents qui se déve-
loppèrent lentement et ne parvinrent que tard à la
maturité, il s'était accoutumé à peser tous les objets qui l'intéressaient avec une attention exacte et
réfléchie. Il y portait toute l'activité de son âme; il
s'y arrêtait avec l'application la plus sérieuse, sans
se laisser distraire par le plaisir, ni refroidir par aucun amusement; et il roulait en silence son objet
dans son esprit. Il communiquait ensuite l'affaire à
ses ministres, et après avoir écouté leurs opinions,
il prenait son parti avec une fermeté qui accompa-

gne rarement cette lenteur dans les délibérations. Aussi toutes les opérations de Charles, bien différentes des saillies brusques et inconséquentes de Henri VIII et de François Ier, avaient l'air d'un système lié, dont toutes les parties étaient combinées, tous les effets prévus, et où l'on avait même pourvu aux accidents. Sa célérité dans l'exécution n'était pas moins remarquable que sa patience dans la délibération. Il consultait avec calme, mais il agissait avec activité; et il ne montrait pas plus de sagacité dans le choix des mesures qu'il avait à prendre, que de fécondité de génie dans l'invention des moyens propres à en assurer le succès. Il n'avait pas reçu de la nature l'esprit guerrier, puisque dans l'âge où le caractère a le plus d'ardeur et d'impétuosité, il resta dans l'inaction; mais lorsque enfin il prit le parti de se mettre à la tête de ses armées, son génie se trouva tellement fait pour s'exercer avec vigueur sur quelque objet qu'il embrassât, que bientôt il acquit une connaissance de l'art de la guerre et des talents pour le commandement, qui le rendirent l'égal des plus habiles généraux de son siècle. Charles possédait surtout au plus haut degré, la science la plus importante pour un roi, celle de connaître les hommes, et d'adapter leurs talents aux emplois divers qu'il leur confiait. Depuis la mort de Chièvres jusqu'à la fin de son règne, il n'employa aucun général, aucun ministre, aucun ambassadeur, aucun gouverneur de province, dont les talents ne fussent pas proportionnés au service qu'il en attendait. Quoique dépourvu de cette séduisante aménité de mœurs, qui distinguait François Ier et lui gagnait les cœurs de tous ceux qui l'approchaient, Charles

n'était pas privé des vertus qui assurent la fidélité
et l'attachement. Il avait une confiance sans bornes
dans ses généraux; il récompensait avec magnificence leurs services; il n'enviait point leur gloire et
ne paraissait pas jaloux de leur pouvoir. Presque
tous les généraux qui commandèrent ses armées,
peuvent être mis au rang des plus illustres capitaines; les avantages qu'il remporta sur ses rivaux
furent évidemment l'effet des talents supérieurs des
officiers qu'il leur opposa: cette circonstance pourrait, en quelque sorte, diminuer son mérite et sa
gloire, si l'art de démêler et d'employer les meilleurs instruments n'était pas la preuve la moins
équivoque du talent de gouverner.

On remarque cependant, dans le caractère politique de Charles, des défauts qui doivent affaiblir
beaucoup l'admiration qu'excitent ses talents extraordinaires. Il était dévoré d'une ambition insatiable : quoiqu'il y eût peu de fondement à l'opinion
généralement répandue de son temps, qu'il avait
formé le chimérique projet d'établir une monarchie
universelle en Europe, il est cependant certain que
le désir de se distinguer comme conquérant le précipita dans des guerres continuelles, qui épuisèrent
et écrasèrent ses sujets, et ne lui laissèrent pas le
temps de s'occuper à perfectionner dans ses états la
police intérieure et les arts, objets les plus dignes
d'occuper un prince qui fait du bonheur de ses
peuples le but de son gouvernement. Charles ayant,
dès sa jeunesse, réuni la couronne impériale aux
royaumes d'Espagne et aux domaines héréditaires
des maisons d'Autriche et de Bourgogne, tant de
titres et de puissance lui ouvrirent une si vaste car-

rière de projets ambitieux, et l'engagèrent dans des entreprises si compliquées et si épineuses, qu'il sentit souvent que l'exécution en surpassait ses forces; alors il eut recours à de bas artifices, indignes de la supériorité de son génie; quelquefois même il s'écarta des règles de la probité, d'une manière déshonorante pour un grand prince. Sa politique insidieuse et perfide était encore plus frappante et plus odieuse par le contraste du caractère franc et ouvert de ses deux contemporains, François Iᵉʳ et Henri VIII. Quoique cette différence fût particulièrement l'effet de la diversité du caractère de ces princes, on doit aussi l'attribuer en partie à une opposition dans les principes de leur conduite politique, qui peut faire excuser à quelques égards ce vice de Charles, sans cependant le justifier entièrement. François et Henri, presque toujours entraînés par l'impulsion de leurs passions, se précipitaient avec violence vers le but qu'ils avaient en vue. Les mesures de Charles, étant le résultat d'une réflexion froide et tranquille, étaient combinées avec art et formaient un système régulier. Les hommes du caractère des premiers poursuivent naturellement l'objet de leurs désirs, sans chercher de déguisement et sans employer d'adresse : ceux du caractère de Charles sont portés, soit en concertant, soit en exécutant leurs projets, à recourir à des finesses qui conduisent toujours à l'artifice et dégénèrent souvent en fausseté.

La mort de Charles-Quint était pour Philippe une nouvelle raison de hâter la conclusion d'un traité, parce qu'elle augmentait encore l'impatience qu'il avait de retourner en Espagne, où il n'y avait plus personne au-dessus de lui. Cependant, malgré les désirs réunis de toutes les parties intéressées à la paix, il survint un événement qui occasionna un délai inévitable dans les négociations. Environ un mois après l'ouverture des conférences à Cercamp, Marie d'Angleterre mourut après un règne court et sans gloire, et Élisabeth sa sœur fut proclamée reine avec une joie universelle. Comme les plénipotentiaires voyaient expirer leurs pouvoirs par la mort de Marie, ils ne purent continuer leurs négociations sans avoir une commission et des instructions de leur nouvelle souveraine.

(1559) Henri et Philippe sentirent également combien il était important de se rendre la nouvelle reine favorable, et ils employèrent à l'envi les moyens les plus propres à se concilier sa confiance. Philippe alla jusqu'à lui offrir de l'épouser. Élisabeth agit en cette circonstance difficile avec l'attention la plus sérieuse et avec ce discernement de ses vrais intérêts qu'on a toujours remarqué dans ses délibérations. Elle avait consenti à traiter particulièrement avec Henri, mais elle interrompit bientôt sa correspondance, lorsque le roi de France permit à sa belle-fille la reine d'Écosse de prendre le titre et les armes de reine d'Angleterre. Dès ce moment, Élisabeth jugea qu'elle devait lier étroitement ses intérêts avec ceux de Philippe. Elle enjoignit donc à ses ambassadeurs d'agir en tout de concert avec les plénipotentiaires d'Espagne ; bien décidée à ne pas épouser Philippe, elle lui fit néanmoins une réponse vague, qui devait lui laisser quelque espérance.

Les conférences se renouèrent donc à Cercamp, et se continuèrent ensuite à Cateau-Cambrésis. Il y

avait tant de points de difficulté entre des intérêts
si divers que la négociation se fût prolongée indéfiniment, si le connétable de Montmorency, passant
alternativement aux cours de Paris et de Bruxelles,
n'eût employé toute son adresse et son activité pour
écarter toutes les difficultés. L'obstacle le plus difficile à lever tenait à la prétention d'Élisabeth, qui
exigeait la restitution de Calais; Philippe appuya
d'abord vivement cette réclamation, mais quand il
vit qu'Élisabeth établissait le protestantisme en Angleterre et qu'il devait renoncer à son union avec
elle, il devint moins absolu sur ce point, et Élisabeth fut obligée de se relâcher de ses premières
volontés à cet égard.

Le traité entre la France et l'Angleterre fut signé
le premier; il y fut stipulé que Henri resterait pendant huit ans en possession de Calais, et que, s'il
ne rendait pas cette place à l'époque fixée, il
paierait à l'Angleterre cinq cent mille couronnes.
L'expédient que Montmorency trouva pour faciliter
la paix entre la France et l'Espagne fut de négocier
deux traités de mariage: l'un entre Élisabeth, fille
aînée de Henri, et Philippe, qui supplanta l'infortuné don Carlos son fils, à qui cette princesse avait
été promise dans les premières conférences de Cercamp; l'autre entre Marguerite, sœur de Henri,
avec le duc de Savoie, auquel on rendit ses anciens
états, à l'exception de quelques places qui restèrent
aux Français. Les Français évacuèrent en outre leurs
autres possessions en Italie et en Corse.

On vit ainsi la tranquillité renaître dans l'Europe.
Les Français seuls se plaignirent des conditions iné-
gales que le roi avait acceptées, entraîné par l'as-

cendant de Montmorency. Henri n'en ratifia pas moins le traité, et remplit avec la plus grande fidélité tous les engagements qu'il avait pris. Le duc de Savoie se rendit à Paris avec un cortège nombreux, pour y célébrer son mariage avec la sœur de Henri. Le duc d'Albe fut envoyé à la même cour, à la tête d'une superbe ambassade, pour épouser Élisabeth au nom de son maître. Ils furent reçus l'un et l'autre avec la plus grande magnificence au milieu des réjouissances et les fêtes qui se donnèrent à cette occasion. Henri perdit la vie par un événement extraordinaire et assez connu. François II son fils, prince encore enfant, d'une constitution faible, d'un esprit plus faible encore, monta sur le trône. Bientôt après, Paul âgé de près de 80 ans, mourut le 18 d'août 1559; avant sa mort il avait condamné ses neveux à l'exil. La vie de ce Pontife a été aussi réglée sur le trône que dans la congrégation dont il fut le coïnstituteur. On vit ainsi disparaître presqu'en même temps tous les personnages qui avaient joué les rôles principaux sur le grand théâtre de l'Europe. Une nouvelle période d'histoire s'ouvre à cette époque; d'autres acteurs paraissent sur la scène, animés par d'autres vues et d'autres passions. De nouvelles querelles s'élèvent entre les princes, et de nouveaux plans d'ambition vont occuper et troubler le monde.

FIN

TABLE

LIVRE PREMIER.

LIVRE DEUXIEME.

LIVRE TROISIÈME.

LIVRE QUATRIÈME.

LIVRE CINQUIÈME.

LIVRE SIXIÈME.

LIVRE SEPTIÈME.

LIVRE HUITIÈME.

LIVRE NEUVIÈME.

LIVRE DIXIEME.

LIVRE ONZIEME.

LIVRE DOUZIÈME.

FIN DE LA TABLE.

TOURS, IMPRIMERIE DE MAME.